TAFELFREUDENS
BUDENZAUBER

*Saisonaler Spaziergang
über den Jahrmarkt der Köstlichkeiten*

Herausgeber: Tafelfreuden Rhein-Westerwald e.V., 2003
ISBN-Nr. 3-9806896-1-1
1. Auflage
©by Tafelfreuden Rhein-Westerwald e.V.
und den Autoren
Alle Rechte vorbehalten
Produktion & Illustration: Reinhard Zado, Martina Krautscheid, Niederhofen

TAFELFREUDENS
BUDENZAUBER

*Saisonaler Spaziergang
über den Jahrmarkt der Köstlichkeiten*

gesammelt und verfaßt
von
Jörg Hohenadl

Herausgeber:
TAFELFREUDEN RHEIN-WESTERWALD e.V.
2003

Komm auf die Schaukel der Jahreszeiten

Artisten der Lüste

Gehen Sie auch so gerne über Märkte? Das kann der Wochenmarkt sein, wo unter rot-weißen Markisen und aus Marktwagen heraus die ganze Fülle an frischen Produkten wie ein Schlaraffenland über die Auslagen schwappt. Heimisches Obst und Gemüse liegt da einhellig neben exotischen Vertretern aus fernen Ländern. Düfte bahnen sich ihren Weg durch die Marktbesucher und manche Frucht, mancher Käse und mancher Schinken haben die Macht, unsere Blicke zu bannen. Wie hypnotisiert bleiben unsere Augen gerne an dicken Kürbissen, klatschmohnroten Tomaten oder elfenbeinweißem Spargel haften. Schönheit definiert der Feinschmecker da ganz anders, denn ein schön marmoriertes Rindfleischstück vom Weideochsen übt genauso Attraktion aus, wie die makellose Schönheit eines samtigen Pfirsich. Gegenüber dem Jahrmarkt mit seinen Ständen, fliegenden Händlern und Schaustellerbuden, sind die frischen Angebote die wahren Künstler. Wer weiß nicht, wie kapriziös zarte Himbeeren sein können, wie empfindsam filigrane Pfifferlinge auf robuste Handhabung antworten oder wie sauer Rhabarber reagieren kann. Jeder für sich hat seine Zeit der verschwenderischen Fülle, seinen ganz speziellen Auftritt und seine Verehrer.

Der köstliche Jakob

Markt kann natürlich auch Kirmes und Festivitäten bedeuten. Die Geschichte der Markthändler und Schausteller ist eng miteinander verknüpft. Das Mittelalter schenkte vielen Städten das Marktrecht, wodurch ihnen erlaubt wurde, Märkte abzuhalten, ohne dass die Händler dafür Abgaben entrichten mussten. Oft war man clever genug den Markt mit einem Kirchweihfest zusammenzulegen. Davon profitierten alle Händler, ob von nah oder von fern und die Marktfreiheit ließ die Menschen zusammenkommen. Schausteller unterhielten die Massen, gaben Kurzweil mit Musik, Bänkelgesang, Jonglage und Narretei. Für kurze Zeit wurde das graue Band des Alltags durchtrennt und dafür die bunten Schleifen der Kirmes- und Schellenbäume gebunden. Davon zeugen noch heute viele Märkte und Feste landauf, landab, zwischen Rheintal und Westerwald. Nicht selten gesellten sich Kuriositätenkabinetts hinzu, sprengten Kraftmenschen die Ketten der Normalität, verbogen sich Schlangenmenschen zur Trommel der Gaukler, priesen die diversen Dr. Eisenbarts ihre Wässerchen und Tinkturen und klatschten die Zuschauer zum Theaterspiel um Komödien und Moritaten. Zauber für einen Tag oder ein ganzes Wochenende mit der Magie von Laternen, Lagerfeuern und Kerzenlichtern, wenn die Nacht über den Marktplatz hereinbrach.

365 Tage
Tafelfreuden Rhein-Westerwald

Auch wenn sich die Schausteller und Marktgeschäfte geändert haben, der Zauber, den Märkte der unterschiedlichsten Art auf uns ausüben, bleibt bestehen. Ein Zauber, der buntes Treiben verspricht, Ausgelassenheit fordert, aber auch die spürbare Vergänglichkeit des Jahres bewusst macht. Schon wieder ist ein Jahr vergangen, wenn plötzlich Narrenkappe aufgezogen, Ostereier gefärbt, Kirmeskuchen gebacken, Erntedank gefeiert, Martinslaternen gebastelt und Christbäume geschmückt werden. Dem Jahreslauf folgen auch die Winzer und Köche der Kooperation „Tafelfreuden Rhein-Westerwald e.V." jeden Tag aufs Neue, denn kaum so eindringlich wie in der guten Gastronomie spürt man den Lauf der Monate in den saisonalen Produkten, die Küche und Keller bereithalten. Mit Tafelfreudens Budenzauber zeigen ausgesuchte Produzenten ihr Verständnis von schmackhafter Ländlichkeit, bringen Landfrauen, engagierte Amateur- und Profiköche gleichermaßen ihre Ideen von Freizeit und guter Küche zu Papier und zeigen Brauchtum und Kultur, wie gut alle zusammen Hand in Hand eine Liebeserklärung für die unverfälschte Schönheit von Rheintal und Westerwald aussprechen.

Es gibt mehr zu entdecken, als es manche glauben lassen. Am Rhein verführen weit mehr als die „kornblumenblauen Augen der Mädchen beim Weine" und im Westerwald wehen mehr würzige Düfte aus Backeshäuschen und Kochtöpfen, statt dem liedverkannten kalten Wind.

Die richtige Portion Zeit und die Lust auf Entdeckungen gehören allerdings ins leichte Reisegepäck – und der Zauber der Jahreszeiten, die marktbunte Vielfalt einer außergewöhnlichen Landschaft gehört Ihnen!

Die Region wird Ihnen schmecken!

Herzlichst

Ihre Tafelfreuden Rhein-Westerwald e.V.

5

Zwölf mit der Post

EIN NEUJAHRSMÄRCHEN
VON
CHRISTIAN ANDERSEN

Es war bitterkalt, sternklar der Himmel, kein Lüftchen rührte sich. Bums! Da warfen sie einen Topf gegen die Tür. Paff! Da wurde geschossen, das neue Jahr zu begrüßen. Es war Silvesterabend; jetzt schlug die Uhr zwölf. – Trateratara! Da kam die Post. Die große Postkutsche hielt vor dem Stadttor, die brachte zwölf Personen – mehr konnte sie nicht aufnehmen, alle Plätze waren besetzt. – Hurra! Hurra! wurde in den Häusern gerufen, wo die Leute Silvester feierten, und gerade jetzt hatten sie sich mit gefüllten Gläsern erhoben, um auf ein glückliches Neues Jahr anzustoßen. – „Prosit Neujahr!" riefen sie. „Gesundheit und Zufriedenheit! Eine liebe kleine Frau! Ein Sack voll Geld! Und allen Sorgen ein Ende!" Ja, so wünschte einer dem andern, und darauf wurde angestoßen. Die Post hielt vor dem Stadttor mit den fremden Gästen, den zwölf Reisenden. Was für Personen waren es denn? Sie hatten Pässe und Reisegepäck bei sich, ja, Geschenke für dich und mich und für alle Menschen in der Stadt. Wer waren die Fremden? Was wollten sie und was brachten sie? – „Guten Morgen!" sagten sie zu der Schildwache am Tor. – „Guten Morgen!" gab die Wache zurück, denn die Uhr hatte ja zwölf geschlagen. „Ihr Name? Ihr Stand?" fragte die Schildwache den, der zuerst aus dem Wagen stieg. „Sieh nur den Pass an!" sagte der Mann. „Ich bin ich!" Es war aber auch wirklich ein ganzer Mann! Eingehüllt in einen Bärenpelz und mit Pelzstiefeln an den Füßen. „Ich bin der Mann, auf den gar viele ihre Hoffnung setzen. Komm morgen, dann sollst Du ein Neujahrsgeschenk haben. Ich werfe mit Groschen und Talern herum, ich mache Geschenke, ja ich gebe Bälle, volle einunddreißig Bälle, mehr Nächte stehen mir nicht zur Verfügung. Meine Schiffe sind eingefroren, aber in meinem Kontor ist es warm. Ich bin Großhändler und heiße JANUAR. Ich habe nur Rechnungen bei mir."

Darauf kam der nächste: Er war ein Spaßvogel, war Arrangeur von Komödien, Maskenbällen und allen erdenklichen Lustbarkeiten. Sein Gepäck bestand aus einer großen Tonne. – „Aus der wollen wir uns für die Fastnacht viel Stoff zur Hei-

terkeit herausholen", sagte er. „Ich will anderen und auch mir selbst Vergnügen machen, denn ich habe von der ganzen Familie die kürzeste Lebenszeit; ich werde nur achtundzwanzig! Vielleicht wird noch ein Tag eingeschaltet, aber das ist einerlei. Hurra!" „Sie dürfen nicht so laut schreien", sagte die Schildwache. „Bitte, ich darf schreien soviel ich will!" gab der Mann zur Antwort, „ich bin Prinz Karneval und reise unter dem Namen FEBRUAR."

Nun kam der dritte: Er sah aus wie der leibhaftige Hunger, trug aber trotzdem den Kopf sehr hoch, denn er war mit den „vierzig Rittern" verwandt und außerdem war er ein Wetterprophet. Das ist freilich kein sehr fettes Amt, und darum pries er allen die Fastenzeit an. Sein ganzer Schmuck war ein kleiner Veilchenstrauß, den er im Knopfloch trug.

„MÄRZ marsch!" rief ihm der vierte zu und gab ihm einen Stoß. – „MÄRZ marsch!, hinein mit Dir zur Wache, hier gibt es Punsch, ich kann es riechen!" Es war aber gar nicht wahr, er wollte ihn

nur in den APRIL schicken! Damit führte sich dieses Herrchen ein. Es schien ein ganz tüchtiger Bursche zu sein, aber er tat nicht viel, hielt dafür lieber viel Feiertage. „Auf und ab ist meine Lust!" sagte er, „Regen und Sonnenschein, ausziehen und einziehen! Ich bin Wohnungsvermittler, ich bin Leichenbitter, ich kann lachen und weinen. Ich habe Sommerkleidung in meinem Koffer, es wäre jedoch töricht, sie jetzt anzuziehen.

Wenn ich mich fein mache, gehe ich in seidenen Strümpfen und mit einem Muff".

Jetzt stieg eine Dame aus der Postkutsche. „Fräulein MAI!" sagte sie. Merkwürdig, sie ging in Sommerkleidern und trug dazu Galoschen. Sie hatte einen saftgrünen seidenen Rock an, ihr Haar mit Anemonen geschmückt und duftete dabei so stark nach Waldmeister, dass die Schildwache niessen musste. „Zur Gesundheit!" mit diesem freundlichen Gruße führte sie sich ein. Sie war entzückend, und eine Sängerin war sie, nicht wie man sie beim Theater findet, sondern im Walde.

Nicht etwa unter Zelten, nein durch den frischen grünen Wald ging sie und sang zu ihrer eigenen Lust.

„Jetzt kommt Frau JUNI, die junge Frau!" rief man im Wagen und dann stieg die junge Frau aus, jung und fein, stolz und zierlich. Man konnte gleich sehen, dass sie zur „Siebenschläferin" geboren war. Am längsten Tag des Jahres gab sie einen Schmaus, damit ihre Gäste Zeit hätten, alle die verschiedenen Gerichte zu verspeisen. Sie war reich genug, im eigenen Wagen zu fahren, kam aber doch gleich den anderen mit der Post um zu zeigen, dass sie nicht hochmütig wäre. Allein reiste sie gleichwohl nicht, sie wurde von ihrem jüngeren Bruder JULI begleitet.

Er war wohlbeleibt, trug Sommerkleidung und einen Panamahut. Gepäck führte er wenig bei sich. Es war ihm in der Hitze zu beschwerlich. Er hatte nur Bademantel und Schwimmhose mit; das ist nicht gerade viel.

Nun erschien Mutter AUGUST, Obsthändlerin en gros, Besitzerin mehrerer Fischkasten, Bäuerin in großer Krinoline. Sie war fett und erhitzt, stets bei allem dabei und ging selbst mit dem Bierkrug zu den Leuten auf den Markt. „Im Schweiße deines Angesichts sollst du dein Brot essen", lautete ihr Wahlspruch. „Das steht in der Bibel; hinterher kann man auch noch ein Waldfest feiern und einen Herbstschmaus geben". Sie war die richtige Hausmutter.

Jetzt erschien wieder ein Mann, SEPTEMBER, seines Zeichens ein Maler, Meister in den Farben. Das erfuhr der Wald, die Blätter mussten ihre Farbe wechseln, wenn er nur wollte, aber nicht zu ihrem Nachteil. Rot, gelb und braun schimmerte nun der Wald. Der Meister konnte pfeifen wie der schwarze Star, war ein flinker Arbeiter und wand die braungrüne Hopfenranke um seinen Bierkrug. Das putzte, und für Putz hatte er ein Auge. Hier stand er nun mit seinem Farbentopf, der war sein ganzes Reisegut.

Ihm folgte der Gutsbesitzer OKTOBER. Der dachte nur an die Saatzeit, an Pflügen und Bestellen des Ackers. Ein klein wenig auch an das Jagdvergnügen. Er hatte Hund und Gewehr bei sich, seine Tasche war voller Nüsse. Knick, knack! ging es. Entsetzlich viel Gepäck schleppte er mit sich, darunter auch einen englischen Pflug. Sein ganzes Gepäck drehte sich nur um die Landwirtschaft. Man konnte aber vor lauter Gehuste und Geschnaube nicht viel verstehen, denn jetzt war schon der NOVEMBER da.

Er hatte Schnupfen, furchtbaren Schnupfen, so
dass er ein Laken statt eines Taschentuches gebraucht hätte. Wenn er sich erst ans Holzhacken
machte, war er Holzsägemeister in der Zunft. Die
Abende verbrachte er damit, Schneeschuhe zu
schnitzen, wusste er doch, dass man in wenigen
Wochen dieses lustige Schuhwerk gar eifrig gebrauchen würde.

Jetzt kam als letzter Fahrgast ein altes Großmütt-
erchen mit dem Feuertopf. Das fror, aber seine
Augen strahlten wie zwei klare Sterne. Es trug ei-
en Blumentopf mit einem kleinen Tannenbäum-
chen. „Das will ich hegen und pflegen, damit es bis
zum Weihnachtsabend groß wird, vom Fußboden
bis zur Decke reicht und mit brennenden Lich-
tern, vergoldeten Äpfeln und Nüssen und allerlei
Zierrat prangt.

Der Feuertopf wärmt wie ein Kachelofen, ich
nehme das Märchenbuch aus der Tasche und lese
vor, so dass alle Kinder in der Stube still werden,
die Puppen auf dem Baume aber lebendig, und der
kleine Wachsengel oben auf der Spitze des Bau-
mes seine Flittergoldflügel ausbreitet, von dem grünen Wipfel herabfliegt und klein und groß in der
Stube küsst, auch die armen Kinder, die draußen
stehen und das Weihnachtslied von dem Stern in

Bethlehem singen, so wahr ich DEZEMBER heiße.“
„Die Kutsche kann jetzt weiterfahren“, sagte die
Schildwache, „das dutzend ist voll. Der nächste
Wagen soll vorfahren!“ – „Lasst erst die zwölf ein-
treten!“ befahl nun der Hauptmann, der die
Wache hatte. „Immer nur einer auf einmal! Den
Pass behalte ich, für jeden gilt er auf die Dauer
eines Monats. Wenn der um ist, werde ich in den
Pass eintragen, wie jeder sich aufgeführt hat. Bitte
Herr Januar treten sie ein!“

Darauf ging der Januar hinein. Wenn ein Jahr um
ist, werde ich dir sagen, was die Zwölf gebracht
haben, mir, und uns allen. Jetzt weiß ich es noch
nicht, und sie wissen es wohl selber nicht, denn es
ist eine wunderliche Zeit, in der wir leben.

Winterstimmung bei Elgert

Januar

Schwein gehabt

Wieso Hans Wurst nur Hans im Glück bedeuten kann…

Orientalische Musik erfüllt den etwas abgedunkelten Raum auf dem Jahrmarktsplatz, gleich hinten rechts neben dem großen Zirkuszelt. Völlig untypisch für den Westerwald, wie alle meinen, aber man ist doch gespannt und so füllen sich die Bänke rund um die kleine Bühne, die komplett in schwarzen Samt getaucht ist. „Sehen Sie Suleima und ihre Schlangen" steht in goldenen gewundenen Lettern vorne am Eingang.

Na das zieht, denn entweder will man prüfen, ob Suleima denn nun wirklich der eigenen blühenden Phantasie entspricht (man raunt, sie wäre eine echte indische Prinzessin, und widrige pecuniäre Umstände hätten sie auf den Rummelplatz verschlagen) oder aber einfach nur den Python bewundern. Nun ja, Bewunderung ist vielleicht zuviel gesagt, denn Faszination und Abscheu liegen hier ganz nah zusammen.

12

Die Blicke haften an der Bühne wie an der großen Schlange Kah in Mowglis Dschungelbuch. Da bringen plötzlich zwei in weiße Lendentücher gehüllte dunkelhäutige Männer einen großen Kessel auf die Bühne. Man ist etwas verwirrt.

Waren es nicht immer Bastkörbe, die solchem Kriechgetier indisches Zuhause boten? So kennen wir es aus den Filmen. „Im Film sieht alles immer ganz anders aus" will es ein Besucher ganz klug wissen. „In Indien wird man im Laufe der Zeit wohl auch von Korb auf Kessel umgestellt haben!" Ja, so muss es sein, denn schließlich schlafen Fakire, so will man gehört haben, auch nicht mehr auf Nagelbrettern, sondern ziehen durchaus weiche Bettmatratzen vor. Während einige noch leise vor sich hin diskutieren, schlängelt sich ein zischendes „psssst" von vorne durch die hinteren Reihen. Man will Ruhe haben und ein paar böse Blicke wandern mit. Da erlischt der Trommelwirbel und aus dem Schwarz der Bühne tritt Suleima! Die Erwartungen werden nicht enttäuscht. Hinter durchsichtigen Schleiern lässt sich eine adrette Person erahnen. Bauchfrei und mit langem schwingenden Rock wiegt sie sich zu der wieder einsetzenden Musik, wedelt mit den Armen im Rhythmus, während sie sich dem Kessel nähert. Einmal, zweimal tanzt sie um den großen runden Topf, bevor sie anhält und den Deckel abhebt. Wie mysteriöser Nebel steigt plötzlich Dampf empor und sie greift mitten hinein. Nun weiß der Letzte der staunenden Besucher, dass es auf gar keinen Fall Sandelholz sein kann, was die Luft im Raume schwängert. Das ist der herzhafte Duft bester Wurstsuppe! Und bevor man sich dessen vollends bewusst wird, hat Suleima schon die lange Schlange um ihre Schultern gewunden, hält Kopf und Schwanz in den Händen und liebkost die glänzende Haut mit einem zarten Kuss. Da ruft plötzlich aus der hintersten Reihe ein vorlauter Junge „das ist gar keine echte Schlange, das ist ja eine aus lauter dicken Würsten". Tumult macht sich breit. Zwischen „Na so was" und „ein starkes Stück" mischt sich Unmut. Einer meint hingegen „nett sieht sie aber doch aus" und ein weiterer Gast, hörbar aus der Kölner Gegend pflichtet ihm zu „ene echt lecker Mädche". Alles weitere geht jedoch im Aufbruch der Leute unter. Suleima hat längst ihre Wurst gepackt und ist wie der Geist aus der Flasche verschwunden.

Während die Laternen rund um die kleine Bühne mit ihrem bunten Licht flackern, trommeln und geigen zwei Turbanträger weiterhin unbekannte Laute durch den Westerwald, welche die anbrechende Dunkelheit wie ein bengalischer Tiger einfach verschluckt. Es riecht nach Sandelholz – obwohl – so riechen die Räucherstäbchen nun eigentlich nicht. Vielmehr erinnert der Duft an frische Leberwurst. „Aber nein!", beschwichtigen schnell die eigenen Gedanken, „das muss von einer Bratwurstbude außen auf dem Rummelplatz herüber wehen!" Die Trommel trommelt schneller und das bedeutet eigentlich immer, dass gleich etwas passieren muss.

Von Eisbein und kalten Fingern

Es ist noch früh am Tag. Die Felder und Wiesen ringsum liegen im Winterschlaf, vor Kälte starr und reglos, die an einem solchen Januarmorgen um fünf Uhr früh nur gar zu gerne in wärmende Hosenbeine und Jackenärmel kriechen will. Man reibt sich die Hände und haucht seinen Atem in die Luft, der wie der Dampf des Wurstkessels in die klare Luft emporsteigt. Alle warten auf den benachbarten Bauern, der jeden Moment um die Ecke auf den Hof einbiegen muss. Auf dem Hänger seines Wagens herrscht jedoch mehr als gespannte Aufmerksamkeit. An jedem Schlachtmorgen werden zwischen sechs und zehn Schweine auf den Hehlinger Hof in Wahlrod und in die dazugehörige Metzgerei geliefert. Im Gegensatz zur noch schlummernden Natur ist hier schon Betriebsamkeit zu spüren. Metzgermeister wie auch Gesellen sind auf die Lieferung vorbereitet.

Die ankommenden Schweine werden von ihrem späteren Los kaum etwas mitbekommen. Es geht schnell. Die elektrische Betäubungszange an der richtigen Stelle zum Einsatz gebracht, bewirkt die sofortige Bewusstlosigkeit der Tiere. Ein anschließender schneller Schnitt und schon fließt dampfend das warme Blut in die vorbereiteten Eimer. Es darf nun keine Zeit vergehen. Während die Tiere ausbluten, wird durch Rühren der Gerinnungsstoff getrennt und entzogen. Das Blut bleibt zurück für die spätere Herstellung der Blutwurst, die eine der drei typischen Hausmacher Wurstspezialitäten darstellt.

Von Äußerlichkeiten und Innereien

Der Raum hüllt sich nun vollends in wässrige Nebelschwaden, als die Brühmaschine geöffnet wird und das Schwein in wenigen Minuten darin Oberhaut und Borsten verliert. Starke Gumminoppen entfernen den Grossteil von Haut und Haaren, den Rest erledigt der Metzger mit Messer und Abflämmen. „Früher wurden die Borsten als Kissenfüllung genommen und auch Rasierpinsel daraus gemacht" berichtet der Metzger. Die Schweineborsten waren damals aber noch von anderer Festigkeit und irgendwie freut man sich, dass diese Zeiten zum Glück vorbei sind. In der Brühmaschine hat sich inzwischen eine wirkliche Verwandlung vollzogen. Aus dem Borstenvieh am Anfang ist ein zartrosa Marzipanschwein gewor-

den. So könnte man es jedenfalls glauben, als es glatt und matt glänzend herausgehoben wird. Rund 90 kg bringt es nun auf die Waage. Kein leichtes Spiel also für Metzger wie Gesellen. Ein Haken bringt das Tier nun in die Höhe, wo es angeschnitten (geflext) wird, damit die Innereien entnommen werden können. Die Därme werden gesäubert zur Wurstpelle verwandt. Während beispielsweise der Blinddarm (Kappe) die Thüringer Wurst später umschließen wird, umschmiegt der Enddarm die feine Leberwurst. Lunge, Herz und Leber mit Galle werden in einem Strang mit der Schweinezunge entnommen. Zunge, Herz und Nieren kommen später in den Schwartenmagen, die Nummer zwei der klassischen Hausmachertrilogie, die Leber, nomen est omen, in die gleichnamige Leberwurst. Galle und Lunge finden den Weg in den Abfall.

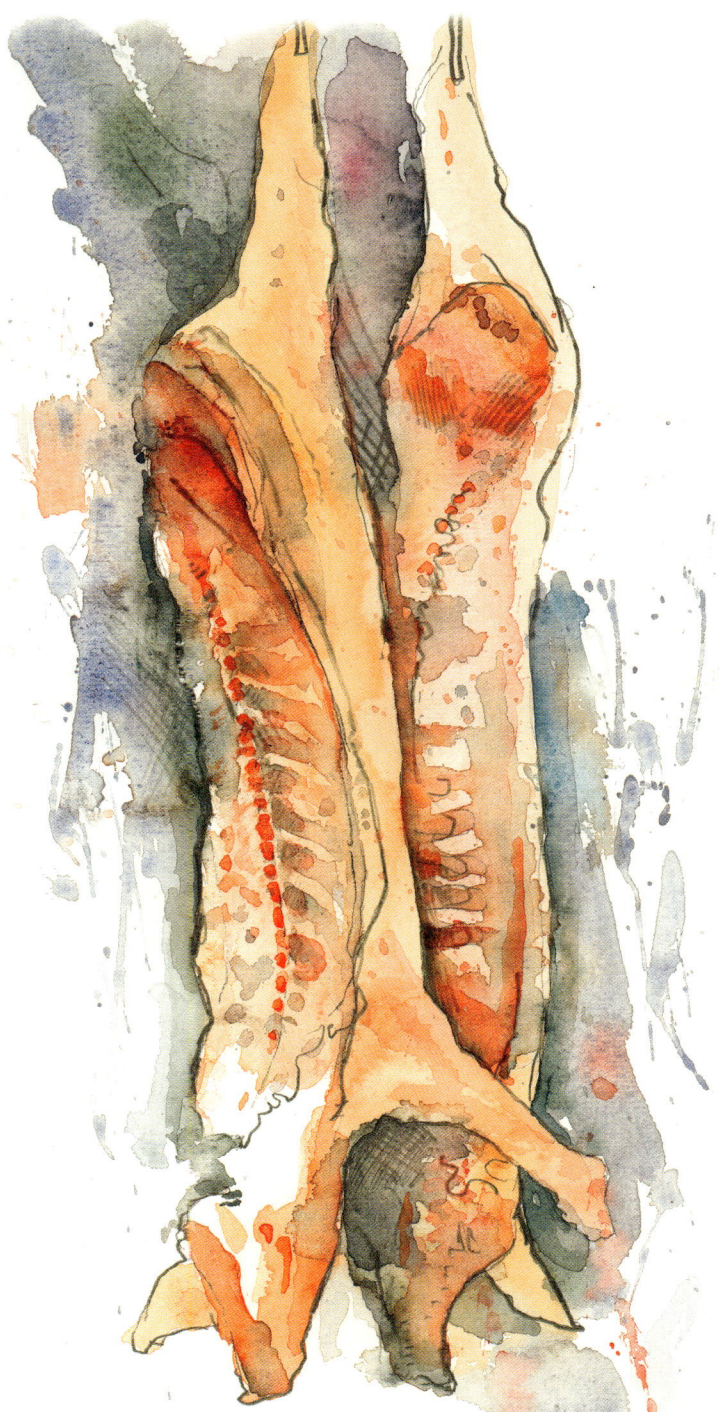

Nachdem alles fein säuberlich getrennt wurde, kommt des Metzgers Beil zum Einsatz. Mit gezielten, starken Hieben teilt er das Schwein in zwei Hälften. So bleibt es am Haken hängen bis der Fleischbeschauer kommt. Auch er muss früh raus, denn er hat die Tiere im lebenden Zustand schon unter die Lupe genommen, äußerlich geprüft, ob die Schweine gesund ausschauen. Sein zweiter Einsatz ist nun nach der Schlachtung. Aus dem Muskelgewebe wird eine Probe entnommen und diese auf Trichinen untersucht. Die Drüsen überprüft er auf unnatürliche Schwellungen, die eine mögliche Entzündung im Körper andeuten könnten. Doch alles ist in Ordnung und so bleiben die Schweinehälften bis zum nächsten Morgen im Kühlhaus, wo sie abhängen und auf das anschließende Zerlegen warten.

Sechs bis acht Monate haben die Tiere auf dem Bauernhof hinter sich, bis sie wortwörtlich in der Wurst landen. Der erste Augenschein zeigt, dass der Speck gar nicht so üppig angesetzt hat. Die Erklärung des Metzgers folgt sofort und eigentlich hätte man sich selbst die Antwort geben können, weiß man doch, wie fettbewusst die meisten Fleischkäufer einkaufen. „Früher wurde der Bauer ausgelacht, der die Schweine mit dem geringsten Speckansatz hatte. Je fetter desto besser. Doch da arbeiteten die Leute hier noch körperlich hart und brauchten solch gehaltvolle Nahrung", erfahren wir. So bekommt jede Generation ihr Fett weg und der Schweinezüchter hat sich auf die Nahrungsgewohnheiten von heute eingestellt.

Vom großen Fleischwolf und den drei Schweinen

Der nächste Morgen gestaltet sich genauso früh, dunkel und kalt, wie am Tag zuvor. Nur das weiße Licht der Metzgereibeleuchtung erhellt den Platz, wo nun die Schweinehälften zerlegt und portioniert werden. „Die Edelteile landen in der Ladentheke, Abschnitte und sonstige Fleischteile in der Wurst" erzählt der Metzger. Die Antwort klingt so lapidar wie sie auch einleuchtend wirkt. Kein Metzger würde ein Schweinefilet verwursten! Wie gut nun die Hausmacher Wurstsorten werden, hängt jetzt neben der Qualität des Fleisches ein wenig vom Gesetzgeber, aber ganz viel vom geschmacklichen Können des Produzenten ab. Eine Faustregel gewährt der Leberwurst eine Zusammensetzung aus 20 % Schweinskopf, 50 % Wammen (eine Art fetter Bauchspeck) und 30 % Leber. Für die Blutwurst wird einfach der Leberanteil durch den Blutanteil ersetzt. Dazu kommen noch die Gewürze, die ganz ausschlaggebend für den späteren Geschmack sind. Ein wenig mehr kann da gleich zuviel des Guten sein und die harmonische Mischung macht letztendlich den guten Geschmack aus. Majoran und Nelken, Salz, weißer Pfeffer und Muskat gehören in die Hausmacher Wurst.

Während die Zusammensetzung das Geheimnis eines jeden Metzgers bleibt, wird im großen Kessel schon das Wasser aufgesetzt. Der Schweinskopf wird in kaltem Wasser aufgesetzt und zum Kochen gebracht, die Wamme dem kochenden Wasser später zugefügt und beides dann bei rund 100° C, 90 Minuten geköchelt. Danach entbeinen Metzger und Gesellen den Schweinskopf, der mit Leber und Wamme im Fleischwolf landet. Pro Durchgang entstehen so 20 kg Leberwurst bzw. 20 kg Blutwurstmasse, die in der Mengmulde, einer großen Mischschüssel, auf die Gewürze trifft.

Da heißt es Ärmel hochgekrempelt und mit den Händen und Unterarmen gut durchgerührt! Geschmacksverstärker wie Glutamat sind hier verpönt und gelangen nicht in die Masse hinein. Haben sich alle Zutaten gut verteilt, kann mit dem Abfüllen in Gläser begonnen werden. Gut verschlossen gelangen sie ins heiße Wasser und werden dort bei 100° C rund 90 Minuten gekocht und haltbar gemacht. Sichtlich zufrieden kommen sie dem Metzger ein letztes Mal unter die Augen, bevor sie in den Verkauf gelangen. Eine Probe gehört einfach dazu und die zufriedene Geste zeigt unmissverständlich an, dass sich das frühe Aufstehen am kalten Wintermorgen wieder einmal mehr als gelohnt hat!

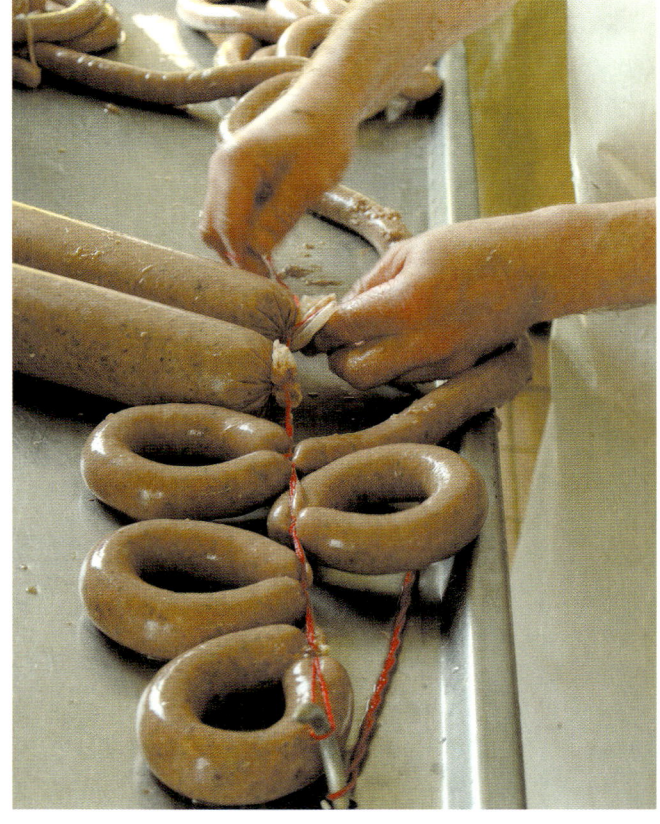

Schwartenmagen

Diese einfachere Variante ohne Nieren, Herz und Zunge mag für manchen auch ein einfacherer Einstieg in die eigene hausgemachte Wurstherstellung sein.

Auf 10 kg Wurstmasse rechnet sich:
1 dicke Gemüsezwiebel, gehackt
1 kg Eisbeinfleisch gepökelt
5 kg vom Metzger ausgelöster Schweinskopf
(Maske, vom Metzger)
1,2 kg Schwarten
(ebenfalls beim Metzger vorbestellt)
2 l Kesselbrühe

Fleisch und Schwarte werden mit Wasser aufgesetzt und bedeckt ca. 90 Minuten gar gekocht. Mit der Schaumkelle herausnehmen. Eisbein und Kopffleisch in Würfel schneiden und in eine große Schüssel geben. Schwarte und Zwiebel durch die kleinste (2 mm) Scheibe des Fleischwolfs geben. (Ersatzweise kann auch eine Küchenmaschine genutzt werden. Um sich erschwertes Säubern zu vermeiden, sollte diese allerdings unmittelbar danach heiß ausgespült werden). Zu der Fleischmasse geben. Mit 2 Liter der Kesselbrühe mischen.

Pro Kilo 20 g Nitratpökelsalz (vom Metzger oder gut sortierten Supermarkt), 2 g Pfeffer, 1 g Muskat und $\frac{1}{2}$ g Majoran zugeben. Es lässt sich auch mit regulärem Salz durchführen, allerdings wird die Masse nicht rosa fleischfarben, sondern gräulich. Dem Geschmack macht dies jedoch keinen Abbruch.

Alles gut mischen. Die Masse in vorbereitete 200 g Gläser mit Twist Off Deckel bis 1 cm unter den Rand einfüllen. Fest verschließen und ca. 90 Minuten bei 100° C im Wasser einkochen.

Westerwälder Ischel

1 kg gemischtes Hackfleisch mit 1 altbackenen Brötchen (kleingewürfelt), 1 Ei, Salz, Pfeffer und Muskat mischen. 1 Gemüsezwiebel grob hacken und diese mit feingehackter Petersilie zugeben. Gut abschmecken! Aus der Hackfleischmasse 3 handgeformte dicke Ballen rollen und auf ein geöltes Backblech setzen. Bei 160°C, 60 Minuten backen. Dazu passt gut ein lauwarmer Kartoffelsalat.

Kartoffelsalat

1 kg festkochende Kartoffeln als Pellkartoffeln garen. 200 g klein gewürfelten rohen Schinken und 1 dicke, feingehackte Zwiebel in einem Pfännchen anbraten. Kartoffeln schälen und in dünne Scheiben schneiden. Mit Schinken, Zwiebel, Pfeffer, Salz, Essig und Öl mischen. Mit Salz sparsam umgehen, da der Schinken schon Würze mitbringt. Zum Schluss gehackte Petersilie unterheben.

Westerwälder Pfannkuchen mit Hausmacher Wurst

Für den Pfannkuchenteig (pro Stück):

2 EL Mehl, 1 Ei und 1 Prise Salz mit dem Rührgerät aufschlagen. Mit Milch zu einem leicht flüssigen, sämigen Teig verrühren. 1 kleine gehackte Zwiebel anbraten. Anschließend je 100 g Leber- und Blutwurst in der Pfanne erwärmen, so dass die Masse geschmeidig wird. Den Pfannkuchenteig in die Pfanne füllen und darüber die Wurstmasse verteilen. Nachdem die eine Seite abgebacken wurde, wird vorsichtig gewendet. Alternativ lässt sich auch festere Blut- und Leberwurst (im Darm) in kleine Würfel hacken und in die Pfannkuchenteigmasse einarbeiten.

Bauernleberwurst

10 kg-Angaben für Schwartenmagen wie auch die Bauernleberwurst erscheinen auf den ersten Blick für den normalen Haushalt als überdimensioniert berechnet. Die Gewürzmengen lassen sich in kleineren Mengeneinheiten jedoch kaum mehr abmessen. Nutzen Sie also die Gelegenheit, machen Sie sich die Arbeit und stellen Sie einfach einen Vorrat an eigener Hausmacher Wurst her. Sie ist sicherlich ein sehr gutes Geschenk aus eigener Küche und lässt sich dunkel und kühl durchaus 6 Monate lagern.

Für 10 kg Wurstmasse rechnet man:

3 kg rohe Schweineleber, durch die grobe (5mm) Scheibe des Fleischwolfs gedreht
5 kg Schweinebauch ohne Schwarte und ohne Knochen, gepökelt
2 kg Fettwamme (vom Metzger), frisch oder gepökelt
2 dicke Gemüsezwiebeln

Schweinebauch und Wamme zusammen in Wasser aufsetzen und 90 Minuten kochen. Bauch, Wamme und Zwiebel anschließend durch die feine (2mm) Scheibe des Fleischwolfs geben. Mit der Schweineleber mischen. Pro Kilo Wurstmasse mit 18 g Salz, 3 g Pfeffer, 1,5 g Muskat, 0,5 g Ingwerpulver, 0,3 g Kardamompulver und 4 g Majoran würzen. Alles gut mischen und in 200 g Gläsern abfüllen. Gut verschließen und ca. 90 Minuten bei 100° C im Wasserbad einkochen.

Markklößchen nach Oma Ilse

Diese Markklößchen sind wunderbar weich und zart und eben wie Oma Ilse sie gerne mochte. Ergeben rund 30 Stück

Zutaten:
125 g vorbereitetes Mark aus den Markknochen von Rind oder Schwein, 80 g Paniermehl, 2 Eier Klasse M, Salz, Pfeffer, fein gehackte Petersilie

Zubereitung:
Mark aus den Knochen lösen, über einem Wasserbad in einem Topf erwärmen und schmelzen. Anschließend durch ein Haarsieb passieren und abwiegen, damit es 125 g ergeben. Alle weiteren Zutaten zufügen und gut mischen. Ca. 30 Minuten ruhen lassen. Einen Probekloß formen und in der Suppenbrühe (ggf. hat man durch die Wurstherstellung noch Kesselbrühe zur Verfügung) in siedendem, nicht kochendem Wasser garen. Hält der Kloß, alle anderen Markklößchen dazugeben.

Westerwälder Landpartien

TAFELFREUDEN-TIPP

Der Hehlinger Hof in Wahlrod steht stellvertretend für eine ganze Reihe von Direktvermarktern aus der Region, die Sie im Internet unter www.frisch-ab-hof.de besuchen können. Neben ausführlichen Betriebs- und Produktbeschreibungen findet der Leser auch Rezepte, Verbrauchertipps, einen Veranstaltungskalender sowie Urlaubsideen für Ferien auf dem Bauernhof. Natürlich lässt sich auch ein breites Angebot von hausgemachten Fleisch- und Wurstwaren nebst anderen Hofprodukten direkt im attraktiven Hofladen des Hehlinger Hofs einkaufen.

Wir sind das Volk

Eine alte Bienenweisheit:
Arbeit macht das Leben süß

Sanftmut als Königinnenweg

Seit 1990 gehören die Bienen zur Familie. Die enge Beziehung zwischen Imker Lichtenthäler und seinen Völkern lässt sich durchaus als familiär bezeichnen, denn sie sind zu einem Teil seines Lebens geworden, der gepflegt und betreut werden will. Dafür sind die fleißigen Geschöpfe auch voller Sanftmut, wenn man sich ihnen nähert. Sogar die Königin lässt sich von Hans-Rudolf Lichtenthäler berühren und ruft im Angesicht eines übergroßen Daumen und Zeigefingers nicht nach den Waffen. Auf rund 35-40 Völker ist der Bienenbestand mittlerweile angewachsen. Eine Beschäftigung, die man nur eingeht, wenn sich Wirtschaftlichkeit und Zuneigung gleichermaßen treffen. Im landschaftlich idyllisch gelegenen Ersfeld, einem kleinen Ort etwas ab von der Raiffeisenstrasse zwischen Flammersfeld und Weyerbusch, ist die Bienenwelt noch in Ordnung. Wald und Wiesen wechseln sich mit Rapsfeldern und Blumen durchsetzten Weiden ab. Ideale Voraussetzungen für ein ertragreiches Bienenjahr.

Winterzeit im Westerwald. Statt weißen Kirschblüten wehen Schneeflocken über das Land. Die Bäume sind kahl und glitzern frostig in der Sonne. Keine Spur von den sommerlichen Insekten, die im Gegenlicht den Wald durchsummen. Weder Hummel noch Falter taumeln über die moosbedeckten Tannenlichtungen, noch tanzen Bienen durch die Baumwipfel, die unscheinbar im Verborgenen blühen. Der Winter ist die Zeit, wo die Erde ruht, aber die Ernten aus den Blütenkelchen erinnern an die sonnendurchflutete Natur schöner Sommertage. In süßem Schmelz gehen die Erinnerungen runter wie Honig. Es duftet würzig wie der Waldhonig, leuchtet gelb wie der Löwenzahnhonig oder erinnert mit seinem Lebkuchenaroma an die Advents- und Weihnachtszeit, die sich erst vor kurzem verabschiedet hat. Es gibt viel zu schmecken bei der Imkerfamilie Lichtenthäler aus Ersfeld…

Die Schneekönigin

Im Winter ist Ruhezeit im Bienenstock angesagt. Nicht jedoch für den Imker, der nun die Pflege der Waben und die regelmäßige Kontrolle der Völker zur Aufgabe hat. Die Bienen verbleiben auch im Winter an ihren angestammten Plätzen in Wald und Flur. Das Volk hat mit seinen Winterbienen, die im letzten Spätsommer geboren wurden und bis zu sechs Monate leben, rund 5.000-6.000 Mitglieder durch die kalte Jahreszeit gebracht. Niedrige Temperaturen machen ihnen nichts aus, alleine die Luftzufuhr im Stock muss ständig gewährleistet sein. Bei Kälte ziehen sie sich zu einer Traube zusammen, wo sie konstant 25° C halten. Durch den ständigen Platztausch innerhalb der Traube gelangt jede Biene zum Aufwärmen an die richtige Stelle. Anfang März, wenn die Saalweiden mit ihrer frühen Blüte beginnen, startet auch im Bienenvolk wieder die Bruttätigkeit. Aus der Wintertraube wechseln sie wieder in das normale Brutgeschehen. Es geht nun hinaus aus dem Stock zum Wasser und Pollen sammeln, während andere Bienen im Innern des Stocks die Pflege der Königin und der Brut betreiben.

Flotte Biene

Der Frühling kündigt sich währenddessen immer stärker an und die Blüte der Wildkirschen bedeutet den nächsten Höhepunkt im Kalender des Bienenvolks. Der Bautrieb erwacht und das heißt auch für den Imker den ersten Eingriff in den Stock. Ein bis zwei hölzerne Baurähmchen erhält jedes Volk, worin die männliche Brut, die späteren Drohnen, erwachsen. Mit dem Frühjahr beginnt neben dem Bau- auch der Vermehrungstrieb. Die Altwaben werden im Laufe der Zeit entnommen und etwa wöchentlich eine neue Mittelwand eingefügt, um den Baubetrieb zu fördern und damit auch Brutnesterneuerung zu betreiben. Jedes Volk errichtet im Laufe eines Jahres rund ein Drittel seiner Waben neu.

21

Der Wildkirschblüte folgen im April die sonnengelben Löwenzahnwiesen, der gleichfalls gelbe Raps und die weißen Blütenschäume der Süßkirschen. Die Bienenvölker sind nun erstarkt und können einen neuen Honigraum vertragen, worin sie die überschüssigen Vorräte ihrer Sammeltätigkeit ablagern. Dies wird die Basis für den späteren Honig, der zum ersten Mal um den 15.-20. Mai schleuderreif ist und abgenommen wird. Geschleudert wird erst, wenn der Wassergehalt im Honig in Ordnung ist. Ähnlich dem Öchslegehalt beim Wein, wird dies mit einem sog. Refraktometer gemessen und geprüft. Nach dem Ausschleudern der Waben gelangen die Honig-

räume wieder zurück zu den Bienenvölkern. Mitte Juni erfolgt dann die zweite Schleuderung, die einen schönen dunklen Waldhonig ergibt. Die Kräfte der Natur aus Robinie, Akazie, Esche, Erle und Brombeerbusch finden sich hauptsächlich im Honig aus Ersfeld. Es sind in erster Linie Baumblüten, die als Nektar auf dem Sammelplan der Bienen für den späteren würzig-herben Waldhonig stehen. Die dritte und letzte Blüte ergibt den Sommerblütenhonig, der sich aus einer bunten Mischung aus Feld- und Wiesenblumennektar zusammensetzt. Um den 20. Juli erfolgt dann die letzte Abschleuderung.

Freund und Feind

Während unser Jahreslauf mit dem Januar beginnt und sich im Dezember schließt, hat das Bienenjahr sein Ende um Johannis gefunden. Nach dem 24. Juni wird nichts mehr im Brutnestbereich verändert. Das Aufstreben des Bienenvolks ist beendet und damit schließt auch das Bienenjahr bzw. beginnt von Neuem. Nach der im Juni stattfindenden Schleuder wird ein Teil des Honigs wieder den Bienen zurückgegeben, der am brutnestnahen Bereich angelagert wird. Hierfür verwendet man jedoch den Frühlingshonig.

Der wesentlich ballaststoffreichere dunkle Waldhonig ist für die Bienen schwer verträglich. Gleichfalls erfolgen nun die Maßnahmen zum Gesundheitserhalt des Volkes. Die in den siebziger Jahren des 20. Jh. eingeführte asiatische Varroamilbe ist der gefürchtetste Feind der Bienen. Diesem Parasit, der ganze Völker vernichten kann, rückt man mit natürlicher Ameisensäure zu Leibe.

In gesundem Zustand können die Bienen nun dem Herbst und Winter gelassen entgegensehen. Die spätere Winterauffütterung erfolgt ausschließlich mit einer ausreichenden Menge gelöstem Zucker. Der Herbst hingegen bedeutet weiterhin wöchentliche Kontrolle nach Milbenbefall und die Errichtung eines Mäusegitters vor dem Eingang des Stocks. Für den Imker ist damit das Bienenjahr beendet, was nicht verschweigen soll, dass er sich während des Jahres auch um die Jungvolkbildung und die Königinnenzucht gekümmert hat. Dies dient zum Erhalt der Größe seiner gesamten Bienenpopulation und der Anzahl von Völkern, die man für die kommenden Jahre haben möchte. Verluste treten immer wieder auf und werden dadurch aufgefangen.

Ist die Biene gesund, freut sich der Honigschlecker – nach dieser Devise arbeitet der Imker und auch Familie Lichtenthäler geht voll in ihrer Passion für die fleißigen Pollensammler auf. Schon etliche Auszeichnungen haben sie für ihren goldenen, cremigzarten Honig erhalten, aber das ist nur die eine Seite der Medaille. Für Lichtenthälers zählt alleinig die Natürlichkeit ihrer Produkte und nicht zuletzt und vor allen Dingen der Geschmack.

TAFELFREUDEN TIPP

Nicht hinter den sieben Bergen, aber hinter blühenden Wiesen im Sommer oder weichen Schneedecken im Winter findet sich Ersfeld und das Haus der Imkerfamilie. Gerne zeigen Lichtenthälers dem Honiginteressierten die Bienen und erklären die Herstellung. Im Verkaufsraum stapeln sich die leckersten Honigsorten. Favorit ist der Waldhonig, der in der Erkältungszeit besonders gute Dienste leistet. Der Löwenzahnhonig hingegen besitzt wertvolle antibiotisch wirkende Inhibine, die wiederum die Stärkung des Immunsystems unterstützen. Daneben locken aber auch Sorten, natürlich aromatisiert mit Zimt, Vanille, Lebkuchengewürzen in der Weihnachtszeit oder aber Schokolade. Ein Sortiment an echten Wachskerzen, Honigkosmetik, Met und Honigessig runden das Angebot ab. Auch auf Bauernmärkten der Region oder den Neuwieder Markttagen findet man die gesunden Produkte von Lichtenthälers. Noch mehr Infos unter www.westerwald-imkerei.de

Schweinerippchen Erzfelder Art

Zutaten und Zubereitung:
1 kg Schweinerippchen in 3 Portionen schneiden und quer in mundgerechte Stücke teilen. Haut und Fett entfernen, Fleisch über kreuz 2-3mm einschneiden. Mit 3 EL Waldhonig einreiben und 30 Min. ziehen lassen.

Nun 2 Knoblauchzehen pressen, mit 2 EL Honig, 5 EL Soja Sauce, 2 EL Honigessig (ersatzweise Weißweinessig), 2 EL Met (Honigwein), 1 TL Pfeffer und etwas Paprika edelsüß mischen. Fleisch in Marinade legen und mind. 2 Stunden marinieren. Ofen auf 220°C vorheizen. Bratgitter mit Öl bestreichen und Fleisch auflegen. Auf die Fettpfanne stellen und in den Ofen schieben. Auf 170°C zurückschalten und auf oberster Schiene grillen. Nach 15 Min. wenden. Mit Öl bestreichen und nochmals wenden, bis die Rippchen braun und knusprig sind. Mit Ananasstücken garnieren. Dazu passen Nudeln oder Reis.

Imkerbraten

Zutaten:
8 EL Honig, 750 g Kartoffeln, 500 g Äpfel, 1 große Zwiebel, 2 Knoblauchzehen, Fett für die Form, 500 g mageres Lammfleisch, 1 unbehandelte Orange, 250 ml Apfelwein, 10 Salbeiblätter, Salz, Pfeffer.

Zubereitung:
Einen gusseisernen Bräter fetten. Kartoffeln und Äpfel schälen. Äpfel entkernen, beides in dünne Scheiben schneiden. Zwiebel in Ringe schneiden. Hälfte der Kartoffeln in den Bräter schichten. Fleisch in Scheiben schneiden, darauf geben und mit Knoblauch bestreuen. Mit Zwiebeln und Äpfeln belegen und würzen. Den Bräter abwechselnd weiter einschichten. Orangenschale abreiben, Saft auspressen, beides mit fein gewiegtem Salbei, Wein und Honig mischen. Mit Salz und Pfeffer herzhaft würzen. Marinade über die geschichtete Masse gießen. Im vorgeheizten Backofen bei 150° C zugedeckt 2 Stunden schmoren. Dazu passt ein Salat mit Honigdressing.

Warmer Kartoffelsalat mit Honig

Zutaten:
1 kg kleine Herbstkartoffeln, 1 milde Zwiebel, 1 Bd. Petersilie, 1 Bd. Radieschen, einige Blatt junges Selleriegrün, 4 EL Weinessig, 125 ml Gemüsebrühe, 2 EL Honig, 3 EL ausgelassenen Speck, Salz, Pfeffer.

Zubereitung:
Kartoffeln kochen, schälen und vierteln. Essig, Brühe, Honig, Salz und Pfeffer im Topf erhitzen. Über die Kartoffeln geben und mischen. Zwiebel, Petersilie und Sellerieblätter fein hacken und zu den Kartoffeln geben. Zum Schluss die Radieschen halbieren und mit dem ausgelassenen Speck unter den Salat geben.

Gebackener Kürbis

Zutaten:
1 kg orangefarbiger Kürbis, Pfeffer, Salz, Ingwerpulver, 1 frischer Zweig Rosmarin, 3 EL Honig, Butter.

Zubereitung:
Kürbis schälen, entkernen, in feine Schnitzel schneiden. In eine gebutterte Form schichten. Eine Prise Ingwerpulver, Salz, Pfeffer und Rosmarinnadeln mit dem leicht erwärmten Honig mischen und über den Kürbis geben. Im vorgeheizten Ofen bei 190° C etwa 20 Min. backen bis der Kürbis weich ist. Passt zu Kurzgebratenem, Bratwürstchen oder Hackbraten.

Gebackene Apfelringe

Zutaten:
200 g Honig, 200 g Dinkelvollkornmehl, 250 ml Weißwein, 2 Eier getrennt, 2 TL Öl, 1 Pr. Salz, 3-6 Äpfel, Pflanzenfett zum Ausbacken, Mandelstifte.

Zubereitung:
Eiweiß schlagen. Teig aus Mehl, Salz und Wein rühren. Eigelb und Öl unterrühren. Eischnee unterheben. Äpfel schälen, Kerngehäuse ausstechen und ca. 1 cm dicke Scheiben schneiden. Einzeln im Teig wenden und in heißem Fett ausbacken. Mandelstifte ohne Fett in einem Topf rösten. Honig zugeben, vom Herd nehmen und Honigmandeln über die Apfelringe geben. Heiß servieren. Dazu passt eine Kugel Vanille- oder Walnußeis.

Power Frühstück

SO EINFACH
UND DENNOCH EIN GUTER
VITAMINREICHER START IN DEN TAG

1 Orange, 1 Apfel und 1 Banane klein schneiden. 200 g Joghurt mit 1 EL Blütenpollen und 2 EL Mandeln oder Haselnüsse mischen. Früchte unterheben und mit Honig nach Geschmack süßen.

Honig Dressing

3 EL Blütenhonig mit 1 EL Obstessig, 3 EL Öl, 1 TL Senf und 1 TL Kräutersalz gut verrühren. Das Dressing passt zu diversen Blatt- wie Rohkostsalaten.

Morgendlicher Gesundheitstrunk

Er stärkt den Kreislauf und die Durchblutung und hilft auch auf nüchternen Magen eingenommen gegen Magenreizung.

2 EL Apfelessig mit 2 EL Waldhonig verrühren. 200 ml Wasser abkochen und abkühlen lassen. Lauwarm mit Honig-Essig-Mischung verrühren. Zweimal tägliche ein Glas davon trinken.

Westerwälder Landpartien

TAFELFREUDEN TIPP

HONIG-MILCH-BAD

Nichts zum Essen, sondern zum Baden. Der Honig reinigt die Poren und lässt die Haut weich und zart erscheinen. Zudem soll das Bad der Haut einen schimmernden Glanz verleihen. Also ran an das Rezept und das Badewasser einlaufen lassen!

1 l Milch erwärmen und mit 150 g Honig mischen. Ins Badewasser geben. Keine Angst vor klebrigen Rückständen. Milch und Honig verbinden sich gut und lösen sich auch vollkommen auf.

MIT ALLEN WASSERN GEWASCHEN

Wie unsere Urahnen die Lust auf Baden erfuhren

Größer konnten die Gegensätze wohl kaum gewesen sein. Jeder, der sich mit der Geschichte der Römer in unserer Heimat beschäftigt, wird sehr schnell merken, wie sehr die Eroberer aus dem fernen Rom unsere Urahnen doch ziemlich schnell mit Lebensqualitäten konfrontierten, die ihnen bis dato fremd waren. Von besonderer Qualität in der Palette der präsentierten technischen Möglichkeiten, war jene der Aufbereitung von warmem Wasser in größeren Mengen. Das Erstaunen unserer Urahnen können wir nur erahnen, wenn wir uns ihr Verhalten vorzustellen versuchen. Sie konnten Augenzeuge werden, wie die Leute aus dem Süden aus groben Steinen zunächst riesige, wetterfeste Gebäude schufen, diese dann mit edleren Gesteinen und sonstigen Materialien ausgestattet wurden, in denen schließlich in warmem Wasser gebadet werden konnte. Beschreibt doch der römische Historiker Tacitus, wie die neuen Nachbarn zu jeder Jahreszeit in Seen, Bächen oder Flüssen badeten.

Römischer Exportschlager

Nicht nur in der einstigen Hauptstadt am Tiber zeugen gigantische Ruinen von den Großbauten jener Thermen, die, wie wir wissen, von allen Bevölkerungsschichten meist ganzjährig kostenlos benutzt werden konnten. Der Besuch von Thermen war kein ausschließliches Privileg der stadtrömischen Bevölkerung, denn die überragende Ingenieurleistung des Baus und der Betreibung solcher Anlagen exportierten die Römer sehr schnell in ihre Provinzen. Heute noch können wir auch hier in den nördlichen Provinzen die Überreste solcher Anlagen bewundern. Neben Bath in England sind es besonders jene der Kaiser- und der Barbarathermen in Trier, dem einstigen Augusta Treverorum, der zeitweiligen Hauptstadt des west-römischen Reiches. Die gewaltigen Überreste versetzen noch heute die Besucher in Erstaunen.

Labung für die Legionäre

Genauso interessant wie die Großbauten in den Städten ist die Situation beim Militär. Die Fürsorge des Kaisers bzw. des Staates für die Soldaten sah in der Heeresbauvorschrift den Bau und die Betreibung von Badeanlagen bei jedem Kastell vor. In den Kastellen entlang des obergermanisch-rätischen Limes, konnten nahezu überall solche ergraben und die Grundmauern konserviert werden. Die Kastellbäder waren so großzügig konzipiert und gebaut, dass für sie innerhalb der Lager kein Platz mehr zur Verfügung stand und sie deswegen vor dem Lager erbaut wurden. Als Beispiele seien genannt die Anlage bei der Saalburg am obergermanischen Limes und jene am Kastell Abusina am Ende des rätischen Limes, bereits südlich der Donau gelegen.

Badebecken in Niederbieber

Äußerst interessant in unserer Region sind die konservierten Grundmauern des Kastells von Niederbieber. Zwar lässt das Militärbad keinen Vergleich mit den exklusiv ausgestatteten Thermenanlagen der großen Städte zu. Doch die Konzeption des einstigen Bades zeigt eindeutig, dass jeder, der das Bad benutzte, auch den Komfort des eigentlichen Badens, die Möglichkeiten der Nutzung von kaltem und warmem Wasser in unterschiedlich großen Becken, genießen konnte.

Die Badeanlage des Kastells Niederbieber zeigt jedoch eine Besonderheit auf. Während bei allen anderen Limeskastellen die Bäder außerhalb angelegt wurden, war jenes in dem Lager integriert. Die Bäder der anderen Kastelle entlang des Limes entstanden in Zeiten relativer Ruhe im Vorfeld jenseits der Grenze. Das Kastell Niederbieber, das die Aufgabe jenes von Heddesdorf übernahm, entstand relativ spät, erst gegen Ende des 2. Jh. n. Chr..

Mit einer Fläche von 5,2 ha war es das größte auf dem Boden des heutigen Rheinland-Pfalz. Seine Größe verrät zugleich die Reaktion Roms auf den wachsenden Druck auf die Limesgrenze durch den Stamm der Franken. Die Gefahr einer Belagerung des Lagers ist bereits berücksichtigt. Um auch in solchen Zeiten auf den gewohnten Badekomfort nicht verzichten zu müssen, war das Bad in das Lager integriert worden. Diese Tatsache belegt, welch hohe Bedeutung die Nutzung eines Bades im Alltag auch der einfachen Soldaten hatte.

Keine Belege darüber gibt es, ob auch die Angehörigen der Soldaten sowie die Zivilbevölkerung der Vici, der Lagervorstädte, die Badeanlagen mitbenutzen durften. Heute stehen uns auf dem einstigen Gebiet des römischen Imperiums eine Fülle von Thermen zur Verfügung, die ebenfalls ganzjährig benutzt werden können. Besuche in Thermen sind also nichts neues, wie viele meinen, sondern besitzen Tradition.

Manfred Müller

Westerwälder Landpartien

TAFELFREUDEN TIPP

Oftmals nutzten die Römer auch natürlich warme Quellen, die hier am Rhein und seinen Mittelgebirgen noch heute sprudeln. So haben manche Badeorte von Heute ihre ersten „Gäste" bereits in römischer Zeit begrüßen können. Unweit des Beginns des germanischen Grenzwalls Limes in Rheinbrohl, befindet sich Bad Hönningen mit der Kristall Rheinpark-Therme. Nicht in antikem, sondern in venezianischem Stil empfängt die Therme den Besucher. Mit Marmor und Mosaiken erinnert sie letztendlich doch wieder an römische Thermenfreuden. Auch die beiden Montemare Bäder in Rengsdorf und Kirchen laden zu Badewonnen und Saunaparadiesen ein. Letztere sind in Bad Marienberg eine besondere Attraktion und bilden neben Aquaspass im MarienBad den angenehm wärmenden Entspannungsfaktor.

GASTHOF ZUR TRAUBE
HAUSEN

*Gepökelter Schweinebraten
aus der Schulter*

Bestellen Sie dieses Stück am besten eine Woche
vorher, lassen Sie es sich vom Metzger mit einer 5 %-
igen Pökellake spritzen, auf keinen Fall stärker,
auch wenn Ihnen Ihr Metzger etwas anderes rät, es
wird sonst zu salzig.

Zutaten:
1,2 – 1,5 kg dickes Schulterstück mit oder ohne
Schwarte, 1 kg Zwiebeln, 3 Lorbeerblätter, 5 Wacholderbeeren, Petersilie und Schnittlauch, gemahlener Kümmel, grober Pfeffer, Senf, Honig,
$1/2$ l Weißwein vom Tafelfreuden Winzer, Salz (nur
wenn der Braten mit Schwarte gemacht wird)

Wer hat den Braten gerochen?

Zubereitung:
Das gepökelte Bratenstück mit dem Kümmel,
Pfeffer, Senf und dem Honig würzen. Die zuvor
geschälten Zwiebeln in kleine Stücke schneiden
und diese in einen Bräter geben. Petersilie und
Schnittlauch klein schneiden, die Abschnitte und
die Stiele zu den Zwiebeln geben.

Die Lorbeerblätter und den leicht zerdrückten
Wacholder mit dem Weißwein zusammen auf die
Zwiebeln geben. Den Braten, sofern er mit
Schwarte gemacht wird, mit der Schwartenseite
nach unten legen, das Ganze mit $1/2$ l Wasser
angießen und zugedeckt im Ofen bei ca. 120° C
rund eine Stunde garen. Zwischendurch immer
wieder mit Wasser angießen (nicht trocken werden
lassen!). Nach einer Stunde den Bräter aus dem
Backofen nehmen und diesen jetzt auf 180° C,
Oberhitze einstellen. Den Braten wenden und die
Schwarte mit einem scharfen Messer in Rauten
einschneiden. Die Schwarte mit Salz bestreuen
und in den Backofen geben. Nach ca. 5-10 Min.
fängt die Schwarte an Blasen zu werfen, nach
ca. 10-15 Min. sollte die Schwarte goldgelb und
knusprig sein. Sollte der Braten ohne die Schwarte sein, einfach den Deckel weglassen und den
Backofen auf 160° C vorheizen. Der Braten ist
dann in ca. einer Stunde gar. Den Bratenfond nun
durch ein Sieb in einen Topf gießen. In der
Zwischenzeit den Braten im Backofen bei 50° C
warm stellen. Den Fond bis zur gewünschten
Stärke reduzieren, mit etwas Mehlbutter abbinden. Zum Verfeinern die gehackten und geschnittenen Kräuter hinzugeben, mit etwas Senf und
Crème fraîche abschmecken. Dazu warmen Endiviensalat oder gelbe Steckrüben mit Kartoffeln
servieren.

Rheinischer Sauerbraten

Zutaten:
1-1,5 kg Rinderbug oder Falsches Filet, 150 g fetter Speck in Scheiben, 60 g Rosinen, 1 EL Rübenkraut. Des weiteren 2 EL Quittenkompott (alternativ Gelee), 80 g Pumpernickel.

Beize:
2 Möhren, ½ Knolle Sellerie, 1 Stange Porree, 3 Gemüsezwiebeln, 0,5 l Weinessig 5%, 0,2 l Himbeeressig, 0,5 l Wasser, Senfsaat, Lorbeer, Piment, Wacholderbeeren, schwarze Pfefferkörner, Thymian, Salz.

Zubereitung:
Das Gemüse und die Zwiebeln waschen, putzen und in nicht zu große Würfel schneiden. Die Essige und das Wasser mit dem geputzten Gemüse und Zwiebeln in einen Topf geben, die Kräuter und Gewürze in einem Mörser oder ähnlichem etwas zerstoßen und zu dem Sud geben. Das Ganze bei mittlerer Hitze zum Sieden bringen und kurz wallen lassen. Somit ist die Gefahr, dass die Beize verdirbt sehr gering und der Geschmack von Gemüse und Gewürzen entfaltet sich stärker. Den Fond kurz auskühlen lassen, dann das Fleisch hinein geben. Wenn der Fond mit dem Fleisch ausgekühlt ist, wird das ganze 2-5 Tage, je nach Geschmack im Kühlschrank aufbewahrt. Auf keinen Fall länger als 5 Tage, da das Fleisch durch den Essig zu mürbe wird. Das Fleisch 1-2 mal am Tag mit einer Gabel drehen. Nun das Fleisch aus der Schüssel nehmen und trocken tupfen. In einem Bräter den fetten Speck ausbraten und das Fleisch hinein geben. Braun anbraten und mit dem Salz würzen. Danach einen Teil des Gemüses und der Gewürze aus der Beize sieben, zum Braten dazugeben und kurz mit anschmoren. Zum Ablöschen die Beize benutzen. Wer die Sauce nicht zu sauer mag, sollte nur einen Teil der Beize nehmen und den Rest mit Brühe auffüllen. Den Bräter mit einem Deckel verschließen und bei ca. 150° C im vorgeheizten Backofen weiter garen. Nach ca. 1 – 1½ Stunden ist der Sauerbraten gar. Den Backofen nun auf ca. 80° C stellen und den Braten darin warm halten. Den Fond aus dem Bräter in einen Topf sieben und die restlichen Zutaten hinzugeben.

Sollte das Brot zum Abbinden nicht ausreichen, kann man mit Mehl oder Mehlbutter die Sauce noch andicken. Ein kleiner Löffel Crème fraîche rundet die Sauce gehaltvoll ab. Als Beilage unbedingt Kartoffelknödel halb und halb oder aus rohen Kartoffeln reichen. Dazu Apfelkompott von heimischen Streuobstwiesen, natürlich selbst gemacht, und die Gäste wollen nur noch Sauerbraten …

Heubraten vom Lamm

Zutaten:
1-1,2 kg Lammkeule, 2 Möhren, 1 kleine Knolle Sellerie, 1 Stange Lauch, 2 Gemüsezwiebeln, 4 Knoblauchzehen, 3 Blatt Lorbeer, Heu vom Bauer, Petersilie, Rosmarin, Liebstöckel, Zitronenthymian, 1 EL grober Senf, Salz, gem. Kümmel, Pfeffer, Zucker, Olivenöl, 1 Fl. Mittelrhein Rotwein.

Zubereitung:
Die Lammkeule mit dem Senf, den Kräutern und Gewürzen, ohne Salz und Zucker, am Tag vorher würzen und kalt stellen. Das Gemüse und den Knoblauch schälen und putzen, danach in walnussgroße Stücke schneiden. Das Heu gut waschen und abtropfen lassen. Einen Gusseisenbräter erhitzen, das Olivenöl hineingeben und die Lammkeule langsam anbraten, bis sie von beiden Seiten braun ist. Das Fleisch mit Salz und Zucker würzen, das Gemüse, die Zwiebeln und den Knoblauch dazu geben, kurz mit anschwitzen und mit dem Rotwein ablöschen. Das gut gewaschene Heu unter und über die Lammkeule geben, den Bräter mit einem Deckel abdecken, bei 140° C in den vorgeheizten Backofen geben und ca. 1½ bis 2 Stunden garen. Zwischendurch immer wieder mit Flüssigkeit auffüllen. Wenn die Lammkeule gar ist, das Heu gründlich entfernen, den Fond durch ein Sieb in einen Topf gießen und die Lammkeule im Backofen bei 80° C warm stellen. Den Fond bis zum gewünschten Geschmack reduzieren. Nicht mehr kochen, sondern simmern lassen. Die Sauce mit Mehlbutter abbinden. Mit etwas Crème fraîche die Sauce verfeinern. Als Beilage passen Kartoffelgratin, Bratkartoffeln oder Wäller Saucenkartoffel. Als Gemüse Speckbohnen, geschmorte Weißkohlviertel oder Wirsing in Rahm.

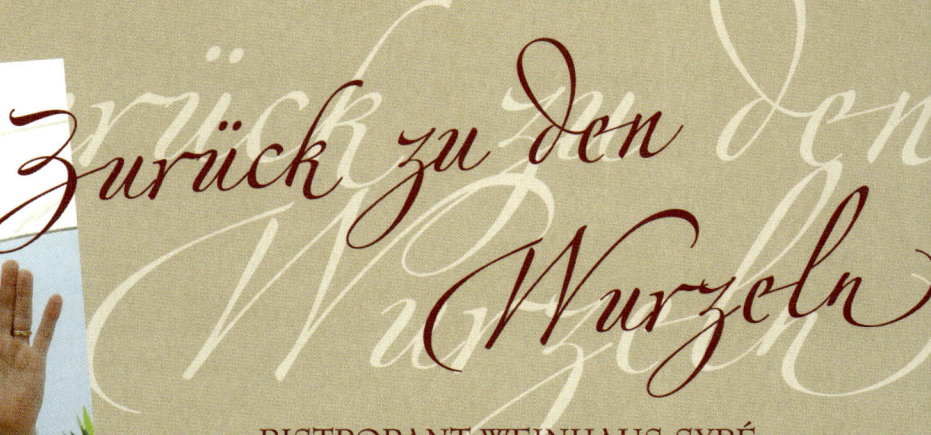

BISTRORANT-WEINHAUS SYRÉ
BENDORF

Salat von Topinambur und Zuckerschoten mit gebackenem Kalbskopf

Zutaten:
400 g Topinambur, 200 g Zuckerschoten, 1 Zitrone, 50 ml Geflügelbrühe, 50 ml weißer Balsamico, 50 ml Walnussöl, 50 ml Olivenöl, Salz, frisch gemahlener Pfeffer, 1 Prise Zucker.

Weiterhin 800 g ausgelöste Kalbskopfmaske, 1 Kalbszunge, je 100 g Lauch, Sellerie und Möhren, 1 Zwiebel, 4 Lorbeerblätter, je 1 Zweig Thymian, Majoran und Rosmarin, etwas Mehl, 1 Ei , geriebenes Weißbrot, Mayonnaise, Schnittlauch, 2 EL geschlagene Sahne, verschiedene Blattsalate.

Zubereitung:
Topinambur schälen, in feine Streifen schneiden und in Zitronenwasser kurz blanchieren. Zuckerschoten in feine Streifen schneiden, in Salzwasser kurz blanchieren und kalt abschrecken. Von den restlichen Zutaten eine Vinaigrette rühren und die Gemüse damit würzen.

Kalbskopf und Zunge mit den Suppengemüsen und Kräutern in Salzwasser gar kochen. Der Zunge die Haut abziehen und anschließend in 0,5 cm dicke Scheiben schneiden, Kalbskopf in 3 cm große Würfel schneiden. Beides mehlieren, durch verquirltes Ei ziehen und mit dem geriebenen Weißbrot panieren. In einer Friteuse Kalbskopfwürfel und Zungenscheiben ausbacken und warm stellen.

Mayonnaise kräftig abschmecken, mit Schnittlauchröllchen vermischen und die geschlagene Sahne unterziehen. Auf vier großen Tellern die gewaschenen bunten Blattsalate als Bett auslegen und in der Mitte den Topinambursalat anrichten. Gebackenen Kalbskopf und Zunge mit der Schnittlauchmayonnaise ringsherum platzieren.

Syré's Rheinischer Debbekooche

Zutaten:

800 g geschälte rohe Kartoffeln (mehlig kochend), 2 Zwiebeln, 200 g geräucherten Bauchspeck, 4 grobe Mettwürste, 10 g Walnusskerne, 100 ml Olivenöl, 1 Ei, 1 altbackenes Brötchen, 200 ml Milch, Salz, Pfeffer aus der Mühle, Muskat.

Zubereitung:

Die rohen Kartoffeln und Zwiebeln fein reiben (nicht abtropfen lassen). Die Brötchen entrinden, in Scheiben schneiden und mit der heißen Milch übergießen. Durchziehen lassen, verrühren und mit dem Ei, Salz, Pfeffer, Muskat zu den geriebenen Kartoffeln geben, alles gut vermischen. In einem gusseisernen Bräter Öl erhitzen und darin die Hälfte des in Scheiben geschnittenen Bauchspecks anbraten. Die Kartoffelmasse einfüllen, die Mettwürstchen in die Masse eindrücken, die restlichen Speckscheiben sowie die Walnusskerne obenauf verteilen. Im Backofen bei 230° C etwa 90-120 Min. backen, bis eine herrlich braune Kruste entstanden ist.

Tipp:

Dazu reicht man frisch gekochtes Apfelkompott. Original wird der Debbekooche im Bräter mitten auf den Tisch gestellt und jeder nimmt sich seine Portion samt Mettwurst daraus. Dazu trinkt man ein rheinisches Bier oder einen halbtrockenen Grauburgunder aus Leutesdorf. Ohne Mettwürstchen wird der Deppekooche auch gerne als Beilage zu Gänse-, Enten- oder Schweinebraten serviert.

Samtsüppchen von Wurzelgemüse mit gebratener Blutwurst und Croutons

Zutaten:

1 kleine weiße Zwiebel gewürfelt, 2 gehackte Knoblauchzehen, 20 g Butter, 20 g Olivenöl, 200 g Petersilienwurzel, 50 g Topinambur, 50 g Knollensellerie, 50 g Kartoffeln, 100 ml Weißwein, 500 ml Geflügelfond, 250 ml Sahne, Salz, Pfeffer, Muskat, 2 kleine Blutwürstchen (Heinzelmännchen), 1 altbackenes Brötchen, 20 g Butter, 20 g eisgekühlte Butter, 2 EL geschlagene Sahne, 1 EL gehackte Petersilie.

Zubereitung:

Zwiebel und Knoblauch in Butter und Olivenöl hell anschwitzen. Wurzelgemüse sowie Kartoffel schälen und in Scheiben schneiden. Zu den Zwiebeln geben, mit Weißwein ablöschen und mit Geflügelfond und Sahne auffüllen. Köcheln lassen bis die Zutaten weich sind. Anschließend mit dem Mixstab pürieren, mit Salz, Pfeffer und Muskat abschmecken.

Von der Blutwurst die Haut abziehen, in Scheiben schneiden und in einer heißen Pfanne kurz von beiden Seiten anbraten, warm stellen. Altbackenes Brötchen klein würfeln und in der Butter kross anbraten.

Mit dem Mixstab die Eisbutter sowie die geschlagene Sahne unter die Suppe rühren, auf 4 Teller verteilen und Blutwurstscheiben darüber geben. Mit den Brotcroutons und der gehackten Petersilie garnieren.

Die zwei Wurzeln

Zwei Tannenwurzeln, groß und alt,
unterhalten sich im Wald.

Was droben in den Wipfeln rauscht,
das wird unten ausgetauscht.

Ein altes Eichhorn sitzt dabei
Und strickt wohl Strümpfe
Für die zwei.

Die eine sagt: knig!
Die andre sagt: knag!
Das ist genug für einen Tag.

Christian Morgenstern

Grube Georg im Sonnenuntergang

Februar

Der Winter im Weinberg und Weinkeller

Januar

Es ist Januar. Die Leutesdorfer Weinberge liegen kahl und knorrig in der Wintersonne, in die sich hier und da auch dunkle Wolken mit Schneeflocken oder Regenschauern mischen. Noch ruht der Weinberg. Alles Lesegut ist gut verstaut im Keller, wo es reift und seiner Vollendung in der Flasche entgegensieht. Der Winzer beginnt allerdings schon im Januar mit dem Rebschnitt. Dieser beeinflusst später im Jahr den Ertrag in Menge und Qualität. Gleichzeitig dient der Rebschnitt zur Formgebung des Weinstocks. Die Triebe werden bis auf eine oder zwei Ruten gekürzt. Das anfallende Schnittgut wird anschließend gehäckselt

und bleibt als Humusgabe im Weinberg zurück. Im Keller befinden sich die heranreifenden Weine zum Teil noch in der Gärung, klären sich aber auch schon durch Sedimentation, d. h. die Trubstoffe setzen sich am Fassboden ab. Der Winzer geht jetzt regelmäßig in den Keller (seine wichtigste Arbeit) und probiert in regelmäßigen Abständen den Jungwein auf seine Entwicklung. Dies ist von besonderer Bedeutung, da sein Jahreskapital sich hier entwickelt. Hier zeigt sich das Können und die Erfahrung des Kellermeisters. Ungeübte Hände und Gaumen können hier fatale Folgen herbeiführen.

Februar

Im Februar wird der Rebschnitt fortgesetzt. Stroh und Humus werden in den Weinberg eingebracht. Diese lockern den Boden und haben eine hohe Wasserspeicherkapazität. Später im Sommer wird dies den Weinberg vor längeren Trockenperioden oder aber Erosion schützen. Als es am Rhein noch mehr Viehwirtschaft gab, bestand der Humus aus Stallmist. Heute setzt er sich jedoch aus Biokompost zusammen. Im Keller sind die letzten Weine jetzt durchgegoren und geklärt. Hiernach erfolgt der Abstich, d.h. der Wein wird von seiner Hefe getrennt. Der Wein wird aus dem einen Fass in ein frisches umgepumpt. Die Hefe hat sich inzwischen am Fassboden abgesetzt. Diese Weinheferückstände werden dem Fass entnommen und in der Brennerei zu Hefe-Branntwein destilliert. Die jungen Weine werden weiterhin intensiv beobachtet und auch probiert, oftmals auch zusammen mit anderen Winzerkollegen zum gegenseitigen Erfahrungsaustausch. Jeder Wein ist in jedem Jahr anders.

März

Die ersten wärmenden Strahlen der Frühlingssonne treffen auf die steilen Weinbergslagen in und um Leutesdorf. Die Ruten, welche später die Frucht tragen (1-2 Triebe) werden jetzt am Stock (Pfahlerziehung) oder am Drahtrahmen (Drahterziehung) nach unten gebogen, um die Form des Stocks zu erhalten und schon den Grundstein für das nächstjährige Fruchtholz zu legen. In der Pfahlerziehung, der klassischen Anbauform im Steilhang am Mittelrhein, ergibt die Bindung der Triebe eine Herzform. Im Keller kommt des Winzers Herz zum tragen. Die Weine werden jetzt filtriert. Dies geschieht zum einen durch Filterschichten aus Zellulose oder Kieselgur (eine Kieselalge) und durch Cross-Flow-Filtration, eine Weiterentwicklung des medizinischen Dialyseverfahrens. Nach dieser Ruhestörung des wohl verdienten Winterschlafs des Weines im tiefen Keller darf er jetzt über Wochen und Monate reifen und zu seiner Harmonie finden.

Ein Berliner am Rhein

Von Kasperl, Karneval und Krapfen

Alles wartet gespannt auf den großen Moment, wo sich der Vorhang öffnet! Einige rutschen von links nach rechts, andere recken die Hälse, ob sich nicht schon das leiseste Zeichen einer Bewegung erahnen lässt. Aber nein, noch lüftet sich nichts, oder doch? War da nicht ein roter Zipfel, der aus einem Spalt hervorlugte? Für einen Moment wird es mucksmäuschenstill auf den Bänken, die im großen Halbkreis um das hübsch verzierte Objekt der Begierde Platz genommen haben. Ein Fenster in eine andere Welt scheint sich in wenigen Minuten zu öffnen – aus hölzernem Rahmen, der geschnitzt, bunt bepinselt und dann auf Hochglanz poliert ist. Am oberen Ende ragen zwei Masken nach vorne. Golden lackiert schauen sie in die Menge, als wollte die eine sagen „schau, niemand ist gekommen uns zu sehen, es ist zum Heulen!"

Doch die andere lacht ihr zu und nimmt ihr mit einem „schau, alle sind sie da, sie warten auf uns!", jegliche Trübsal aus dem hölzernen Gesicht. So geht es tagein tagaus. Immer zieht die eine ihren Mundwinkel nach unten, als ob stündlich mit Regen zu rechnen wäre, während die andere wie die Sonne scheint und sich Lachfalten um Augen und Mund graben. Wäre es nicht das Theater auf dem offenen kleinen Platz, man könnte meinen, sie zeigten uns das wahre Leben. Doch bevor sich nun jeder der Besucher für Regen oder Sonnenschein entscheiden kann, rafft sich der dunkelrote Stoff und langsam ziehen unsichtbare Hände den samtigweichen Vorhang wie eine Gardine zurück, um den Blick durch das Fenster in eine andere Welt zu öffnen. Der Ort ist schnell erkannt. Es ist immer die Stadt, wo sich Kasperl und Gretel, die Großmutter, der Polizist und das grüne Krokodil treffen.

36

Doch dieses Mal ist es anders. Kasperl scheint seinen Text ganz und gar vergessen zu haben. Kein „seid ihr denn alle da?" ruft er in die Reihen. Dagegen grinst er verschmitzt und jetzt erst sieht man seinen mit roter Marmelade verschmierten Mund. Bis zu den Ohren reichen die süßen Himbeerflecken und seine schöne grüne Jacke mit der weißen Halskrause sieht aus, als hätte es soeben kristallene Schneeflocken vom Himmel geschneit. Man merkt ihm an, dass sich Kasperl sehr zusammenreißen muss, um nicht vollends mit einem lauten Lachen heraus zu prusten, aber im letzten Moment fängt er sich doch und ruft laut in die Runde „seid ihr auch alle satt?"

Das Publikum ist überrascht. So eine Frage hat es noch nie gestellt bekommen. Ein breites „Jaaaaa" schwappt dem Kasperl zurück – wohl eher aus Gewohnheit, denn aus Überzeugung, denn von überall her wehen die leckersten Düfte auf den grünen Theaterplatz. „Dann behalte ich alle Krapfen für mich", sagt's, zieht einen dicken, duftigen Berliner hervor, beisst mit Lust hinein, verneigt sich ein letztes Mal vor seinem entsetzten Publikum und zieht den Vorhang zu.

Eine süße Geschichte

Kasperl, Karneval und Krapfen passen zusammen wie lockerer Hefeteig, leckere Marmelade und luftig rieselnder Kristallzucker. Dabei hat das traditionelle Schmalzgebäck wohl einen ganz konkreten historischen Hintergrund, der vom Rhein und Westerwald und vielen, vielen anderen Orten landauf landab nach Berlin führt. Denn da sollen sie entstanden sein, aus dem klugen Kopf eines Berliner Zuckerbäckers im Dienste des alten Fritz, der sich damit nicht nur um die Kartoffel, sondern auch um dieses köstliche Gebäck verdient gemacht hat. Ganz so heldenhaft ist der Berliner dann doch nicht zu seinem Ruhmeszug durch deutsche Bäckerstuben gekommen.

Der besagte Zuckerbäcker wurde als wehruntauglich gestempelt und statt an vorderster Front in die Regimentsküche als Feldbäcker gesteckt. Dort schuf er wohl eher aus der Not heraus die ersten „Berliner", die in ihrer Form durchaus an Kanonenkugeln erinnern, und buk sie in Ermangelung eines gemauerten Ofens in heißem Fett über offenem Feuer aus. Als Ironie der Backgeschichte heißen die Berliner im Süden Krapfen, im hessischen Kreppel und sogar im Entstehungsort Berlin nennt man sie Pfannkuchen. Im Rheinischen Westerwald bleiben wir bei dem allseits beliebten Fastnachtsgebäck des Berliners.

Backe, backe Kuchen

Da, wo Berliner entstehen, liegt das Mehl nicht fern. Unser Weg führt uns an einem sonnigen Wintertag hinauf in den oberen Westerwald nach Westerburg. Dort liegt eine Mühle und die dazugehörige Bäckerei, die unser Ziel ist. Im Jahre 1887 beginnt die Geschichte der Wassermühle am Schafbach für die Familie Jung. Bereits zwei Jahre später entsteht die erste Bäckerei, die ihr Mehl bis in die 60er Jahre des letzten Jahrhunderts aus der eigenen Mühle bezieht. Grosse wuchtige Schlitten erinnern noch an die Zeiten, wo für die Nebenerwerbsbauern im Umland das abgelieferte Getreide zu Mehl gemahlen oder geschrotet wurde, daraus entweder Viehfutter oder aber wunderbares Mühlenbrot entstand. Für einen Zentner Getreide erhielten die Bauern dann rund 20 3-Pfünder. Erhoben wurde nur ein Back- und Mahllohn. Im Sommer mit dem Leiterwagen, im Winter auf hölzernen Pferdeschlitten, ging es dann zu den Gehöften, wo man schon das knusprige Brot erwartete.

Die alten Zeiten sind schon lange vorbei und das Mühlrad dreht sich nur noch für das Vollkornmehl aus biologischem Anbau. Die Bäckerei ist gewachsen und mit ihr auch die vielfältigen Brot- und Süßbackwaren. Natürlich ist auch der Berliner ein klassisches Gebäck in der Westerburger Mühlenbäckerei.

Dazu wird ein leichter Hefeteig mit einem hohen Eigelbanteil hergestellt. Der hohe Eigelbanteil ist für die Qualität und den klassischen weißen „Rundkragen" verantwortlich. Er macht sie besonders locker und feinporig. Mit Mehl, Zucker, Butter, Salz, Hefe und Eigelb wird kräftig ein lockerer Teig geknetet, der im Anschluss rund 20 Minuten ruhen muss. Der sogenannte „Antrieb" ist für die Geschmacksbildung wichtig. Dann werden Bälle à 40 g abgestochen und rund gewirkt.

Nochmaliges „gehen" für rund 40 Minuten an einem warmen und mit einem Küchentuch abgedeckten Ort, ist unerlässlich. Schließlich sollen es später luftig leichte und große Berliner werden. In heißem Fett, das einen hohen Rauchpunkt besitzt, werden die Krapfen dann bei ca. 170° C je 3-4 Minuten von beiden Seiten ausgebacken.

Haben sie die schöne braune Farbe mit dem weißen Rundkragen erhalten, werden sie aus dem Fett genommen, abgetropft und etwas abgekühlt. Dann erfolgt die Füllung, die in der Bäckerei mit einem speziellen mechanischen Füllgerät geschieht. Zum guten Schluss rollen sie noch in feinem Zucker und sind dann fertig für den sehnsuchtsvollen Blick eingeschworener Leckermäuler.

Um den herzhaften Ausgleich zu schaffen, stellen wir nun noch das Hausmacher Mühlenbrot vor, das in seiner Herstellung an die herzhaften, lange frischen Bauernbrote vergangener Tage erinnert und köstlich zu Schinken, Käse und weiteren hausmacher Wurstwaren passt. Es wird aus reinem Natursauerteig, 70 % Roggenmehl, 30 % Weizenmehl, Wasser und Salz gebacken.

Als ausgehobenes Brot kann es gegenüber den anderen Brotsorten in einem großen Teigbottich besonders lange ruhen, wird dann mit den Händen portionsweise abgebrochen (ausgehoben) und direkt in den heißen Ofen geschossen. In trockener Hitze von rund 320° C backt das Brot auf dem Steinboden für 60 Minuten.

Die Kruste bricht auf und wird schön kross, der hohe Roggenanteil sorgt für den saftigen Geschmack noch Tage später. Einmal wird es mit Wasser eingepinselt und dann fertig gebacken. Rund eine Woche hält es sich frisch. Empfohlen wird ein gut belüfteter Keramiktopf.

Kartoffelbrot aus der Mühlenbäckerei

Halbfeste Kartoffeln (die Anzahl richtet sich danach, wie viele Brote Sie herstellen wollen) werden roh gerieben. Anschließend wird soviel Weizenmehl hinzugerührt, bis ein sehr weicher Teig entstanden ist. Die Masse wird abgewogen und dann anteilmäßig mit 1,5 % frischer, zerbröckelter Hefe und 2 % Salz gut vermischt. Eine Kastenkuchenform wird gefettet und dann die Masse zur Hälfte eingefüllt. Auch dieses Brot muss an einem warmen, Luftzug geschützten Ort ruhen, bis die Masse zum Formenrand aufgegangen ist. Im auf 250° C vorgeheizten Ofen wird das Kartoffelbrot dann rund 45 Minuten gebacken. Es passt sowohl zu herzhaftem wie auch süßem Belag.

Muzenmandeln

Zutaten:
500 g Mehl (ggf. mehr), 250 g Butter, 60 g Zucker, 1 Pr. Salz, 1 P. Vanillezucker, ½ P. abgeriebene Zitronenschale, 2 cl Amaretto, 150-200 ml süße Sahne, 1 P. Backpulver, Fett zum Ausbacken, Zucker-Vanillezuckermischung zum Wälzen.

Zubereitung:
Aus allen Zutaten einen Teig herstellen, dabei Mehl mit Backpulver vorher mischen. Im Anschluss mit einem in Öl getauchten TL, walnußgrosse Kugeln abstechen und ins heiße Fett gleiten lassen. Sobald sie schön goldgelb sind, mit dem Schaumlöffel herausnehmen, auf Küchenkrepp abtropfen lassen und in Vanillezucker wälzen.

Westerwälder Landpartien

TAFELFREUDEN TIPP

MÜHLENFEST

Jedes Jahr an Pfingstsonntag
von 11.00 Uhr bis 18.00 Uhr

Es werden Mühlenbesichtigung und Führung, ein Handwerker- und Bauernmarkt sowie Verkostung von frischem Mühlenbrot angeboten. Auch sind u. a. Produkte von Direktvermarktern erhältlich.

Rheinische Kreppeln, auch Berliner genannt

Zutaten:

40 g frische Hefe, 500 g Mehl, 100 g Zucker, 100 g flüssige Butter, $^1/_4$ l Milch lauwarm, 1 Ei 1 Prise Salz, 1 P. Vanillezucker, abgeriebene Schale von 1 Zitrone, optional 200 g Marmelade zum Füllen, 2 kg Pflanzenfett zum Ausbacken, feinsten Zucker zum Bestäuben.

Zubereitung:

200 g Mehl in eine Schüssel geben und eine Mulde bilden. Die frische Hefe einbröckeln, etwas Zucker und etwas lauwarme Milch zugeben und einen Vorteig leicht anrühren. Das Ganze aufgehen lassen. Dann die restliche Milch zugeben, alles verrühren und den Vorteig zugedeckt an einem warmen Ort aufgehen lassen. Im Anschluss das restliche Mehl und die restlichen Zutaten hinzufügen, alles mit den Knethaken des Handrührers gut durchkneten und nochmals ca. 30 Minuten gehen lassen.

Danach den Teig etwa daumendick ausrollen, mit einem Wasserglas die Kreppel ausstechen, auf ein bemehltes Brett setzen und nochmals an einem warmen Ort zugedeckt gehen lassen. Die Kreppel mit der Unterseite nach oben ins mäßig heiße Fett geben und auf jeder Seite etwa 2–3 Minuten backen. Mit einer Schaumkelle wenden. Die Kreppel herausnehmen, auf einem Sieb abtropfen lassen und mit einer feinen Spritztülle die Marmelade einfüllen. Zum Schluss mit feinem Zucker bestäuben.

Rheinische Muzen

Gehören zur Fastnachtszeit wie der Berliner und sind ein sehr traditionelles Karnevals-Fettgebackenes.

Zutaten:

500 g Mehl, 200 g Mandeln, 2 TL Backpulver, rund 60 g Zucker, 1 P. Vanillezucker, 150 g Butter, 2 EL Rum, einige Tropfen Bittermandelaroma, zum Ausbacken rund 1 kg Pflanzenfett, eine Mischung aus feinem Zucker und Vanillezucker zum Wälzen der Muzen.

Zubereitung:

Mehl und Backpulver mischen, mit gem. Mandeln, Zucker, Vanillezucker, Rum, Aromen und weicher Butter gut vermischen. Am besten mit den Händen schnell durchkneten und rund 30 Minuten im Kühlschrank ruhen lassen. Danach den Teig ausrollen und mit dem Teigrädchen Rauten ausradeln oder Formen ausstechen. Im heißen Fett goldgelb ausbacken. Anschließend im Zucker vorsichtig wälzen.

Jeder Jeck isst anders

Von Fastenzeiten, Völlerei und Mummenschanz

Es war einmal eine Zeit, da hat man die Fast-Nacht noch wörtlich genommen. Es war die Nacht vor dem Beginn der Fastenzeit am Aschermittwoch. Nun hieß es Abschiednehmen von allen fleischlichen Genüssen: Karneval (lat. carnelevare) heißt nichts anderes als „Wegnahme des Fleisches". Wenn man schon dem Fleisch Lebewohl sagen musste, dann wenigstens richtig. Zu keiner Jahreszeit wurde im Rheinland so gut und so viel gegessen und getrunken, wie an den Tagen vor Aschermittwoch.

Früher hatte Fastnacht feiern also weniger mit Verkleiden, dafür um so mehr mit Essen und Trinken zu tun.

Das Schönste in der Truppe drinn / Das ist die Marketenderin   Sie liebt die ganze Infanterie / Den Doktor und die Artillerie!

In Köln wurden am Fastelovend (dt. Fastabend) opulente Bankette abgehalten. So hatten die Grafen von Zimmern gerüchteweise von großartigen Tafelfreuden in den Häusern der Reichen gehört.

Bei ihrem Besuch im Jahre 1535 wollten sie sich mit eigenen Augen davon überzeugen. Es gab Bier und Wein im Überfluss, Konfekt, Obst und „alle schleckbissle, kalt und warm", vorzügliche Musik und fröhliche Gespräche. Bei dieser Völlerei wurde lediglich an der Gesundheit gespart. Bis um vier Uhr morgens dauerte das Festmahl. Da inzwischen die Fastenzeit begonnen hatte, rührten die Gäste das Fleisch auf der Tafel nicht mehr an; nur die Fasane, die gebratenen Rehschlegel, die Hühner und die Wildbretpastete wurden versucht.

Bereits im Januar, am Dreikönigstag, begann der Mummenschanz am Hof der Mainzer Kurfürsten und Erzbischöfe. Nach einer seit dem Mittelalter in ganz Europa verbreiteten Sitte wurde unter den Bediensteten ein König und sein Hofstaat gewählt. Es konnte den Kanzleisekretär oder den Kammerkanzlisten treffen.

Umgekehrt konnte der Kurfürst zum Hofschreiner oder Pförtner erniedrigt werden, was jedoch seiner Würde keinen Abbruch tat. Am Aschermittwoch war der Spaß vorbei. Der König musste aufwendige über mehrere Tage gehende Festbankette spendieren. Je nach dessen Finanzkraft fiel der Schmaus mehr oder weniger opulent aus. In mageren Jahren wurde der Kurfürst „um einen Trunk Wein" gebeten. Welcher Aufwand in einem solchen „Königreich" sogar bei kleinem Geldbeutel betrieben werden konnte, zeigt der Menüplan des Jahres 1766:

Zwei Hühnersuppen, ein großes Stück Rindfleisch samt einer Schüssel mit Meerrettich, ein Wildpretsziemer (Rücken), ein Kalbsbraten, zwei Schüsseln mit Vögeln, eine Sulzenpastete, eine Pastete mit Poularden und Austernsauce, eine Pastete mit Kalbfleisch in einer Sauce mit Trüffeln und Morcheln, zwei Schüsseln mit Schwarzwildpret, ein Hammelbraten, eine Schüssel junge Hahnen mit Sardellensauce, zwei gebratene Welsch, ein Schinken, ein Schweinskopf, eine Schüssel mit dreierlei Würsten, zwei Schüsseln Gemüse mit Beilagen, zwei Schüsseln Salat, ein Kompott mit Äpfeln, ein Kompott mit Quitten, zwei große Apfeltorten, zwei Kuchen, zwei Schüsseln mit Krachmandeln, zwei Schüsseln mit Biscuits, zwei Schüsseln mit großen Rosinen, zwei Schüsseln mit verzuckertem Anis, zwei Schüsseln mit kleinen Lebkuchen.

In der Tischmitte stand ein großer Aufsatz mit allerlei Konfekt. Wenige Jahre später endeten diese opulenten Festbankette mit der Wahl Friedrich Karls zum letzten Mainzer Kurfürsten 1774. Auch in den Klöstern wurden irdische Köstlichkeiten in der Fastnachtszeit nicht verschmäht: im 18. Jahrhundert feierten die Nonnen mit Tee, Kaffee und Chocolade und spielten Karten. Die einfachen Leute konnten sich solche Köstlichkeiten natürlich nicht leisten. Doch auch sie schmausten, wie sich Ernst Weyden erinnerte. Ein wichtiger Bestandteil ihrer Leckereien waren Mehl, Milch, Fett und Eier. Daraus wurden Mutzemandeln, Waffeln, Krapfen oder die Mutzen gebacken, „ganz dünn gerollte süße Mehlkuchen, die in Butter geschmort werden.... Ganze Körbe dieser Herrlichkeit wurden fabriziert und in dem Heiligtum des Hauses, auf dem so genannten Saale für die Festtage aufbewahrt. Wie oft habe ich meine Mutter bei dieser Gelegenheit über die teuren Preise der Eier lamentieren hören."

Mit der üppigen Völlerei vor dem Beginn der Fastenzeit wurden gleich zwei Fliegen mit einer Klappe geschlagen: die Leute aßen sich noch einmal ordentlich satt und legten sich ein kleines Polster zu. Gleichzeitig wurden die verderblichen Vorräte aufgebraucht. Denn unter Androhung von Strafe durften in den nächsten sechs Wochen kein Alkohol getrunken und weder Fleisch noch Fleischprodukte gegessen werden.

Dies beinhaltete auch den Verzicht auf Milch, Käse und Eier! Die Gebräuche rund um die Fastnacht und die Fastenzeit gehörten früher eng zusammen: Der letzte Back- und Schlachttag war der Donnerstag vor Fastnacht, deshalb der schmutzige (=schmalzige) fette oder auch Schwerdonnerstag genannt.

In der Eifel und im Westerwald zogen an diesem Tag die Frauen von Haus zu Haus und sammelten Eier, Speck, Schinken und Mehl.

Anschließend wurden diese Zutaten bei einem fröhlichen Fest gemeinsam verarbeitet und verspeist. Oft bekamen die Frauen von ihrer Gemeinde auch Wein spendiert oder sie hatten Anspruch auf die schönste Eiche im Wald als Zahlungsmittel für ihren Wein.

Leider ist dieser Brauch aber Mitte des 19. Jahrhunderts ausgestorben.

Und was geschah mit den vielen Eier, die die Hühner während der Fastenzeit legten und die nicht gegessen werden duften? Ostereier!

Dr. Hildegard Brog

Dorade mit Zitronen

Zutaten:
4 Doraden, 2 Zitronen, Saft von 2 Zitronen, Salz, Pfeffer, 1 Bund frische Kräuter, 1 Bund Petersilie, Olivenöl, pro Person ca. 3-4 mittlere Kartoffeln, 8 Möhren.

Zubereitung:
Die Doraden unter fließendem kalten Wasser abspülen, mit einem Messerrücken vom Kopf zum Schwanz schuppen. Die Rücken und Schwanzflossen auf 1 cm mit einer Haushaltsschere abschneiden und aus der Bauchhöhle evtl. die dunklen Häutchen entfernen.

Die Doraden innen und außen mit Zitronensaft beträufeln und mit Salz und frisch gemahlenem Pfeffer würzen. Kräuter und die Petersilie unter fließendem Wasser kurz waschen und trockentupfen. Die Zitronen mit einem Sparschäler schälen, in dünne Scheiben schneiden und diese vierteln. Die Kräuter und die Petersilie hacken. Die Doraden mit den Zitronenscheiben und den Kräutern füllen und auf ein tiefes Backblech legen.

Die Kartoffeln schälen und achteln. Die Möhren waschen, schälen und in Streifen schneiden. Das Gemüse an den Fisch geben und alles mit Olivenöl beträufeln. Mit Pfeffer und Salz würzen. Im vorgeheizten Backofen auf 180 °C ca. 35 - 40 Minuten garen.

Bratheringe im Gemüsesud

Geben Sie Ihren Gästen Saures. In Form dieser aromatischen Bratheringe. Das Rezept ist für 10 Personen gerechnet und wird mit Bratkartoffeln, die zum Schluss mit gehackten Kräutern geschwenkt wurden, zu einem richtigen Aschermittwochsessen.

Zutaten:
10 vorbereitete Bratheringe zwischen 150 – 200 g vom Fischhändler, 300 g Möhren, 400 g Lauch, 200 g Staudensellerie, 500 g Silberzwiebeln (aus dem Glas), 500 g Cornichons, 150 ml Rapsöl, 100 ml Weißweinessig, 5 EL Zucker, 250 ml Weißwein, 250 ml Wasser, 2-3 TL Senfkörner, Salz, Pfeffer.

Zubereitung:
Lauch, Staudensellerie und Möhren putzen und waschen. In Scheiben schneiden. Cornichons und Silberzwiebeln auf einem Sieb abtropfen lassen. Aus Öl, Essig, Wasser, Weißwein und Gewürzen eine Marinade rühren. Bratheringe und Gemüse in die Marinade legen. Anschließend verschlossen 1 Tag im Kühlschrank ziehen lassen.

REZEPTIDEEN
DER DEUTSCHEN SEE

Bismarckheringe mit roten Zwiebeln

Zutaten für 10 Personen:
10 mittlere rote Zwiebeln, 5 Möhren, 10 EL Weißweinessig, 250 ml Rotwein, 750 ml Wasser, 150 g Zucker, 2-3 TL frisch geriebener Meerrettich, 5 TL Senfkörner, 5 Lorbeerblätter, 20 Pimentkörner, etwas Koriander und Ingwerpulver, 2-3 Bund Schnittlauch und Dill.

Zubereitung:
Die Zwiebeln und Karotten schälen und in feine Scheiben schneiden. Aus Essig, Wasser, Zucker und den Gewürzen eine Marinade rühren. Bismarckheringe, Zwiebel- und Karottenscheiben in die Marinade legen. Anschließend gut verschlossen 1 Tag im Kühlschrank ziehen lassen. Zum Servieren mit Dill und Schnittlauch garnieren. Dazu passen Schwarzbrot und Butter.

Schillerlocken-Salat

Zutaten:
800 g Schillerlocken, 200 g Cremechampignons in Scheiben geschnitten, 2 Bund Petersilie, 2 Bund Frühlingszwiebeln, 200 g rote Kidneybohnen aus der Dose, Essig, 100 g Gewürzgurken gewürfelt, Olivenöl, Salz, bunter Pfeffer grob geschrotet.

Zubereitung:
Die Champignons kurz in etwas Öl anbraten, abkühlen lassen und zu den roten Bohnen geben. Die Schillerlocken in verzehrgerechte Stücke schneiden. Mit den in feine Ringe geschnittenen Frühlingszwiebeln mischen. Bohnen und Pilze zufügen. Die Petersilie fein hacken, mit Essig, Olivenöl, Salz und buntem Pfeffer herzhaft würzen und gut vermischen.

Miesmuscheln in Kräuterpanade

Zutaten:
1 kg gegartes Muschelfleisch, 125 g geriebenes Weißbrot, 3 Eier, 5 EL Mehl, 5 EL gehackte gemischte Kräuter aus Schnittlauch, Petersilie und Rosmarin, Salz, Pfeffer, etwas Worcestersauce nach Belieben, etwas Knoblauch, Butter.

Zubereitung:
Muschelfleisch mit Salz, Pfeffer, einem Spritzer Worcestersauce und fein gehacktem Knoblauch würzen. Gehackte Kräuter unter das geriebene Weißbrot mischen. Das Muschelfleisch mehlieren. Durch aufgeschlagene Eier ziehen und im Kräuterweißbrot panieren. Anschließend in Butter braten. Dazu schmeckt Feldsalat und eine Creme aus Schmand, Dijon Senf, Essig, Salz, Pfeffer und Zucker.

Knusprig wie ein Fisch im Wasser

HOTEL-RESTAURANT ZUR POST
ROSSBACH

Petersfisch im eigenen Sud

Zutaten:
4 Filets vom Petersfisch je ca. 80-100 g, 600 ml Fischfond, 80 g Möhren, 80 g Staudensellerie, 60 g Navets (Weiße Rüben), 60 g Erbsenschoten, 20 g Butter, 2 Stängel glatte Petersilie, Salz und Pfeffer.

Zubereitung:
Zuerst den Fischfond auf 400 ml einkochen, damit er schön kräftig schmeckt. Die Fischfilets sauber parieren. Möhren und Navets in Scheibchen, Staudensellerie in fein Streifen schneiden.

Die Butter in einem Topf auslassen, Gemüse kurz darin anschwitzen, mit dem Fischfond auffüllen und kochen bis das Gemüse gar ist, aber noch Biss hat. Mit Salz und Pfeffer abschmecken. Die Fischfilets mit der Petersilie und den Erbsenschoten hineinlegen und bis auf den Punkt garen, je nach Dicke der Filets etwa 2-3 Min.

Die Filets in einen vorgewärmten Teller geben, das Gemüse darauf verteilen, mit Fischfond übergießen und mit Petersilie garnieren. Dazu frisches Kräuterbaguette reichen.

Terrine von Lachsforelle und Forelle in Kräuterjoghurt

Zutaten:
230 g Lachsforellenfilet, 100 g Forellenfilet, 3 Blatt Gelatine, 300 ml flüssige Sahne, 70 g Joghurt, 30 g Crème fraîche, 30 g gehackte Kräuter (Pimpinelle, Sauerampfer, Kerbel, Schnittlauch, Petersilie), Salz, Pfeffer.

Zubereitung:
Gelatine in kaltem Wasser 5 Min. einweichen, herausnehmen, etwas ausdrücken und in der flüssigen erwärmten Sahne auflösen. Mit Joghurt und Crème fraîche, Salz, Pfeffer und den Kräutern im Mixer zerkleinern, bis die Flüssigkeit eine kräftige grüne Farbe hat. Die Fischfilets etwa 5 Min. über Dampf garen und salzen.

Die Terrinenform anfeuchten und mit Klarsichtfolie auslegen. Etwas Kräuterjoghurt eingießen, kurz kaltstellen und die Hälfte vom Lachsforellenfilet hineingeben.

Darauf wieder etwas Kräuterjoghurt gießen, darauf die Forellenfilets als Mittelteil einsetzen und wiederum übergießen. Nun die 2. Hälfte der Lachsforellenfilets darauf legen und mit dem restlichen Kräuterjoghurt übergießen. Die überstehende Klarsichtfolie darüber einschlagen und über Nacht im Kühlschrank fest werden lassen.

Die Terrine aus der Form stürzen und in Scheiben schneiden. Dazu empfiehlt sich eine Limonen-Joghurtsauce und frische Sommersalate.

Tipp: Falls kein Dampfgarer vorhanden ist, einen Topf mit etwas Wasser füllen, einen Essteller mit der Unterseite nach oben hinein stellen. Die Fischfilets auf einen anderen Teller nebeneinander legen und diesen auf den umgestülpten Teller stellen. Mit dem Topfdeckel abdecken und im Dampf garen lassen.

Bachsaibling mit Thymiankruste

Zutaten:
4 Filets vom Bachsaibling je 150 g, Salz, Pfeffer, 60 g weiche Butter, 1 EL gehackte Petersilie, 1 Stängel fein gehackter Thymian, 60 g Weißbrotbrösel, Zitronensaft.

Für die Sauce:
1 Fleischtomate, 1 kleine Zucchini, 10 g Butter, 100 ml helle Fischsauce.

Zubereitung:
Die Fischfilets trocken tupfen und leicht salzen. Die Butter mit der Petersilie, dem Thymian und den Weißbrotbrösel mischen, mit Salz, Pfeffer und Zitronensaft abschmecken. Die Fischfilets damit bestreichen.

Ein flaches Backofenblech ausbuttern, die Filets hineinlegen und im vorgeheizten Backofen ca. 4 Min. bei 200° C garen. Die helle Fischsauce erhitzen. Die Tomate enthäuten, entkernen und die geputzte Zucchini in kleine Würfel schneiden. In Butter anschwitzen und in die Fischsauce geben.

Die Fischfilets auf einen vorgewärmten Teller geben, mit Sauce umgießen und mit einem Thymianzweig garnieren. Dazu passen frische Spaghettini.

Da bekommt jeder sein Fett weg

HOTEL NASSAU-ORANIEN
HADAMAR

Hobelspäne (Schmalzgebackenes)

Zutaten:
500 g Mehl, 1 TL Backpulver, 3 Eier, Saft und Schale einer $^1/_2$ Zitrone, 125 g Zucker, 125 g Butter in Flocken, Mehl zum Ausrollen, Schmalz zum Ausbacken, Puderzucker.

Zubereitung:
Das Mehl mit dem Backpulver auf ein Brett sieben. In die Mitte eine Vertiefung drücken. Die Eier, den Zitronensaft, die Zitronenschale und Zucker hineingeben. Die Butterflocken auf den Mehlrand setzen und alles zu einem geschmeidigen Teig kneten. Zu einem Laib formen und in Alufolie wickeln. 30 Minuten im Kühlschrank ruhen lassen.

Den Teig auf dem bemehlten Brett dünn ausrollen. Mit dem Teigrädchen ca. 8 cm lange Streifen ausradeln In die Mitte jedes Streifens einen Schnitt machen.

Die Hobelspäne in heißem Schmalz schwimmend ausbacken. Sie sollten knusprig braun werden. Mit einem Schaumlöffel herausnehmen und abtropfen lassen. Vor dem Servieren mit Puderzucker bestäuben.

Gebackene Austern auf kalter Currysauce mit Kapern

Zutaten :

Für die Currysauce
1 feingehackte Schalotte, $\frac{1}{2}$ kleingeschnittene Banane, $\frac{1}{2}$ kleingeschnittener Apfel, 50 g Butter, 1 EL Curry, $\frac{1}{8}$ l Weißwein, 125 g Crème fraîche.

Für die gebackenen Austern
18 Fines de Claires Austern, 50 g Mehl, 1 verquirltes Ei, 100 g Semmelbrösel, 750 ml raffiniertes Pflanzenöl zum Frittieren, 1 feingehackte Schalotte, 250 g Zucchinis sehr fein gewürfelt, 2 EL Olivenöl, 100 g abgezogene Tomatenwürfel, 24 abgezogene Cocktailtomaten, 10 Blätter Basilikum.

Zum Garnieren
100 g Lauch- und Sellerie-Julienne (sehr fein in Streifen geschnitten), 24 Kapern.

Zubereitung :
Für die Sauce die Schalotten, die Banane und den Apfel in der Butter anschwitzen. Den Curry dazugeben und mit dem Weißwein ablöschen. Die Crème fraîche und die Brühe unterrühren. Alles aufkochen und auf etwa $\frac{1}{2}$ l reduzieren. Die Sauce kalt stellen.

Für die gebackenen Austern die Austern öffnen, säubern, aus den Schalen lösen und auf Küchenpapier trocken tupfen. Die Austern erst in dem Mehl, dann in dem Ei wenden, mit den Semmelbröseln panieren. Das Öl in einer Friteuse erhitzen und die Austern darin goldbraun ausbacken.

Die Schalotten und die Zucchiniwürfelchen in dem Olivenöl kurz anschwitzen. Die Tomatenwürfel und die Cocktailtomaten dazu geben Das Basilikum in Streifen schneiden und das Tomaten-Zucchini-Gemüse damit würzen.

Die Lauch- und Selleriespäne ebenfalls in dem heißen Öl in der Friteuse kurz frittieren. Die Sauce und das Tomaten-Zucchini-Gemüse auf sechs Teller verteilen. Die Austern trocken tupfen und auf der Sauce anrichten. Mit den Julienne und den Kapern garnieren.

Munster im Strudelblatt gebacken mit eingelegten Sauerkirschen

Zutaten :

500 g Elsässer Munsterkäse (nicht zu reif), 1 Päckchen Strudelteig (in gut sortierten TK-Abteilungen der Supermärkte), 20 g zerlassene Butter, 750 ml Öl.

Für die Sauerkirschen
1 Glas Sauerkirschen, 100 g Zucker, 50 g Speisestärke, 3 El Crème Fraîche.

Zubereitung :
Die Sauerkirschen abschütten, denn Saft mit dem Zucker aufkochen. Danach mit der Speisestärke den Saft andicken und die Stärke gut auskochen lassen. Nun die Sauerkirschen in den angedickten Saft geben und warm stellen. Den Strudelteig auftauen, den Munster in 4 gleich große Stücke schneiden. Anschließend den Strudelteig mit der Butter einpinseln, in Form schneiden und ein Stück Munster einschlagen.

Achtung der Teig darf nicht brechen beim einschlagen!!! Das Öl auf 180 °C in der Friteuse erhitzen und den Munster in kurzer Zeit ausbacken. Die Warmen Sauerkirchen auf einem Teller verteilen, den Munster in die Mitte des Tellers legen und die Sauerkirschen mit der Crème fraîche verzieren. Der Munster sollte warm gegessen werden.

O wär im Februar doch auch,
Wie`s ander Orten ist der Brauch.
Bei uns die Narrheit zünftig!

Denn wer, so lang das Jahr sich misst,
Nicht einmal herzlich närrisch ist,
Wie wäre der zu andrer Frist Wohl
Jemals ganz vernünftig.

Theodor Storm

Westerwälder Gehöft in Ascheid

März

Das Ei will mal wieder bunter sein als die Henne

Symbol voller Leben und Liebe

Ostereier sind die zum Osterfest verschenkten bunten und aus verschiedenen Materialien hergestellten Eier. Das Ei hat in der Geschichte der Menschheit viele verschiedene Bedeutungen, die sich teilweise auf das Osterfest übertragen haben. Das Ei dient als Nahrung, ist Symbol des Lebens, der Fruchtbarkeit, gilt als Naturalabgabe für Schuden, als Opfer- oder Liebesgabe. Der Brauch der Ostereier stammt aus dem Mittelalter: Zinsen und Abgaben wurden an Gründonnerstag mit Eiern bezahlt.

Schon in der Urchristenzeit galt das Ei als Sinnbild des Lebens und der Auferstehung und es wurde ein Ei mit in das Grab des Toten gegeben. Das Ei hält etwas verborgen, ist wie ein verschlossenes Grab, in welches ein Leben geschlossen ist. Damit wird die Beziehung zur Auferstehung Christi deutlich und die Verbindung zwischen dem Ei und Ostern für die Christen erklärbar. Auch die Frage nach der Ewigkeit kann durch die Form des Eies, ohne Anfang und Ende bzw. der Frage, ob zuerst Ei oder Huhn war, gedeutet werden. Die Verbindung zur Fruchtbarkeit ist durch die germanische Liebesgöttin Ostera gegeben.

Kunst am Ei

Das Bemalen der Eier kann durch die Natur bedingt sein, denn die Farbe und Muster von Wildvogeleiern oder die durch Färbekräuter entstandenen Muster konnten als Vorbild für die Bemalung durch den Menschen gedient haben. Die traditionelle Farbe für das Ei in der westlichen Welt ist seit dem 13. Jahrhundert Rot (Roteier), als die Farbe des Blutes Christi. In Osteuropa findet man eher goldfarbene Eier, als Zeichen der Kostbarkeit.

Interessant sind noch die vielen verschiedenen Techniken des Eier-Verzierens. Man kann die Eier mit Pflanzenfarben oder Malerabtönfarben färben. Eine besondere Technik ist die Wachsreservetechnik aus der Ukraine. Auch das Ätzen mit Säuren ist schon eine alte Tradition. Etwas Geschriebenes kann sich auf den Eiern befinden, oder schöne Malereien veredeln das Osterei.

Für den Verzehr sind natürlich solch kostbar verzierte Stücke viel zu schade. Dennoch lassen sich eine bunte Palette an farbigen Eiern zum Osterfest herstellen. Wem es dabei schnell gehen muss, der bedient sich der handelsüblichen Färbemittel. Etwas zeitaufwendiger aber dafür umso individueller und natürlicher sind die Färbetechniken mit Naturfarben.

Eierfärben mit Naturfarben

Der Farbsud muss die Eier immer völlig bedecken. Die Angaben beziehen sich auf einen Topf Wasser, in den 10 – 15 Eier passen. Je länger die Eier darin liegen, desto intensiver wird der Farbton. Bei jedem Färbegang muss man Essig dazugeben, sonst bleibt die Farbe nicht haften.

Gefärbt wird mit verschiedenen Lebensmitteln, vor allem farbintensiven Gemüsen. Geeignet sind auch Farbstoffpulver aus der Apotheke oder dem Naturkostladen. Kurkuma gibt es im Gewürzregal. Nach dem Färben kann man die Eier einfach so belassen, nur sollten sie mit einer Speckschwarte eingerieben werden. Sie erhalten dadurch einen herrlichen Glanz.

ROTBRAUN – ZWIEBELN:
2 Handvoll braune Zwiebelschalen eine halbe
Std. auskochen und dann die Eier darin hart
kochen. Eier abspülen.

HELLVIOLETT – ROTE BETE:
1 Knolle grob raspeln und eine halbe Std.
auskochen, Eier darin hart kochen und
über Nacht im Sud auskühlen lassen.

GRÜNLICH/GELB – KAMILLE:
2 gute Handvoll Kamillentee/Kamilleblüten eine
halbe Std. auskochen, Eier darin hart kochen
und über Nacht im Sud auskühlen lassen.

GELB – KURKUMA:
100 g Kurkumapulver eine viertel Std. kochen,
Eier darin hart kochen und im Sud auskühlen
lassen.

BRAUN – TEE:
200 g schwarzen Tee eine viertel Std. kochen,
Eier darin hart kochen und im Sud auskühlen
lassen.

BLAU/LILA – HOLUNDERBEEREN:
Reiner Holunderbeerensaft (im Vorjahr entsaftet
und portionsweise eingefroren) aufkochen und
die hartgekochten Eier über Nacht im Sud liegen lassen. Es darf nicht über 60° C erhitzt werden.

GRÜN – SPINAT:
Zwei Handvoll frische Spinatblätter eine viertel
Std. kochen, Eier darin hart kochen und über
Nacht im Sud auskühlen lassen.

GELB/ORANGE– CAROTIN NATUR:
30 g Carotin in Wasser auflösen, nicht über 80° C
erhitzen. Die hartgekochten Eier darin liegen
lassen. Oder frische Karottenschalen eine viertel
Std. kochen, Eier darin hart kochen und über
Nacht im Sud auskühlen lassen. Ergibt eine
etwas andere Färbung, nicht Zitronengelb.

ROST/ORANGE - SANDELHOLZ-
EXTRAKT:
30 g Sandelholzextrakt in Wasser lösen,
nicht über 60 Grad erhitzen.
Vorgekochte Eier in den Sud legen.

54

Westerwälder Landpartien

TAFELFREUDEN TIPP

Ostereier aus Gräsern, Blättern und Blüten

Gefiederte Blätter und Gräser eignen sich besonders gut, um schöne filigrane Pflanzen-
muster, die ein wenig an Scherenschnitte erinnern, auf das Ei zu übertragen. Man nehme
junge Farnblätter, jungen Efeu oder beispielsweise die schön geränderten Blätter von
Storchenschnabel oder von diversen Doldenblütlern, wie der wilden Möhre. Damit sie am
Ei haften bleiben, einfach eine dünne Da-
menstrumpfhose in passende Stücke zer-
schneiden, das Blatt auf das Ei legen und das
Stück Strumpf zur Fixierung möglichst fest
darüber ziehen und mit einem Bindfaden
umwickeln. Dann wie oben beschrieben in das
gewünschte Farbbad geben und färben. Es
lassen sich auch schöne Mischeffekte erzielen.
Nach dem Färbegang einfach das Ei ein
wenig trocknen lassen und dann das Blatt
vorsichtig abziehen. Anschließend mit Speckschwarte einreiben.

Die Bergmannskuh kehrt zurück

Ein Zeichen schwindenden Wohlstands oder kulinarische Renaissance?

Ziegen gehörten in früheren Zeiten zum gewohnten Erscheinungsbild im Westerwald und anderswo. Wer damals seinen Lebensunterhalt nicht in der Landwirtschaft fand oder aber in einem Handwerksbetrieb unterkam, der suchte Arbeit in den Erzgruben und Basaltbrüchen der Umgebung. Viele fanden auch hier keine ständige Verdienstmöglichkeit und wanderten in Industrien an Rhein und Ruhr ab. Wer jedoch hier in der Region blieb und sich seinen Lebensunterhalt als Bergmann oder Steinbrucharbeiter verdiente, der bearbeitete nebenher noch ein Stück geerbten oder gepachteten Landes, wo man Brotgetreide oder die Kartoffeln zog. War das Futter für die Hühner und die Schweine gezogen, reichte der Rest kaum mehr für eine Kuh. Ein oder zwei Ziegen konnten jedoch damit gehalten werden.

Die genügsamen Tiere versorgten sich selbst draußen an den Wegrändern, Böschungen, Hängen, Waldrändern und auf Ödflächen mit Gräsern und Kräutern. Als guter Futterverwerter lieferte die Ziege eine fettreiche und leicht verdauliche Milch, die ein kinderreicher Haushalt gut gebrauchen konnte. Eine durchschnittliche Jahresleistung von 700 bis 800 Litern war dabei keine Seltenheit. Nach rund 22 Wochen brachte die Ziege zwei und manchmal sogar drei Lämmer zur Welt, deren Fleisch sehr geschätzt wurde. Die Zickleinfelle wurden gerne aufgekauft und wegen ihres besonders weichen Haarkleides gegerbt und zu Zobeln, Skunks und Nerz eingefärbt. Von den Ziegenhäuten stammte auch das weiche Nappaleder.

In früheren Zeiten war hier an Rhein und Westerwald die hornlose weiße Edelziege weit verbreitet, mitunter auch die Schweizer Saanenziege, die beide besonders gute Milchziegen darstellten. Die Hausziegen haben sich stets als Helfer in schwierigen Zeiten bewiesen. Ihre Zahl ging jedoch stetig zurück und sind auf den Wiesen und Weiden eher zu einer Seltenheit geworden. Ihr Käse wurde jedoch von den Feinschmeckern wiederentdeckt und erlebt seine Renaissance schon seit geraumer Zeit in der guten Küche. „Je schlechter die Zeiten desto mehr Ziegen gibt es" erzählt uns ein Schäfer. „Und die Zahl der Ziegenherden steigt langsam wieder an..."

Für kleine und große Ziegenpeter

Der Süden des Westerwaldes. Zwischen Buchen- und Tannenwäldern geht die Fahrt vorbei an alten Streuobstwiesen und über gewundene schmale Strassen, die plötzlich mit einer Fernsicht enden, die es in sich hat. Über das nahe Lahntal schweift der Blick weit hinüber in den benachbarten Taunus, der sich in milchigem Blau mit dem Himmel vermischt. Das Land fällt hier leicht ab und bietet sonnige Südhänge, die nicht nur Ferienstimmung erzeugt, sondern auch einem weiteren Wiesengast sichtlich wohl schmeckt. Auf dem Bioland-Bauernhof Taunusblick der Familie Linscheid leben neben einer ganzen Reihe kleiner und großer Hoftiere rund 60 Toggenburger-Milchziegen und weitere 450 Fleischziegen der Burenrasse. Der ehemalige Kuhmilchbetrieb hat sich vollkommen zum Ziegenhaltehof gewandelt. Mit Erfolg, wie man sehen und schmecken kann.

Alles Käse

Die Ziegenmilch liefert den Rohstoff für ausgezeichneten Ziegenkäse, der hier vom Frischkäse über den weichen Ziegenkäse bis hin zum schnittfesten Wäller Knuppe reicht. Zweimal täglich werden hierfür die Ziegen von Februar bis Ende November gemolken. Danach beginnt die Tragzeit der Tiere, die eine Ruhepause der Käseherstellung bedeutet. Ab April geht es dann raus auf die Weiden, wo Wiesenkräuter eine würzige Milch ergeben. Rund drei Liter liefert eine Milchziege pro Tag. Diese Milch läuft von der Melkanlage mittels einer Rohrleitung direkt in den Käsekessel, wo sie gesammelt und gekühlt wird. Ein Käsegang benötigt rund 400 Liter und wird auf dem Hof Taunusblick alle zwei Tage durchgeführt. Die Milch wird dazu erhitzt, schonend pasteurisiert und danach wieder abgekühlt, bis sie rund 30° C warm ist. Für den Frischkäse werden die Milchsäurebakterien in Pulverform zugeführt und anschließend der Milch eine Vorreifezeit von 2-3 Stunden gegönnt. Unter Mithilfe von Lab, einem Enzym, wird die Milchmasse eingedickt. Je mehr Lab zugefügt wird, umso fester wird später der Käse sein. Für unseren Frischkäse braucht man allerdings wenig Lab und nach rund 24 Stunden Ruhezeit wird er in Leinentücher geschöpft und in Gläser abgefüllt. Je nach Geschmacksrichtung wird er mit Kräutern verfeinert oder mit Knoblauch aromatisiert.

Ein Hauch Italien im Westerwald

Für den Ziegenweichkäse, der auf dem Hof Taunusblick auch als Ziegenmozza das Licht der Kühltheke erblickt, benötigt man andere Milchsäurebakterien und mehr Lab. Nachdem die Milchmasse zwei Stunden ruhen durfte, wird sie mit der sogenannten Käseharfe, einem speziellen Schneideinstrument, durchzogen. Je länger Frau Linscheid, die hier auf dem Hof Taunusblick den Käse herstellt, die Masse rührt und je feiner sie die eingedickte Masse durchschneidet, desto fester wird der spätere Käse. Im Falle unseres Ziegenmozza entstehen walnussgroße Brocken, die später in die Form ausgeschöpft werden, abtropfen und dann zwei bis dreimal gewendet werden. Diverse Kräuter werden zum Schluss zugefügt und dann verpackt.

Ein Pfundskerl

Bleibt dann noch der Wäller Knuppe, ein Schnittkäse aus Ziegenmilch mit unterschiedlichen Geschmacksrichtungen. Ähnlich dem Weichkäse muss auch er nach der Labzugabe rund zwei Stunden ruhen. Der Käsebruch wird danach allerdings wesentlich kleiner geschnitten, so dass eine ganz feine Körnung auftritt. Er wir deutlich länger bearbeitet und auch nachgebrannt, was eine nochmalige Erwärmung auf 39° C bedeutet.

Vor dem Ausschöpfen runden Kräuter den Wäller Knuppe ab. Bockshornklee, Gartenkräuter, Paprika, Knoblauch, Brennesel, Kümmel oder eben natur sind die einzelnen Geschmacksrichtungen. Bevor er in den Verkauf gelangt, muss er noch mindestens vier bis sechs Wochen im Reifekeller verbringen. Danach ist der rund zwei Kilogramm schwere Knuppe zum Anschneiden bereit.

Metzger meck, meck, meck

Gegenüber den Ziegenmilcherzeugnissen, wozu auch die pure frische Ziegenmilch gehört, die ab Hof verkauft wird, ist Zickleinfleisch eine echte Delikatesse. Zur Schlachtung gelangen ausschließlich Tiere im Alter von fünf bis acht Monaten. Sie bleiben auf der Weide und werden abends nicht in den Stall heimgeführt. So wachsen rund 12-15 kg schwere Tiere heran, die im Fettgehalt äußerst mager sind.

Gegenüber den Milchziegen, verhalten sich die Fleischziegen in den Geburten asaisonal, d. h. sie gebären das ganze Jahr und sind deshalb ganzjährig mit Zickleinfleisch verfügbar. Alle vierzehn Tage wird auf dem Hof Taunusblick geschlachtet. Vielleicht ein Termin, den sie sich auch einmal merken sollten.

Oder wissen Sie wie gut Ziegenlamm schmecken kann?

Ziegenweichkäse mit Weingelee

Pro Person einen kleinen Ziegenfrischkäse (Picandou) oder aber einen Ziegenmozza natur vom Hof Taunusblick. Baguettescheiben antoasten und den Käse in zwei Hälften schneiden. Baguettescheiben mit etwas Olivenöl beträufeln und darauf die Ziegenkäsescheiben legen. Unter dem Grill des Backofens kurz Farbe nehmen lassen (dabei stehen bleiben, damit er nicht dahinschmilzt) und mit ein paar Teelöffeln Weingelee servieren. Einige Blättchen Thymian darüber streuen. Dazu passt ein schöner Weiß- oder Grauburgunder.

Ziegenfrischkäse mit Kräutern und Pellkartoffeln

Zutaten:
Eine gute Auswahl an frischen grünen Kräutern aus dem Garten (wie Petersilie, Sauerampfer, Schnittlauch, Basilikum, Kerbel u. a. m., ein gutes Pfund Ziegenfrischkäse, 100 ml Sahne, 50 ml Milch, Salz, Pfeffer, 1 Pr. Zucker, 2 hartgekochte Eier, 1 Schalotte sehr fein gehackt, Pellkartoffeln nach Belieben.

Zubereitung:
Ziegenfrischkäse mit den gehackten Kräutern mischen, mit der Sahne und der Milch aufgießen und zu einer geschmeidigen Creme verflüssigen. Mit Salz, Pfeffer und Zucker abschmecken. Die hart gekochten Eier sowie die Schalotte fein hacken und zur Frischkäsemasse geben. Alles gut verrühren und zu den heißen Pellkartoffeln servieren.

Ziegenquarksoufflé mit Gewürzzwetschgen

Zutaten:
200 g Ziegenquark natur (gemischt aus $\frac{1}{3}$ Sahne und $\frac{2}{3}$ Frischkäse zuvor verrührt um eine quarkähnliche Konsistenz zu erhalten), 2 Eigelb, 1 Pr. Salz und 1 P. Vanillezucker, 3 Eiweiß, 30 g Zucker, 1 Pr. Salz, Zucker und Butter für die Auflaufförmchen.

Zubereitung:
Quark mit Eigelb, Salz und Zucker verrühren. Dann Eiweiß mit Zucker und Salz sehr steif schlagen und unter die Quarkmasse vorsichtig heben. Souffléförmchen ausbuttern und mit Zucker ausstreuen. Masse zu $\frac{1}{2}$ voll in die Förmchen füllen. Backofen auf 180° C vorheizen, Wasserbad auf die Temperatur bringen und die Förmchen in knapp 20 Minuten ohne die Türe zu öffnen darin garen. Aus dem Ofen nehmen und sofort servieren.

Dazu gibt es Gewürzzwetschgen. 250 g Zwetschgen entsteinen und mit einer Zimtstange, 1 ausgekratzten Vanillestange, 2-3 Gewürznelken und etwas Sternanis, 3-4 EL Zucker, Wasser und Zwetschgenwasser aufkochen. Einige Minuten leise köcheln und dann abkühlen lassen. Gewürze entfernen und zu dem Soufflé servieren.

Westerwälder Landpartien

TAFELFREUDEN TIPP

Es müssen glückliche Ziegen sein, denn der Hof Taunusblick liegt in idyllischer Südhanglage mit weitem Blick über Wiesen, Täler und Höhen. Neben dem Hofladen bietet Familie Linscheid auch Ferien auf dem Bauernhof an. Die Ferienappartements sind zwischen 30 und 110 m² groß und gerade für Familien mit Kindern eine echtes Erlebnis. Neben den Ziegen befindet sich eine richtige Streichelwiese mit Kaninchen, Gänsen, Lämmern, Hund, Katze, Esel und Pony auf dem Biolandbetrieb. Kindgerechte Ferien sind da schon vorprogrammiert. Aber auch Erwachsene schätzen die ruhige Lage, die leckeren Hoferzeugnisse zum Frühstück und die Möglichkeit, mit dem Schäfer und seiner Fleischziegenherde einfach mitzuwandern. Auf diesem sicherlich außergewöhnlichen Naturerlebnispfad lernen sie die schönsten Gegenden zwischen Rheintal und Westerwald auf beschauliche Weise kennen

Der Feinschmecker in seinem Element

*Feuer, Wasser, Erde und Luft
beschreiben den Weg
von der Frucht
zum aromatischen Brand*

Der Westerwald als wahres Postkartenidyll. Von Bad Marienberg her kommend, vorbei an Hachenburg und weiter in Richtung Kloster Marienstatt schlängelt sich die Nister. Zwischen dichtem Ufergrün und Wiesen plätschert sie munter vor sich hin und gurgelt klar auch an Nistertal vorbei. Ein Ort, wo sich eine alt eingesessene Kornbrennerei schon seit 1848 dem guten, hochprozentigen Klaren und seit einigen Jahren auch den hochwertigen, fruchtbetonten Edelobstbränden widmet.

Die Birkenhof-Brennerei ist ein reines Familienunternehmen und gehört zu den bekanntesten Brennereien im Westerwald mit mitlerweile einer Fülle an feinen Destillaten. Die Arbeit vor Ort geht allerdings noch vielfach in Handarbeit wie vor 100 Jahren vor sich. Gerade die Edelobstbrände danken es der schonenden, oftmals handverlesenen Behandlung der Früchte. Doch dazu später...

Erde

Der Westerwald ist eine Region, wo Traditionen und Brauchtum genauso dazu gehören, wie der Wäller Dialekt oder aber die klaren „Kurzen", die an der Gastwirtschaftstheke, zur Kirmes, in der abendlichen Gartenlaube oder früher nach getaner Feldarbeit gerne genossen wurden. Für die Birkenhof-Brennerei verkörpern drei Brände die hochprozentige Seite des Westerwaldes. Allen dreien liegt der selbst hergestellte feine Kornbrand zugrunde. Das Feinbrandverfahren ist heute ganz entgegen der landläufigen Meinung nur noch in der Minderheit der Betriebe vorzufinden. Im Westerwald wird sie nur noch von der Birkenhof Brennerei angewandt. Das Ergebnis ist ein wunderbar sanfter Kornbrand – gerade richtig als Grundstoff für die drei Klassiker, wie Westerwälder Kümmel, das würzige Basaltfeuer sowie den aromareichen Wacholderbrand. Ersterer verbindet in der Hauptsache den Feinkornbrand mit einem Kümmeldestillat, das am Schluss seiner Entstehung eine besonders milde Spezialität darstellt.

Das Basaltfeuer erinnert mit seinem Namen an einen ganz alten Broterwerb im Westerwald – die Basaltbrüche. Er, wie auch der Ton sind untrennbar mit der Region verbunden – und beide haben mit Feuer zu tun. Keramik und Basalt sind Kinder des Feuers und stehen für eine handwerklich wie geologisch höchst interessante Landschaft. Das Birkenhof Basaltfeuer brennt nicht in der Kehle, aber im Tonpfännchen, worin es mit seinen 56 % vol. entzündet wird. Erst dann wird serviert! Im Geschmack bleibt ein ganz spezielles Kräuterbouquet zurück, worin die Pfefferminznote eine frische Betonung findet. Bleibt als Dritter im Bunde noch der Wacholder, der in der Gunst der Verbraucher in die Jahre gekommen, wieder eine Renaissance erhält. Die getrockneten Wacholderbeeren werden im Alkohol eingeweicht und geben so ihr absolut intensives Aroma ab. Dieses Aroma ist so stark, dass der Feinkornbrand lediglich damit aromatisiert wird und dabei immer noch seinen typischen Geschmack in wohldosierter Form erhält.

Während die Ausbeute der Kornbrennerei bei rund 650 hl 100%igem Alkohol liegt, ist der Erhalt im Obstbrandbereich mit nur 15-20 hl weitaus geringer. Hier ist Steffi Klöckner mit Herz und Seele bei der Sache. Zusammen mit Helmut Klöckner, dem erfahrenen Brenner des Birkenhofs, kümmern sich beide gemeinschaftlich um die feinen Edelobstdestillate. Seit 1999 widmet man sich hier dem noch jungen Arbeitsfeld und hat schon ausgezeichnete Resultate unter den Destillaten erhalten. „Der erste Versuch war mit Sauerkirschen", verrät Steffi Klöckner, „und ging eigentlich ziemlich daneben". Grund war das Lesegut, das fertig eingemaischt zum Einsatz kam und mit Stiel und Stängel verarbeitet wurde. „Das ergab wirklich grasige Geschmacksnoten, die dem feinen Aroma von Sauerkirsch in keinster Weise gerecht wurden." Im darauffolgenden Jahr nahm man sich deshalb selbst der Selektion des Leseguts und der eigenen Vermaischung an und siehe da, der Sauerkirschbrand erhielt direkt die Goldmedaille des Obst- und Kleinbrennerverbandes Rheinland-Saarland in Offenburg. Diese Erfahrung beeinflusste nachhaltig die Philosophie der Edelobstbrennerei. Die Fruchtauswahl und deren Vorbereitung ist essentiell für die Qualität der späteren Produkte. So werden Früchte gewaschen, entsteint, entkernt, enthaart (bei Quitten) und entstielt. Nur beste Lieferanten kommen zum Einsatz, die einwandfreies, vollreifes und aromareiches Obst bieten können.

Die Kunst des Brennens, so Steffi Klöckner, ist ein Balanceakt – ein Spiel mit den Temperaturen. Der richtige Einsatz von erhitzenden und kühlenden Elementen (Dampf und kühlendes Wasser) sorgt für den optimalen Brennverlauf, d.h. einen konstanten Fluss des Alkohols. Nur so kann ein sauberes Abtrennen von Vor- und Nachlauf erfolgen und somit Spitzendestillate entstehen. Eine Kunst, die Helmut Klöckner bis ins Detail beherrscht. Zur Erfahrung und dem Fingerspitzengefühl gesellt sich die bei diversen Obstsorten unterschiedliche Ergiebigkeit. Die Ausbeute hängt direkt mit dem Zuckergehalt der Früchte zusammen. So ist verständlich, dass zuckerarme Sorten wie Sauerkirsch oder die diversen Beerenfrüchte, allen voran die Schlehe, nur rund 1-1,5 l Alkohol pro 100 l Maische ergeben. Der Preisunterschied lässt sich somit mehr als verstehen. Auch die Menge an Frucht ist schließlich ein Kriterium für die spätere Exklusivität des Destillats. Während sich in einer 0,5 l Flasche 42 % vol. Williamschrist rund 7-8 kg Birnen wiederfinden, steckt ein Brand aus den wunderbar aromatischen Weinbergspfirsichen, einer Spezialität an Rhein und Mosel, rund 12-13 kg Frucht nicht in die Tüte, sondern ins Flaschenglas. Der echte Genießer leistet ihn sich dennoch, trinkt mit Bedacht und schmeckt und riecht die himmlische Fülle praller Fruchtigkeit.

Erste Westerwälder
Edel-Destillerie

Westerwälder Landpartien

TAFELFREUDEN TIPP

Ein Besuch in der Birkenhof Brennerei mit anschließender Verkostung ist wie ein höchst spannender Ausflug in die Welt der Aromen. Überraschungen tun sich auf, wenn man die Nase schnuppern lässt, den Gaumen anschließend hinzu nimmt und die Frucht förmlich vor sich sieht. Ein Tipp für wirkliche Geschmacksritter! Auf Anfrage und bei einer Personenzahl von rund 15 Teilnehmern öffnet die Birkenhof Brennerei gerne ihre Pforten und lässt sich in die Brennblase schauen. Im Onlineshop der Brennerei kann man sich aber auch seine eigene Hausverkostung zusammenstellen und flott in Auftrag geben. Unter

www.birkenhof-brennerei.de

lässt es sich trefflich schnuppern!

Luft

Exoten unter den Bränden und dabei doch wieder ganz bodenständige Vertreter bilden die drei Bierbrände aus dem Hause Birkenhof. Der Geist des Bieres von Pils, Weizenbier und Alt liegt in der Luft und verdichtet sich zu spannenden Geschmackserlebnissen. Während der Pilsbrand eher filigran und etwas zurückhaltend daherkommt, besticht der Weizenbierbrand mit einer ungeahnten Würze und einem fast süßen Abgang, der die Weizenbierhefe aromatisch auf die Zunge spielt und dabei sogar an Früchte erinnern lässt. Der Altbierbrand mag der wohl rustikalste Vertreter sein, dessen Geruch und Geschmack die traditionellen Bier-Assoziationen am besten bedient. Zart hopfenherb mit leicht rauchigen Aromen geht er über Nase und Gaumen. Individualisten sind sie alle, ob Westerwälder Klassiker, edle Obstdestillate oder eben die drei hochprozentigen Lieblinge des Gambrinus. Und alle sind sie ein besonders geistreiches Stück Westerwald!

Rehschulter in Wacholderrahmsauce

Zutaten:
1 Rehschulter ca. 1,2 kg, Salz und Pfeffer aus der Mühle, 50 g Bratfett, 200 g gewürfeltes Röstgemüse (Sellerie, Zwiebel, Karotte), 1 Rauchspeckscheibe, 1 Apfel, 500 ml Rotwein, Thymian, Nelken, 1 Lorbeerblatt, 1 EL Wacholderbeeren im Mörser gestoßen, 0,25 l dunkler Wildfond, 0,25 l Sahne oder Crème fraîche, 2 EL Johannisbeergelee, etwas Essig zum Abrunden, 1 cl Wacholderdestillat.

Zubereitung:
Rehschulter mit feuchtem Tuch putzen, Häute und Sehnen entfernen, mit Pfeffer und Salz würzen und in einem heißen Bratgeschirr mit Bratfett rundum kurz scharf anbraten. Röstgemüse, gewürfelten Rauchspeck und geschnittenen Apfel zugeben und weiter schmoren. Dann mit Rotwein ablöschen. Gewürzkräuter zugeben, nicht die Wacholderbeeren.

Das Bratgeschirr mit Deckel verschließen und in der 180° C heißen Ofenröhre ca. 2,5 Stunden garen. In der zweiten Hälfte der Garzeit die Ofentemperatur senken. Die Flüssigkeit im Bratgeschirr darf nie völlig einbraten, notfalls wieder etwas Rotwein zufügen. Nach der Garzeit wird die Rehschulter vorsichtig von den Knochen gelöst und zugedeckt warm gestellt. Der Soßenfond wird, wenn notwendig, mit etwas Rotwein vom Bratgeschirr freigekocht. Die Soße durch ein feines Küchensieb geben und in einem passenden Topf mit Sahne, Fond, Johannisbeergelee, ein wenig Essig und etwas Soßenbinder oder Mehlbutter zur gewünschten Sämigkeit verfeinern. Die gestoßenen Wacholderbeeren werden jetzt zugegeben und ca. 5 Min. leicht mit geköchelt. Gibt man die Wacholderbeeren von Anfang an dazu, würden durch die lange Hitzezeit die aromatischen ätherischen Öle zerstört und ein unangenehmer Harzton bliebe übrig. Nach der kurzen Einwirkzeit werden die Wacholderbeeren wieder ausgesiebt. Soße mit Wacholderdestillat aromatisieren und zur Rehschulter geben.

Für alles ist ein Kraut gewachsen

HOTEL-RESTAURANT PETER HILGER
LIMBACH BEI HACHENBURG

Wildkräutersalat

Zutaten:
2 Handvoll Sauerklee, 20 Löwenzahnblätter, 4 junge Spitzwegerichblätter (entstielt), 1 Handvoll Sauerampfer (entstielt), 20 Gänseblümchen.

Salatsauce:
2 EL Tannenschößlingessig, 1 Eigelb, 3 EL Sonnenblumenöl, Salz, schwarzen Pfeffer, 2 EL Sahne.

Zubereitung:
Die Wildsalate einzeln waschen, auf Küchenkrepp trocknen lassen. Spitzwegerich und Sauerampfer in feine Streifen schneiden. Miteinander vermischen und auf 4 Teller anrichten.

Essig mit Eigelb verrühren, Öl langsam einlaufen lassen, würzen und mit Sahne verfeinern. Vorsichtig über dem Salat verteilen und mit Gänseblümchen garnieren.

Brennnesselnudeln

Zutaten:
300 ml Sahne, 50 g Butter 50 g Parmesankäse.

Teig:
100 g Brennnessel, 250 g Mehl, 5 Eigelb, Salz und Pfeffer.

Die Brennnesseln in Salzwasser blanchieren und in einem Tuch gut auspressen. Klein hacken und im Mixer pürieren. Brennnesselpüree mit dem Mehl, Eigelb und den Gewürzen zu einem Teig kneten und 1 Std. kühl ruhen lassen.

Den Teig auf einer bemehlten Fläche dünn ausrollen und in fingerbreite Streifen schneiden. Salzwasser in einem Topf zum Kochen bringen und die Nudeln darin garen. Zwischendurch eine Garprobe machen. Nudeln abgießen und in einer Schüssel anrichten.

Sahne und Butter zusammen kurz aufkochen und über die Nudeln gießen. Mit geriebenem Parmesan bestreuen.

Bärlauchpaste

100 g Bärlauch trocken tupfen, klein hacken und im Mixer pürieren. In eine Schüssel geben und mit 100 ml Öl und 1 gestr. TL Salz solange verrühren bis das Salz sich aufgelöst hat. Die Bärlauchpaste in gut verschließbare Gläser abfüllen und an einem dunklen Ort aufbewahren.

Die Paste kann für viele Gerichte als milder Knoblauchersatz und Gewürz mit eigenem feinen Aroma eingesetzt werden. Z. B. Bärlauchpesto für Nudeln, Bärlauchsuppe, Salatsaucen u.a.m.

Tannenschößlingessig

500 g Tannentriebe und 1,5 l Weißweinessig in einen Steinguttopf füllen, gut verrühren und ca. 3 Wochen ruhen lassen. Durch ein Passiertuch abtropfen, in Gläser abfüllen und gut verschließen. Kühl aufbewahren.

Es färbte sich die Wiese grün

Es färbte sich die Wiese grün
Und um die Hecken sah ich blühn,
Tagtäglich sah ich neue Kräuter,
Mild war die Luft, der Himmel heiter.
Ich wusste nicht, wie mir geschah,
Und wie das wurde, was ich sah.

Es quoll und trieb nun überall
Mit Leben, Farben, Duft und Schall,
Sie schienen gern sich zu vereinen,
Dass alles möchte lieblich scheinen.
Ich wusste nicht, wie mir geschah,
Und wie das wurde, was ich sah.

Wie ich so stand und bei mir sann,
Ein mächtger Trieb in mir begann.
Ein freundlich Mädchen kam gegangen
Und nahm mir jeden Sinn gefangen.
Ich wusste nicht, wie mir geschah,
Und wie das wurde, was ich sah.

Sie ging vorbei, ich grüßte sie,
Sie dankte, das vergess ich nie
Ich musste ihre Hand erfassen
Und sie schien gern sie mir zu lassen.
Ich wusste nicht, wie mir geschah,
Und wie das wurde, was ich sah.

Uns barg der Wald vor Sonnenschein
Das ist der Frühling fiel mir ein.
Kurzum, ich sah, dass jetzt auf Erden
Die Menschen sollten Götter werden.
Nun wusst ich wohl, wie mir geschah,
Und wie das wurde, was ich sah.

Novalis

Ess ist noch
Suppe da

WEINGUT PETER HOHN
LEUTESDORF

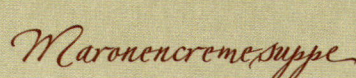

Maronencremesuppe

Zutaten:

3 Möhren, 3 Stangen Staudensellerie mit Blättern, 3 mittelgroße Zwiebeln, 2 EL Butter, 1,5 l Rinder- oder Hühnerbrühe, 250 ml trockenen Weißwein, 1 Zwiebel, 3 Gewürznelken, 750 g geschälte und gekochte Maronen (Esskastanien aus Gläsern, Dosen oder Vakuum), Salz, Zucker, frisch gemahlener Pfeffer, 1 Prise Zucker, 250 ml Crème fraîche, 3-4 EL guter Cognac.

Zubereitung:

Die Möhren schälen und klein würfeln. Staudensellerie waschen und mit den Blättern klein schneiden. Die mittelgroßen Zwiebeln pellen und fein hacken. In einem großen Topf die Butter erhitzen und die Gemüsewürfel bei kräftiger Hitze ca. 10 Min. andünsten. Mit Brühe und Wein angießen. Die kleine Zwiebel schälen und mit den Nelken spicken.

Von den Maronen 8 Stück zur Seite legen, die restlichen mit der gespickten Zwiebel in die Brühe geben. 25 Min. leise köcheln lassen und anschließend die Zwiebel mit den Nelken herausnehmen. Die Suppe im Mixer oder einem Stabmixer pürieren. Falls sie zu dick ist, mit etwas Brühe oder Weißwein flüssiger machen. Mit Salz, Zucker und Pfeffer abschmecken. Kurz vor dem Servieren die Crème fraîche in die heiße Suppe rühren, erst ganz zum Schluss den Cognac, damit sein Aroma nicht verfliegt. Die zur Seite gelegten Maronen klein schneiden, auf Teller verteilen und die heiße Suppe darüber schöpfen.

Ochsenschwanz-Suppe

Zutaten:

1,5 kg Ochsenschwanz (in Stücke geteilt), 3 Zwiebeln, eine halbe kleine Sellerieknolle, 2-3 Möhren, 4 EL Pflanzenöl, Salz, Pfeffer, 1 EL Rosenpaprika, 2 Lorbeerblätter, ½ TL Thymian, 2 EL Tomatenmark, 250 ml Rotwein, 4-6 cl Cognac.

Zubereitung:

Die Ochsenschwanzstücke waschen und abtrocknen. Zwiebeln, Sellerie und Möhren schälen und in grobe Würfel schneiden. In einem großen Topf die Fleischstücke in Öl anbraten, bis sie auf allen Seiten Farbe angenommen haben. Die Gemüsewürfel dazu geben und weiter unter Rühren anschmoren. Mit Salz, Pfeffer und dem Rosenpaprika würzen und etwa 1,5 l Wasser aufgießen. Die Lorbeerblätter, den Thymian und das Tomatenmark zugeben, langsam offen aufkochen und den Schaum abschöpfen. Den Deckel auflegen und bei geringer Hitze 3- 4 Stunden leise simmern lassen. Die Ochsenschwanzstücke herausnehmen und mit einem spitzen Messer das Fleisch ablösen. Die Suppe durch ein Sieb passieren, die Rückstände kräftig ausdrücken und wieder erhitzen. Den Wein dazugießen, ohne Deckel etwas einkochen lassen und das ausgelöste Fleisch darin erwärmen. Mit Salz, Pfeffer und dem Cognac abschmecken. Mit Weißbrot und dem gleichen Rotwein, der bereits in die Suppe kam servieren.

Kartoffel-Lauch-Suppe

Zutaten:

3-4 Stangen Lauch, 500 g Kartoffeln, 1,5 l Hühnerbrühe, 1 Bund Schnittlauch, 100 ml trockenen Weißwein, 1 Becher Crème fraîche, Salz, weißer Pfeffer, Muskatnuss, 1 kleinen Bund Schnittlauch.

Zubereitung:

Den weißen und hellgrünen Teil von den Lauchstangen halbieren, unter fließendem Wasser gründlich (auch die Innenseite der Blätter) waschen und in etwa 1 cm breite Streifen schneiden. Kartoffeln schälen, in Würfel schneiden und zusammen mit dem Lauch in einen Topf geben. Die Brühe und den Wein zugießen und in ca. 30 Min. ganz weich kochen.

Alles durch ein Sieb in einen zweiten Topf passieren, die Rückstände im Sieb gründlich ausdrücken. Unter das Gemüsepüree die Crème fraîche rühren, einmal kurz aufkochen und mit Salz, Pfeffer und einem Hauch geriebener Muskatnuss abschmecken. Schnittlauch waschen, in Röllchen schneiden und auf die Suppe streuen. Heiß servieren.

Herr Durst ist ein gestrenger Mann,
Der lässt sich gar nicht foppen:
Ob´s Wetter gut ist oder schlecht,
Er geht nicht ab von seinem Recht,
Er fordert seinen Schoppen.

Drum macht´s wie ich: Ich bin bereit,
Sein Schöpplein ihm zu zollen,
Und lässt er mich dann nicht in Ruh,
Trink ich ihm noch ein zweites zu,
Dann hört er auf zu schmollen.

Hoffmann von Fallersleben

Mit der Erde verbunden

Bilder, wie aus dem Ei gepellt

Was war zuerst da, das Huhn oder das Ei? Diese Frage muss sich Elisabeth Hermes aus Altenkirchen nicht mehr stellen. Für sie ist das Ei das Zentrum ihrer kreativen Leidenschaft, das sie in Form hübscher, mit Pinselstrich geführten Bildern und Motiven schmückt.

Das Bunte vom Ei

Angefangen hat alles noch in den Kriegsjahren, wo sie als eines von fünf Kindern auf dem elterlichen Bauernhof in Oberehrbach bei Altenkirchen aufwuchs. An die Maria aus der Ukraine erinnert sie sich noch gut. Eine junge Frau, die hier auf dem Hof arbeitete und ihre Traditionen mit auf den Bauernhof brachte. Mit einer speziellen Ritztechnik verzierte sie zur Osterzeit die Hühnereier. Dieses Erlebnis muss sich in Elisabeth Hermes Gedächtnis tief eingegraben haben, denn viele

Jahre später inspiriert sie diese Tradition zur eigenen Bemalung von Ostereiern. Nachdem sie eine Malschule besucht und sich in Bauernmalerei übt, ist ihr der neue Werkstoff der Eierschale eine gern gesehene Abwechslung zum bekannten Holzuntergrund. Motive aus der Bauernmalerei finden sich aber noch heute unter ihren kleinen Kunstwerken. Sie arbeitet in unterschiedlichen Maltechniken, bedient sich einmal der Aquarell-, ein anderes mal der Acryl- und der Tuschetechnik. So verziert sie Hühner-, Tauben-, Enten- und Gänseeier, die sie aus der altbekannten Nachbarschaft ihrer einstigen Kindheit noch immer bezieht. „Sogar die exotischen Exemplare wie Emu, Nandu und Strauss erhalte ich hier aus einer Hobbyzucht" erzählt sie uns, während wir die diversen Themen betrachten, die sie auf den Eierschalen darstellt.

Zumeist sind es Inspirationen aus der Natur, wie die heimische Vogelwelt von Meise, Dompfaff & Co. oder aber Adaptionen historischer Stilrichtungen. Dabei bohrt sie vorsichtig ein Loch in die Schale des Eies und bläst mit Unterstützung einer Spritze das Innere aus. Drei bis viermal muss sie das Ei dann auswaschen und zum guten Schluss noch auskochen. Dann ist es bereit für ihre Ideen, die ihr schon manche Ausstellung zu Hause wie auch anderswo beschert haben. Ihre entfernteste Präsentation geschah an ihrem Urlaubsort in Südtirol. Wichtig ist Elisabeth Hermes nicht nur die Gestaltung des Eies an sich, sondern auch das Umfeld, indem es zur Schau kommt. Bänder und Geschirr, Stroh und Blumen runden individuell das Ensemble ab. Dekoration und Ei gehören für sie untrennbar zusammen.

Ein Ei für besondere Gelege (nheiten)

Einem Geburten-Ei, das in Pastelltönen leuchtet und in einer ovalen Spanschachtel aufbewahrt wird, gilt unsere besondere Aufmerksamkeit. „Eigentlich eine hessische Tradition", gibt sie uns zu verstehen, das man zur Geburt an die Eltern verschenkt. Uns gefällt dieses Brauchtum, das durch Elisabeth Hermes lebendig gehalten wird und nun im Westerwald nicht ausschließlich osterbunte Blüten treibt.

Westerwälder Landpartien

TAFELFREUDEN TIPP

Alle Jahre wieder und das nicht zur Weihnachts- sondern zur Osterzeit, öffnet Elisabeth Hermes ihre Schatztruhe und zeigt auf Ausstellungen ihre zerbrechlichen Werke in der Region um Altenkirchen. Genaue Termine erfragt man am besten bei ihr persönlich (Telefon: 0 26 81-31 59). Auch kann man bei Elisabeth Hermes der netten Tradition folgen und ein individuelles Geburten-Ei in Auftrag geben. Ein sicherlich nicht alltägliches Geschenk zum frohen Ereignis.

Omelette mit (Wiesenkräutern)

Zutaten:
6 Eier, 3 EL Sahne, 150 g Ricotta, 2 Eigelb, 2 EL frisch geriebenes Weißbrot ½ Bund Schnittlauch, ½ Bund Pimpinelle, ½ Bund Kerbel, ½ Bund Sauerampfer, Salz, Pfeffer, Öl, 1-2 Dosen Tomatenpüree, etwas Thymian, Salz, Pfeffer, Zucker.

Zubereitung:
Eier mit der Sahne, Salz und Pfeffer verquirlen und in einer geölten Pfanne langsam backen. Ricottakäse mit der Gabel zerdrücken, mit den Weißbrotbröseln, dem Eigelb und den gehackten frischen Kräutern mischen. Auf die gebackenen Omelette streichen, zusammenklappen und im Backofen noch 5 Minuten bei guter Mittelhitze weitergaren. Mit einer leichten Tomatensauce aus pürierten Dosentomaten, die mit Thymian, Salz, Pfeffer und Zucker abgeschmeckt wurde, servieren.

Omelette mit Blattspinat und Schmelzkäse

Zutaten:
6 Eier, 2-3 EL Wasser, etwas Butterschmalz, 1 Schalotte, 150 g Schmelzkäse, 500 g frischer Blattspinat, Salz Pfeffer, Muskat, etwas Butter für die Auflaufform.

Zubereitung:
Eier und Wasser mit dem Schneebesen verrühren, mit Salz, Pfeffer und einer Prise Muskat würzen. In einer Pfanne das Butterschmalz erhitzen und das Ei darin stocken lassen. Ggf. wenden. In einem weiteren Topf etwas Butterschmalz zerlassen und eine Schalotte sehr fein hacken, anschwitzen und danach den geputzten Blattspinat im Topf unter Rühren zusammenfallen lassen. Mit Salz und Pfeffer abschmecken. Eine Auflaufform ausbuttern. In die gebackenen Omelettes den Blattspinat geben, zusammenschlagen, in die Form setzen und mit Schmelzkäseflöckchen versehen. Im vorgeizten Backofen unter dem Grill kurz überbacken bis der Käse schön zerlaufen ist und leicht Farbe angenommen hat. Mit einem frischen grünen Blattsalat servieren.

Kartoffelomelette

Zutaten:
Eier (2 pro Esser), Kartoffeln (1 pro Esser), 1 Knoblauchzehe, 100 g kleingewürfeltes Dörrfleisch, 2 Zwiebeln klein gewürfelt, 1 Bund Petersilie, 50 ml Milch, Salz und Pfeffer, Öl und Butter.

Zubereitung:
Pellkartoffeln solange kochen, dass sie innen noch ein wenig fest sind. Schälen und etwas ausdampfen lassen. Anschließend in Würfel schneiden. Eier mit Salz, Pfeffer und der Milch aufschlagen. Zwischenzeitlich in einer Pfanne Öl mit Butter erhitzen und die Kartoffeln darin braten. Sobald die Kartoffeln eine schöne Farbe erhalten, kommt die kleingehackte Zwiebel, die gehackte Petersilie, der gehackte Knoblauch und das Dörrfleisch hinzu. Das Ganze noch ein paar Minuten zusammen weiterbraten, dann die Eimasse hinzufügen. Das Omelette zu Anfang kräftig mit einem Holzlöffel in der Pfanne umrühren, dann stocken lassen. Dazu passt ein Gurken-Blattsalat und ein leichter Rotwein.

Duftende Gartenführung in Asbach-Löhe

Dess Schäfers Liebeswerbung

Komm, sei mein Liebchen, sei mein Weib!
Und fordre Lust und Zeitvertreib,
So oft und viel dein Herz begehrt,
Und Garten, Flur und Hain gewährt.
Bald wollen wir von freien Höhn
Die Herden um uns weiden sehn
Und sehn der Lämmer Fröhlichkeit
Und junger Stiere Hörnerstreit.
Bald atmen auf der Maienflur
Den Duft der blühenden Natur,
Bald um die dünnbebuschten Höhn
Nach Erd- und Heidelbeeren gehn.
Ein Blumengurt, ein Myrtenhut
Kühlt Liebchen vor des Sommers Glut.
Ich bett' es, kommt ein Schlaf ihm an,
Auf weiches Moos und Thymian.
Im Maimond tanzt ein Schäferchor
Dir hundert frohe Reigen vor;
Behagt dir dieser Zeitvertreib,
So sei mein Liebchen, sei mein Weib!
Ich sing' und blas' auf meinem Rohr
Dir täglich Lust und Liebe vor;
Ist das für Liebchen Zeitvertreib,
So sei mein Liebchen, sei mein Weib!

Gottfried August Bürger 1747–1794

74

Die Liebe im Schafspelz

Heimbach-Weis, ein Stadtteil von Neuwied, ist weit über die Grenzen hinaus bekannt als Hochburg der Fastnacht, wo die Heimbacher in blauer Uniform und die Weiser in roter Uniform, dem König Karneval folgen. Nicht so bekannt hingegen ist eine weitere Tracht, die sich wollig in braun und weiß vom grün der Wiesen abhebt und ab April vermehrt um Heimbach-Weis gesichtet werden kann. Zwischen der B 42 und dem Ort liegt von Feldern, Wiesen und dem Naturschutzgebiet Meerheck umrahmt, der gleichnamige Hof der Familie Neumann. Als Aussiedlerhof für Schweinehaltung wurde er 1998 übernommen und als Schafhaltebetrieb weitergeführt. So jung dieser Erwerbszweig auf dem Hof noch scheint, so lange hat Familie Neumann schon damit zu tun. Bereits in der 5. Generation ist die Schafhaltung den Neumanns ihr täglich Brot, begonnen auf der Neumannshöhe bei Neustadt / Wied im Westerwald und nun im Rheintal unweit vor den Toren von Neuwied. Die Liebe mag da sicherlich mit im Spiel gewesen sein, wieso der Umzug von den Westerwaldhöhen hinab ins Rheintal anno dazumal geschah. Liebe gehört aber auch heute weiterhin dazu, wenn man es mit rund 500 Schafen und Lämmern aufnehmen will. Der Anblick eines jungen Lamms macht diese Liebe zur Landwirtschaft einfach, aber das Jahr im Schafhaltekalender hat nicht mehr die wollweiche Romantik des Schäferidylls, der bei seiner Herde wacht. Ein wenig aus diesen alten Tagen ist aber bis heute lebendig und unverändert geblieben. Grund genug, hinter die Gatter zu schauen ...

Schafskälte

Das Jahr beginnt wie überall an Rhein und Westerwald mit einem kalten Januar, der jedoch die gekreuzten Tiere aus Merinoschaf und Schwarzkopf nicht davon abhält, ihre Jungen zu gebären. Im großen Stall ist dies unter geschützteren Bedingungen als in der freien Natur möglich und so erblicken ein bis zwei Lämmer das Licht der Welt. Die Kreuzung der beiden Schafrassen verbindet den kräftigen Wuchs des Schwarzkopfs mit der hochbeinigen, schlankeren Gestalt des weißen Merinoschafs. Gute Voraussetzungen für den späteren Fleischansatz. Im März kann durch die geschützte Stallhaltung dann schon die Schur der Tiere geschehen, die sonst eher gegen Mai und Juni passiert. Man denke an die „Schafskälte", die der Bauernkalender noch im Juni voraussagt. Dem dichten Wollbesatz beraubt, lässt sich die Herkunft dieser letzten kühlen Wetterbegebenheit nach den Eisheiligen und der kalten Sophie, trefflich als Schafskälte beschreiben. 2-3 kg Wolle liefert ein Schaf, die an Händler verkauft wird. Die Weiterverarbeitung geschieht aus Kostengründen kaum mehr in Deutschland.

Lammfromm

Der April ist der Monat, wo es die Osterlämmer auf dem Markt gibt. Sind die Feiertage früh, dann werden in erster Linie Herbstlämmer des vergangenen Jahres geschlachtet und angeboten, deren Alter zwischen fünf und sechs Monaten liegt. Milchlämmer finden zwar auch einen gewissen Absatz, aber dies geschieht nur auf Vorbestellung. Auf dem Hof Meerheck hält man nicht viel von der frühen Schlachtung der Lämmer, denn die nur rund acht Wochen alten Tiere haben zwar einen sehr zarten Geschmack aber auch gleichzeitig ein sehr unausgewogenes Verhältnis von Knochen- und Fleischmasse. Lassen wir ihnen doch die Zeit auf der Wiese!

Hirtenhund bellen — Feldfrucht bestellen

Während die Osterzeit mit dem traditionell höchsten Abverkauf an Lammfleisch vorübergeht, sind die Tiere nun ab April/Mai auf der frischen grünen Sommerweide. Gegenüber früheren Zeiten werden Elektrozäune statt Holzgatter eingesetzt. So grasen die Schafe und Lämmer die Wiesen ab und ziehen von Platz zu Platz weiter, zumeist über angepachtete Weide- und Wiesenflächen von Privatleuten. Den Tieren fällt dabei eine wertvolle, landschaftspflegende Position zu, denn sie schützen

unsere Kulturlandschaft vor Verbuschung. Die Sommermonate gehen ins Land und der Schäfer hat nun die Aufgabe, seine Herde zu pflegen, die Wolle zu kontrollieren und die Gesundheit seiner Herde im Auge zu behalten. Während die Tiere nun auf den Weiden verbleiben und an Größe und Gewicht zunehmen, muss auf den Feldern schon die nächste Arbeit beginnen. Im Juni geschieht die Heuernte für die Wintermonate. Im Anschluss daran setzt die Getreideernte ein, wo Gerste, Weizen, Triticate (eine Kreuzung aus Roggen und Gerste) sowie Erbsen eingeholt werden. Die Feldfrüchte werden später im Winter die Herde im Stall ernähren.

Der September läutet dann die Kartoffelernte ein. Während die guten ins „Säckchen" geraten, kommen die kleinen aussortierten Kartoffeln ins „Kröpfchen", sprich in die Futtermittel der Schafe. Der Oktober mit seinen Futterrüben (Rummele) beschließt den Erntereigen. Kaum ist die Feldarbeit getan, beginnt im November schon wieder die Winteraussaat. Für die Tiere heißt es jedoch für dieses Jahr Abschied von den grünen Wiesen zwischen Rheintal und Westerwald nehmen. Bei günstiger Witterung schaffen sie es noch bis in den Dezember, dann, kurz vor Weihnachten, beginnt schon wieder das Lammen. Schon so manchen Heilig Abend haben Neumanns wortwörtlich im Stall zugebracht, wenn auch dort ein Lämmchen das Licht der Welt erblickte.

Stalleingang in Zimmerschied

Lammrollbraten mit Rhabarbersauce

Zutaten

1 kg ausgelöste Lammschulter, 50 g Pinienkerne (ersatzweise Mandeln), 150 g Ziegenkäserolle, 1 Topf Minze, 2 EL Paniermehl, 2 Eigelb, Pfeffer, Salz, 2 Zwiebeln, 250 g Möhren, 2 EL Öl, 400 g Lammfond (aus dem Glas), 250 ml Rotwein, 300 g Rhabarber, 40 g Butter, 100 g Johannisbeergelee, etwas hellen Saucenbinder.

Zubereitung:

Das Lammfleisch abspülen und trocken tupfen. Pinienkerne (oder Mandelstifte) in einer heißen Pfanne goldbraun rösten. Ziegenkäse würfeln, Minze waschen, Blätter abzupfen und die Hälfte davon mit dem Ziegenkäse mischen, restliche Blätter aufbewahren. Paniermehl, Pinienkerne und Eigelb zum Ziegenkäse geben. Das Fleisch damit bestreichen, aufrollen und mit Küchengarn zusammenbinden. Mit Salz und Pfeffer rundherum würzen. Zwiebeln und Karotten schälen und in Würfel schneiden. Öl in einer tiefen gusseisernen Pfanne erhitzen, den Lammbraten hineingeben und kurz von allen Seiten gut Farbe nehmen lassen. Anschließend Zwiebeln und Möhren zugeben und ebenfalls kurz anbräunen. Dabei gelegentlich wenden. Mit Fond ablöschen. Im vorgeizten Ofen bei 200° C (180° C Umluft) 80 Minuten braten. Dabei den Rotwein immer wieder zugießen. Nach Ende der Garzeit, Lammsud durch ein Sieb gießen und auffangen. Butter in einen Topf geben. Den geputzten und in kleine Stücke geschnittenen Rhabarber darin andünsten. Lammsud und Johannisbeergelee zufügen und 5 Minuten dünsten. Mit Salz abschmecken und mit Saucenbinder etwas andicken. Küchengarn vom Rollbraten entfernen, Fleisch in Scheiben schneiden und mit Rhabarbersauce servieren. Ein Kartoffelgratin oder Kartoffelklöße passen gut dazu.

Kohlpfanne

Zutaten:

1 kg Weißkohl, 500 g Lammfilets, 50 g Butterschmalz, 250 g Tomaten, 100 g Dörrfleisch, 1 Zweig Rosmarin, 1 Knoblauchzehe, 60 g schwarze Oliven, 1/8 l Lammfond, 1/8 l trockener Weißwein, 1 EL Balsamico Essig, Salz, Pfeffer. 2 TL Zucker.

Zubereitung:

Den Weißkohl putzen, vierteln, den Strunk entfernen und in Streifen schneiden. Lammfilets würfeln. Fett erhitzen und das Fleisch darin kurz rundum anbraten. Aus der Pfanne nehmen und warm stellen. Dörrfleisch würfeln und mit dem Kohl und Rosmarin in das Bratfett geben und anbraten. Knoblauch dazupressen. Oliven, Weißwein und Fond hinzufügen und 10-15 Minuten bei geschlossenem Deckel schmoren. Tomaten die Haut abziehen (einen Topf mit Wasser erhitzen. Tomaten kreuzförmig oben einschneiden und kurz in dem siedenden Wasser eintauchen, danach die Haut abziehen) entkernen und würfeln. Mit dem Fleisch zum Kohl geben. Nochmals kurz weiterschmoren. Mit Essig, Salz und Pfeffer und Zucker abschmecken. Dazu schmecken Knoblauchkartoffeln.

Knoblauchkartoffeln

Neue etwa gleichgroße Kartoffeln halbieren und auf ein geöltes Blech mit der Schnittseite nach unten setzen. Knoblauchzehen durchpressen, mit Olivenöl verrühren und damit die Kartoffeln bestreichen. 30 Minuten bei 200° C im vorgeheizten Backofen backen.

Lammkeule mit Butterbohnen

Zutaten:

1,5 kg Lammkeule, Salz, Pfeffer, 2 Zwiebeln, 1 Bund Suppengemüse, 60 g Butter, ½ l Fleischbrühe, ½ l Weißwein, 1 Bund Petersilie, 125 g saure Sahne, 50 g Crème fraîche, 1 EL Mehl.

Zubereitung:

Lammkeule mit Salz und Pfeffer kräftig würzen und in eine Bratkasserolle geben. Zwiebeln grob zerkleinern, Suppengemüse putzen und ebenfalls klein schneiden. Mit den Zwiebeln um das Fleisch legen. 40 g Butter erhitzen und über die Lammkeule gießen. Im vorgeizten Backofen bei 200° C (180° C Umluft) etwas 2 Stunden braten. Fleischbrühe und Wein mischen, den Braten nach und nach damit begießen. Braten aus dem Ofen nehmen, in Alufolie wickeln und warm halten. Petersilie waschen und klein schneiden. Mit der restlichen weichen Butter mischen. Gemüse mit dem Bratensaft pürieren, mit Sahne und Crème fraîche aufkochen und mit etwas Mehl binden. Mit Salz und Pfeffer abschmecken. Vor dem Servieren die Petersilienbutter auf die heiße Keule streichen und schmelzen lassen. Dazu in Butter geschwenkte grüne Bohnen und Röstkartoffeln servieren.

Hof Meerhecks Kürbis-Lammgulasch

Zutaten:

800 g Lammschulter ohne Knochen oder Lammgulasch, 2 Zwiebeln, 4 EL Öl, 1 Zimtstange, 3 Nelken, 1 Sternanis und 1 Msp. Kardamom, Pfeffer, 500 ml Lammfond (z. B. fertig im Glas), 150 g getrocknete Aprikosen, 50 g Mandelstifte, 250 g süßsauer eingelegter Kürbis.

Zubereitung:

Lammfleisch würfeln. Zwiebeln würfeln. Öl erhitzen und das Fleisch portionsweise darin anbraten. Zwiebeln darin glasig dünsten und das restliche Fleisch wieder zufügen. Gewürze zugeben, mit Salz und Pfeffer abschmecken. Mit 400 ml Fond aufgießen. Aprikosen grob würfeln, mit den Mandelstiften zufügen und alles verrühren. Deckel auflegen und im vorgeheizten Backofen bei 200° C (180° C Umluft) rund 45 Minuten schmoren. Inzwischen Kürbis abtropfen lassen. Zum Schluss mit dem restlichen Fond zum Fleisch geben und weitere 30 Minuten schmoren. Als Beilage eignen sich Bandnudeln oder wer es etwas exotischer mag auch Couscous (Hirse).

Westerwälder Landpartien

TAFELFREUDEN TIPP

Südliche Urlaubsgefühle mit heimischen Spezialitäten. Lammfleisch ist das ideale Grillgut im Sommer. Es eignet sich zum Braten wie auch Kurzbraten und liebt die aromatischen Sommerkräuter wie Thymian, Rosmarin, Salbei, und Lorbeer. In Neumann's „Meerheck-Lädche" gibt es viel Lamm zu bester Qualität. Lammsalami und Lamm-Landjäger gehören neben dem Frischfleisch ebenso in die Angebotspalette, wie Lammschinken, Krakauer, Bratwürste und eine Lammterrine. Daneben sind auch Lammfelle und sogar weiche Wollschäfchen als Kuscheltiere im Einsatz. Eine Auswahl an weiteren Produkten befreundeter Hofanbieter rundet das „Meerheck-Lädche"-Repertoire genüsslich ab. Weitere Informationen auch unter: www.hof-meerheck.de

Der Waldmeister ist im Frühling ein ganz traditioneller Gast in lichten Buchenwäldern, wo er mitunter große Bestände bilden kann. Nach dem Aberglauben hat er Kräfte, die Unruhe in einer warmen Maiennacht nehmen. Ein Tee aus Waldmeister aufgegossen soll dann leichtes Einschlafen und schöne Träume bringen. Auch in Kisschen eingenäht, wirkt er als Mottenabwehr im Kleiderschrank wesentlich wohlriechender als die altbekannten Mottenkugeln.

Seit dem 9. Jahrhundert kultivierten die Benediktiner den Waldmeister. Er diente zur Parfümierung der Wäsche und wurde in Kräuterkissen eingenäht. Der typische würzige Kräutergeruch ist auf das Cumarin zurückzuführen, ein Inhaltsstoff, der in geringen Mengen angewandt beschwingend und gegen Kopfschmerzen wirken soll, in intensiverer Form allerdings eher Kopfschmerzen auslöst. Eine klassische Anwendung des Waldmeisters ist die Maibowle, die erstmals im Jahre 854 durch die Benediktiner erwähnt wurde. Aufgrund des Cumarin-Gehalts sollte Waldmeister nicht mehr als 30 Minuten in den Wein für die Bowle eingelegt werden. Durch das Einlegen in Milch wurde Pudding mit Waldmeister-Aroma hergestellt. Dieses Aroma wird in der Lebensmittelindustrie vielfältig eingesetzt.

Waldmeister ist am einfachsten aus Stecklingen heranzuziehen und breitet sich am besten unter halbschattigen Gehölzen auf einem humusreichen, feuchten Boden aus. Er wuchert stark, wenn ihm der Platz einmal gefällt und ist so auch ein schöner Bodendecker mit weißen Blütensternchen im Frühjahr. Die Triebe sollten vor der Blüte geerntet werden, da sonst der Cumaringehalt zu hoch ist. Auch die Likörindustrie nutzt den Waldmeister. Hier wird er als Aromastoff für Vermouth, Magenbitter und Kräuterliköre eingesetzt. Für frühlingshafte Desserts ist er ein wunderbar aromatischer Zusatz, der sich in Cremes, Halbgefrorenem und Sorbets mit Erdbeeren oder anderen Frühsommerfrüchten gut verträgt.

Waldmeister Buttermilchmousse

Zutaten:

1 Bund Waldmeister (angewelkt entfaltet er noch
mehr Aroma), 200 ml Buttermilch, 50 g Zucker,
3 Blatt Gelatine, 200 ml steif geschlagene Sahne,
Erdbeeren als Garnitur, einige Minzeblätter als Dekoration.

Zubereitung:

Waldmeister anwelken lassen. Dann die Buttermilch mit dem Zucker mischen und erwärmen. In
der warmen Buttermilch den Waldmeister ziehen
lassen. Abseien und dann die in kaltem Wasser
zuvor eingeweichte Gelatine zufügen und verrühr-
en. Sobald die Masse anfängt zu gelieren, die steif
geschlagene Sahne unterheben und in kalt ausge-
spülte Förmchen oder eine Schüssel geben. Einen
halben Tag, besser noch über Nacht in den Kühlschrank stellen. Nocken abstechen oder aber die
Förmchen stürzen und mit klein gewürfelten Erdbeeren servieren. Mit Minzeblättchen garnieren.

Waldmeister Parfait

Zutaten:

1 Bund Waldmeister klein geschnitten, 2 Eier,
2 Eigelb, 80 g Zucker, 50 ml Waldmeistersirup (in
der Getränkeabteilung eines gut sortierten Super-
markts erhältlich), etwas Zitronensaft, $\frac{1}{2}$ Schnapsglas Apfelbrand, 250 ml geschlagene Sahne.

Zubereitung:

Angewelkten Waldmeister sehr fein schneiden.
Mit den Eiern, den Eigelb und dem Zucker über
einem Wasserbad dick cremig aufschlagen, bis die
Zutaten eine sichtliche Bindung bekommen.
Dann sofort in Eiswasser stellen und kalt schlagen. Danach Sirup, Saft einer halben Zitrone und
Apfelbrand zugeben und verrühren. In die abge-
kühlte Creme nun die geschlagene Sahne unterheben. In kalt ausgespülte Förmchen füllen und
mindestens 4-5 Stunden ins Gefrierfach stellen.
Vor dem Servieren leicht antauen lassen, dann
stürzen und mit einem Kompott aus Erdbeeren
und Rhabarber servieren.

Erdbeer Rhabarber Kompott

Dazu 4-5 Stangen Rhabarber putzen und in feine
Stücke schneiden. Mit 4-5 EL Zucker und 1 P.
Vanillezucker mischen. Den Saft einer Orange
auspressen und im Topf erhitzen. Nun Rhabarber
zufügen und köcheln lassen bis er anfängt zu zer-
fallen. Nun die in feine Scheiben geschnittenen
Erdbeeren dazugeben und alles noch einmal kurz
aufkochen. Mit Zucker nochmals abschmecken
und abkühlen lassen. Mit dem Waldmeisterparfait
anrichten.

Erdbeer Waldmeistersorbet
mit Winzersekt

Zutaten:

1 Bund Waldmeister angewelkt, 500 ml Weiß-
wein, 1 kg Erdbeeren, 50 g Puderzucker, 2 Ei-
weiß, 4 cl Erdbeerlikör oder Himbeergeist, 50 g
Läuterzucker (gekocht aus 25 g Wasser und 25 g
Zucker), Winzersekt, ein paar Minzeblätter zur
Dekoration.

Zubereitung:

Waldmeister in dem Weißwein eine halbe Stunde
ziehen lassen. Erdbeeren mit dem Puderzucker fein
pürieren. Weißwein abseien und zu den Erdbeeren
gießen. Die beiden Eiweiß halbfest anschlagen und
unter die Masse ziehen. Zum Schluss den Läuterzucker und den Alkohol unterheben. Alles in
eine Eismaschine füllen oder aber in eine Metallschüssel geben. Im Gefrierfach erstarren lassen,
aber währenddessen mehrmals mit dem Schneebesen kräftig durchschlagen, damit es eine cremige Konsistenz erhält. Danach Nocken oder Kugeln abstechen und in ein Sektglas geben. Mit eis-
kaltem Winzersekt auffüllen und mit einem Minzeblatt garnieren.

Der Frühling in Weinberg und Keller

April

Frühling ist angesagt. Die gelben Löwenzahnblüten ziehen gelbe Teppiche durch die Reihen der Weinstöcke. Jetzt kommt der Zimmermann im Winzer zum Zuge. Das Traggerüst für die Rebe, also alle Holzpfähle und Drahtrahmen, werden auf Standfestigkeit und Belastbarkeit überprüft und ggf. ausgebessert oder ausgetauscht. Warme Sonnenstrahlen treffen auf den Boden. Er benötigt jetzt eine Durchlüftung, damit die wertvolle gespeicherte Winterfeuchtigkeit erhalten bleibt. Ohne eine Lockerung des Bodens mittels eines Grubbers (vergleichbar einer Egge im Ackerbau) würde die Erde alsbald aufreißen und somit eine Austrocknung bis in die tieferen Schichten erfolgen.

Im Keller bleibt hingegen Probieren und Studieren weiterhin Thema. Der Wein entwickelt sich und wird reifer und runder. Süße und Säure finden zueinander. Geschmackliche Ecken und Kanten verschwinden.

Mai

Der Wonnemonat Mai ist auch der Begrüner der im Saft stehenden Rebstöcke. Endlich wird es grün im Weinberg. Wo andernorts schon die Blätter an den Bäumen längst ausgeschlagen haben, kommt nun auch der Nachzügler Weinstock hinzu. Der Laie kann kaum nachvollziehen, wie an einem knorrigen holzigen braunen Stock in kürzester Zeit sich soviel Laub entwickeln wird. Es ist bei vergleichbarer Fläche soviel, dass die Weinberge in ihrer extrem kurzen Vegetationszeit trotzdem die vierfache Menge Sauerstoff bilden als ein Wald.

Traditionell findet auch im Mai an Muttertag das Kulinarische Weinerlebnis in den Leutesdorfer Weinbergen statt. Winzer und Gastronomen bewirten in den Weinbergslagen die Gäste und bieten die Möglichkeit, den späteren Wein im Glase noch am Ort seiner Kinderstube, sprich dem Rebstock, kennen zulernen. Im Keller ist die lange Zeit des Wartens für den Wein nun beendet.

82

Nachdem er lange genug Zeit zum Reifen hatte, wird er nun auf Flaschen abgefüllt. Er hat jetzt rund sechs Monate im Fass verbracht. Die Handarbeit, insbesondere in den Steillagen, hat sich über die Jahrhunderte des Anbaus kaum verändert. Moderner hingegen ist die Kellerwirtschaft geworden. Das charakteristische Holzfass aus Eiche des traditionellen Weinausbaus wird durch Edelstahlbehälter mehr und mehr ersetzt. Hygieneaspekte und eine bessere Steuerung der Weinentwicklung sind die Hauptgründe für die Wahl des neutralen Edelstahlbehälters. Gerade dem Charakter des Rieslings, dem Star des Mittelrheins, kommt die langsame, temperaturgesteuerte Vergärung in Stahlbehältern zugute. Frucht und Aromen werden dadurch intensiviert und betont. So werden die Weine des Mittelrheins zu unverwechselbaren und langlebigen Spitzengewächsen. Weine voller Temperament, die noch nie so eine hohe Qualität besaßen wie heute. Sie stellen eine einzigartige Bereicherung des deutschen wie auch internationalen Weinmarktes dar.

Juni

Die Zeit vergeht und langsam meldet sich der Sommer an. Es ist mittlerweile Juni geworden und rund 10-15 Triebe haben sich am Rebstock entwickelt. Von dieser Anzahl werden bis zu fünf der stärksten übrig bleiben, an den Pfahl angebunden zur Begünstigung von Rebblüte und Fruchtansatz. Unerwünschter Bodenaufwuchs wird abgemäht, damit er nicht zur Wasser- und Nährstoffkonkurrenz der Rebe wird. Im Juni trifft man auf eine artenreiche Flora und Fauna. Seltene, teilweise nur noch am Mittelrhein existierende Pflanzen wie der Dipdam blühen. Segelfalter und auch die geschützte Smaragdeidechse fühlen sich hier im warmen Klima des Schieferfelsens wohl. Die spätere Traube steckt jetzt noch in ihrem Kinderbett am Rebstock. Sie ist bereits in Ansätzen sichtbar und hat natürlich wie jedes Kleinkind Hunger. Den stillt der Winzer, indem er ihr organische bzw. mineralische Nährstoffe zuführt. So wird das gesunde Wachstum unterstützt.

Die neuen Weine sind nun auf der Flasche. Sie werden durch die Landwirtschaftskammer auf Qualität geprüft und erhalten eine amtliche Prüfnummer (AP-Nummer). In speziellen Weinlaboren werden die Inhaltsstoffe untersucht und festgelegt, wie viel Alkoholgehalt, Süße und Säure er besitzt. Der Winzer stattet die Flaschen nun mit seinen gewählten Etiketten aus und beschriftet sie nach den Vorgaben des deutschen Weingesetzes. Damit ist der Wein zum Verkauf bereit und die Kunden dürfen sich auf die Probe des ersten neuen Jahrgangs freuen.

Der Hahn krähts von den Dächern

Dächern

HOTEL-RESTAURANT VILLA SAYN BENDORF

Gefüllte Trüffelpoularde

Ein extravagantes und sicherlich nicht alltägliches Gericht. Aber es gibt ja auch besondere Tage und Festlichkeiten im Jahr, wo sogar der Einsatz von schwarzen Trüffeln vertretbar ist. Im vorliegenden Rezept dominiert das starke Aroma der schwarzen Trüffel.

Zutaten:
1 küchenfertige Poularde (etwa 1,8 kg), 1 frischer Trüffel (etwa 20 g).

Füllung:
20 g Butter, 150 g Hühnerleber, 50 g Weißbrot ohne Rinde, 4 EL Milch, 1 Ei, 2 cl Cognac, etwas Salz, weißer Pfeffer,

Zum Kochen:
80 g Möhren, 1 kleine halbierte Zwiebel, 80 g Stangensellerie, 1 Bouqet garni (Petersilie, Thymian, Lorbeerblatt als Sträußchen gebunden), 10 Pfefferkörner, 2 l heller Geflügelfond, ½ l trockener Weißwein.

Sauce:
30 g Butter, 1 EL Mehl, 1 Eigelb, ⅛ l Sahne

Zubereitung:
Poularde gut waschen, abtropfen lassen und trockentupfen. Den unter fliessendem Wasser gut abgebürsteten Trüffel in dünne Scheiben schneiden. Für die Füllung die Butter erhitzen, die Leber rundum anbraten, herausnehmen und klein würfeln. Weißbrot in Milch einweichen, ausdrücken und in der Schüssel mit Leberwürfeln, Ei, Cognac, Salz und Pfeffer vermischen. Falls Putzreste der Trüffel vorhanden sind, diese unterheben. Poularde füllen. Dazu die Haut der Poularde vom Hals her lösen. Dabei mit den Fingern vorsichtig von der Brust in Richtung Keulen vorarbeiten. Trüffelscheiben zwischen Haut und Fleisch schieben und möglichst gleichmäßig auf Brust und Schenkeln verteilen. Bauchhöhle salzen und pfeffern, dann die Leberfarce mit einem Löffel nicht zu stramm einfüllen. Öffnung vorsichtig zunähen, Poularde dressieren und in ein Baumwolltuch einschlagen. Das geputzte Gemüse mit dem Bouquet garni und den Pfefferkörnern in den Fond geben, den Weißwein zugeben, erhitzen und 15 Min. köcheln lassen. Die gefüllte Poularde darin rund 90 Minuten pochieren, herausnehmen und warm stellen. Den Fond passieren und auf etwa ½ l reduzieren. Butter zerlassen, das Mehl anschwitzen, mit dem reduzierten Fond aufgießen und unter Rühren eine helle Sauce kochen. Das Eigelb mit der Sahne verrühren, die Sauce damit legieren. Poularde auswickeln, zugeben und mit der Sauce erhitzen.

Ravioli mit Taubenfüllung

Diese Teigtäschchen mit einer Füllung aus Geflügelfleisch eignen sich sehr gut als Einlagen in einer Geflügelkraftbrühe, die aus der gleichen Geflügelsorte hergestellt wurde. Mit Taubenfleisch ist sie eine echte Delikatesse, kann aber auch mit dem Fleisch einer jungen Ente, eines Perlhuhns oder einer Wachtel zubereitet werden.

Zutaten:
Teig:
200 g Weizenmehl, 2 Eier, 1 EL Olivenöl, Salz.

Füllung:
160 g Taubenbrust ohne Haut, 50 g frischer Spinat, 1 Scheibe Toastbrot, Milch zum Einweichen, je 30 g Schalottenwürfel und gehackte Champignons, 1 EL Olivenöl, je 1 TL gehackte Petersilie und Majoran, Salz, weißer Pfeffer, 50 g Sahne.

Aus den Zutaten einen geschmeidigen Nudelteig herstellen und etwas ruhen lassen. Dünn ausrollen, in kleine Quadrate schneiden oder rund ausstechen. Für die Füllung die Taubenbrust in grobe Stücke schneiden und dann mit einem Wiegemesser fein hacken. Den blanchierten Spinat ausdrücken und mit einem Messer fein schneiden. Toastbrot in Milch einweichen, ausdrücken und unter den Spinat mischen. Die Schalotten- und Champignonwürfel in Öl leicht anschwitzen. Das Fleisch zugeben und anbraten. Die Spinatmischung und die Kräuter zugeben, würzen, die Sahne zugießen. 5 Min. bei mittlerer Hitze garen. Nun die Füllung auf den Teig verteilen. Die Teigränder mit Wasser bestreichen, über die Füllung klappen und zusammendrücken. In siedendem Wasser in 10-12 Min. gar ziehen lassen.

Safranrisotto mit Geflügelleber

Zutaten:
30 g Rindermark, 70 g Butter, 1 gewürfelte Zwiebel, 1 Knoblauchzehe, 400 g Arborio-Risottoreis, 150 ml Weißwein, 1 ½ 1,2 l heller Geflügelfond, Salz, etwa ½ TL Safranfäden.

Öl, 20 g Butter, 50 g gewürfelte Zwiebeln, ½ angedrückte Knoblauchzehe, 500 g Geflügelleber (ebenfalls gut und kräftiger im Geschmack sind Lebern von frischen Enten und Gänsen), Salz, Pfeffer, 5-6 EL Geflügelfond.

Weiterhin 80 g Parmesan.

Zubereitung:
Rindermark wässern, würfeln und mit 30 g Butter auslassen. Die Zwiebel und die Knoblauchzehe zugeben und mitdünsten. Den Reis zuschütten und glasig dünsten. Mit dem Weißwein ablöschen, etwas einkochen lassen und mit dem Fond nach und nach aufgießen. Salzen, den Safran zugeben und bei ständiger Bewegung 12-15 Min. kochen. Für die Leber das Öl mit der Butter erhitzen und die Zwiebeln sowie die angedrückte Knoblauchzehe darin anschwitzen. Die in Würfel geschnittene Leber zugeben, bei starker Hitze rundum anbraten, salzen, pfeffern und mit dem Fond aufgießen. Langsam schmoren. Nach 5-6 Min. sind die Leberwürfel gar und können unter den fertigen Risotto geführt werden. Vor dem Servieren die restliche Butter unterrühren und das Gericht mit dem Parmesan vollenden.

April

Das ist die Drossel, die da schlägt,
Der Frühling, der mein Herz bewegt;
Ich fühle, die sich hold bezeigen,
Die Geister aus der Erde steigen.
Das Leben fließet wie ein Traum –
Mir ist wie Blume, Blatt und Baum.

Theodor Storm

RHEINHOTEL SCHULZ
UNKEL

Für das Tomatenconfit:
6-7 reife Strauchtomaten, etwas Olivenöl, Salz, Pfeffer, Zucker, Sherryessig, Thymian, Basilikum.

Zubereitung:
Das Kaninchen (Keulen und Schultern) außer den Rückenfilets in der Brühe solange garen bis sich das Fleisch leicht vom Knochen löst. Möhren und Bohnen putzen, in Salzwasser gar kochen (nicht zu weich) und unter fließendem kalten Wasser abschrecken. Die Pilze putzen, waschen und trocken tupfen. Größere Pilze halbieren und dann die Pilze in Öl kurz anschwitzen, mit Salz und Pfeffer leicht würzen. Auf ein Küchenkrepp zum Abtropfen legen. Jetzt die Rückenfilets von den Silberhäuten befreien mit Salz und Pfeffer würzen und scharf rosé braten, kaltstellen. Das gekochte Fleisch nun von den Knochen und Sehnen befreien und in Würfel von ca. 0,5 cm Kantenlänge schneiden. Das gegarte Gemüse in kleine Würfel schneiden. Das andere Gemüse ebenfalls und separat aufbewahren. Nun die gewolfte Rinderwade mit dem Eiweiß und den rohen Gemüsewürfeln und etwas Salz vermengen. Dies nun zu der abgekühlten abgesiebten Brühe geben und langsam aufkochen. Dabei öfters umrühren, damit die Klarifikation nicht anbrennt. Nach dem Aufkochen die Brühe noch ca. 10-15 Min. köcheln lassen. Danach die Brühe vorsichtig durch ein Passiertuch (alternativ geht auch ein Kaffeefilterpapier) geben. Die Blattgelatine einweichen und in etwas flüssiger Butter auflösen. Zu der restlichen Brühe geben und mit Salz, Pfeffer, Sherryessig und Sherry abschmecken.

REZEPTE JEWEILS FÜR 10 PERSONEN:

Gesülztes Kaninchen mit Tomatenconfit

Zutaten:
Kaninchensülze:
1 Kaninchen fertig ausgelöst vom Metzger, 2 l Kaninchenbrühe (aus dem Gerippe gekocht), 200 g grüne Bohnen, 200 g junge Möhren, 180 g Shii Take Pilze (wahlweise Trompetenpilze), 300 g Rinderwade (möglichst vom Metzger gewolft, zum Klären), 3 Eiweiß, 1/2 Sellerieknolle, 2 Möhren, 10 Blatt Gelatine, 1 Spritzer Sherryessig, 0,1 l Sherry dry, Salz, Pfeffer, Olivenöl, Butter.

Nun eine gekühlte Pastetenform dünn mit der Brühe ausgießen. Jetzt schichtweise die Rückenfilet, Gemüse und Pilze sowie die gekochten Fleischwürfel einsetzen. Dies alles nun mit der restlichen Brühe bedecken und für min. 5-6 Stunden kaltstellen.

Tomatenconfit:
Die Tomaten in kochendem Wasser blanchieren und häuten. Früchte vierteln und entkernen. Das Fruchtfleisch in feine Würfel schneiden. Nun ca. $2/3$ der Würfel in Olivenöl andünsten, 2 Zweige Thymian zugeben und zu einem Püree köcheln lassen. Dann die restlichen Würfel zugeben und mit Salz, Pfeffer, Zucker und Sherryessig abschmecken. Vor dem Anrichten einige Basilikumstreifen unterrühren.

Anrichten:
Die Sülze vorsichtig aus der Form holen (kurz unter fliesend warmes Wasser halten). Eine Scheibe davon abschneiden und mittig auf dem Teller platzieren. Nun das noch warme Tomatenconfit herum geben. Mit etwas altem Balsamicoessig beträufeln.

Gefüllte Milchlammschulter auf Rosmarinjus mit Salbeignocchi

Zutaten:
2,4 kg Milchlammschultern ausgelöst (Knochen mitnehmen), 150 g Leber, 2 Nieren, 150 g Bries rosa gekocht, 6 Artischockenböden (gekocht und gewürfelt), 10 Scheiben Toastbrot ohne Rinde gewürfelt und geröstet, je 1 TL Rosmarin und Thymian gehackt, 1 rote Paprika gehäutet und gewürfelt sowie 2 Tomaten, 1 El Petersilienstreifen, Salz, Pfeffer, Rotwein, 1 Knoblauchknolle, je 2 Zweige Rosmarin und Thymian, 2 Eier, Küchengarn, Schweinenetz ca. 150 g.

Sauce:
1,5 l Lammfond aus Knochen und Wurzelwerk gekocht, $1/2$ l Rotwein, 2 Schalotten gewürfelt, 5 Zweige Rosmarin, Salz, Pfeffer, Spritzer Balsamicoessig, 50 g Butterwürfel.

Gnocchi:
1 kg Pellkartoffeln vom Vortag, 200 g Mehl, 50 g Grieß, 3 Eigelb, Salz, Muskat, 1 Bund Salbei.

Zubereitung:
Milchlammschulter innen und außen mit Salz und Pfeffer würzen. Die Innereien in ca. 1 cm große Würfel schneiden. In eine Schüssel geben und die Kräuter, die Brotwürfel, Tomaten, Artischocken und Paprikawürfel sowie die Eier zufügen. Mit Salz, Pfeffer würzen. Dies gut vermischen und in die Öffnungen der Schulter füllen. Nun in das Schweinenetz einpacken und mit Küchengarn an den Enden zubinden. Für die Sauce Schalottenwürfel andünsten und Rosmarin zugeben. Mit dem Rotwein ablöschen und dem Lammfond auffüllen. Dies nun auf 0,2 l einköcheln lassen. Die Sauce dann durch ein Sieb gießen und erneut abschmecken. Die Sauce mit eiskalten Butterwürfel binden. Die Schulter nun in Olivenöl und mit dem Knoblauch und den Kräuterzweigen anbraten. Dies mit Rotwein ablöschen und in den Ofen geben und bei 200 °C ca. 25 Min. garen. Immer wieder mit dem Fleischsaft übergießen.

Für die Gnocchi die Kartoffeln durch eine Kartoffelpresse drücken und mit den anderen Zutaten vermischen. Den Salbei in feine Streifen schneiden und zur Hälfte in Butter anschwitzen und unter die Masse geben. Diese Masse mit Salz und Muskat würzen.

Jetzt kleine ovale Kugeln davon abdrehen und über den Gabelrücken rollen. In Salzwasser kurz einmal aufwallen und dann in einem Butterfond mit dem restlichen Salbei nachschwenken.

Anrichten:
Die Schulter in Scheiben schneiden und in der Mitte des Tellers platzieren. Die Sauce aufkochen mit Butter binden und um das Fleisch geben. Gnocchi drum herum verteilen. Einen Thymian und Rosmarinzweig als Garnitur anlehnen.

Löwenzahnblüte im Westerwald

Mai

Wein marsch

*Schwindelfrei und trinkfest
sollte man
an Muttertag in Leutesdorf sein*

Es ist zu schön um wahr zu sein. Auf dem großen Jahrmarkt steht eine noch größere Wasserbahn. Schon als Kind war das die Versuchung schlechthin. In Fahrgeschäften, die wie ein dicker Baumstamm gearbeitet waren, ging es langsam hinauf und dann mit einem Schwung hinab, wie über eine Riesenwasserrutsche! – Nass wurde man dabei immer. Ja, es war schon ein Wunder, nicht nass zu werden. Die mit den breitesten Rücken und den größten Schultern mussten immer vorne sitzen. Das hielt schon ein wenig vom spritzigen Ende ab, doch oft kam es dann doch ganz dicke – wenn sich besagte Schutzwand plötzlich gemeinerweise nach links oder rechts drehte und damit dem Wasser freie Fahrt in die hinteren Reihen bot.

Und jetzt steht hier diese große Wasserbahn, noch gigantischer, als in meiner Erinnerung. Ich steige ein und finde mich in einem Fass wieder. „Platz eins ist ganz vorne" sagt mir eine Stimme und so sitze ich da, als Schutzwand für die Fahrgäste hinter mir, doch ich scheine alleine die Fahrt aufzunehmen. „Was soll´s", denke ich mir und bevor ich weitere Gedanken schweifen lassen kann, setzt sich meine ovale Walnussschale in Bewegung. Wasser plätschert und rinnt und meine Entfernung zur schützenden Erde wird größer. „Wasser hat keine Balken!" Wie wahr, denn die Bahn führt mich nicht ins Wasser, sondern fast schon in den Himmel. „Als Kind muss ich das völlig übersehen haben"... Ein wenig mulmig wird es mir schon, aber da scheint plötzlich das Ende der Bergfahrt erreicht. Wie ein Skispringer fühle ich mich hier oben, nur feuchter. Der Baumstamm kippt nach vorne und plötzlich schieße ich den Berg wieder

hinab, nehme eine scharfe Linkskurve, eine Rechtsbiegung, wieder eine Steigung, eine kleine Abfahrt und dann noch einmal einen schier unendlichen Berggrat. Schon bereite ich mich darauf vor, klatschnass aus der Bahn entlassen zu werden. „Vielleicht hilft es, die Ärmel hochzukrempeln? Zu dumm, dass ich keinen Schirm dabei habe! Zu lange Beine, um nach unten kriechen zu können …" Das alles kommt mir wie ein Blitz in den Sinn, bevor das Gewitter mit Platzregen dort unten auf mich wartet. Zu spät! Schon folgt das Fass den Gesetzen der Schwerkraft und ich sause in ihm, dem mittlerweile völlig unverständlichen Ziel einstiger Kinderwünsche entgegen. Das Wasser rauscht und schon sammelt sich die Flüssigkeit und baut sich vor mir auf. Weder eine weiße Fahne schwingen, noch das Bestechen des Fahrgeschäftebetreibers kann mich jetzt noch retten. Die Fluten wollen mich krallen und schon spüre ich den ersten Tropfen auf meinem Gesicht. Ich schmecke – und schmecke ein weiteres Mal. Das ist kein Wasser, das ist Wein!! Und bevor ich mir dessen vollends bewusst werde, klappt mein Unterkiefer nach unten und der Schwall trifft mich mit voller Breitseite. „Hier kapitulierst du gerne", sage ich mir und schlucke, was mir in den Weg kommt.

Ganz vorzüglich, eine Weinstattwasserbahn aus gutem Riesling. Wird wohl eine Spätlese trocken sein! Fast bedaure ich, dass der Schwall schon langsam abebbt. Noch ein letztes Mal versuche ich eine Welle abzubekommen. „Ich könnte ja meine vollgesogene Kleidung auswringen" überlege ich mir und fange an, meine Hemdsärmel zu drehen.

Ich wringe und wringe und plötzlich wache ich auf, weil mich die Wirtin in der Weinwirtschaft leise schüttelt. „Na, den Rausch sollten Sie aber zu Hause weiter ausschlafen. Schauen Sie, wir schließen jetzt und Ihr Hemdärmel ist auch ganz nass von dem Wein, der in dem Glas war, das Sie vorhin umgeschüttet haben!"

Von der Wasserbahn geht's jetzt zur Eisenbahn – in beschwingtem Gang. „Für heute bin ich genug Wasserbahn gefahren", sage ich mir „aber beim nächsten Mal, da will ich unbedingt wieder in der vordersten Reihe sitzen!"

Stand—Fest

Schon früh am Morgen unterbrechen Motorengeräusche die Weinbergsidylle aus steilen Rebhängen, sich windenden Wegen und felsigen Bergvorsprüngen. Ein klarer sonniger Tag kündigt sich an. Wie gemacht für die Weinbergsarbeit der Winzer aus Leutesdorf. Doch heute regt sich die Betriebsamkeit in eine ganz andere Richtung. Bänke und Tische, Sonnenschirme und Thekenbauten wandern ameisengleich aus dem Tal hinauf in luftige Höhe. Die Logistik muss stimmen – und die Reihenfolge der Anlieferungen ebenso. Die Wege sind zwar breit genug für Traktor und Hänger, aber wenn die Tische und Bänke erst einmal stehen, gibt es kein zurück mehr. Während anderswo an diesem Morgen noch die Krawatte gebunden, der Blumenstrauß geschultert und Plätze zum gemeinschaftlichen Mittagessen gebucht sind, findet hier im Weinberg eine ganz andere Art von Muttertag statt.

Hier heißt es, die Mama an die Hand genommen, statt Restaurantbesuch ein weinhaltiges Picknick in der Steillage und die Krawatte wird spätestens nach der zweiten Wegbiegung mit Freude abgelegt. Schon einige Jahre ist es her, als findige Winzerbetriebe im Weinort Leutesdorf diese Idee hatten. Warum immer den Wein im Keller probieren, wo es doch am Geburtsort des Weines, zwischen grünenden Rebstöcken, mindestens ebenso angenehm sein kann.

Das Kulinarische Weinerlebnis war geboren, und weil ein besonderer Tag gefunden werden sollte, war der Sonntag der ersten Veranstaltung auch gleichzeitig Muttertag. Ein Datum, das sich inzwischen ohne große Kalenderhilfe in den Köpfen der Besucher wie der Rhein ins Rheintal eingeschliffen hat.

Und die Sonne ist bis auf ganz wenige Ausnahmen immer Stammgast, wenn sich Wein und Winzer in die Höhen begeben.

Günstlinge der Sonne

Eng verbunden mit der Mischung aus Speis und Trank in frischer Luft ist der rund 3,2 km lange Weinkul-Tour-Weg, der den unbedarften Weinbergsbesucher auf rund 30 Informationstafeln zum interessierten Wein-„Lüstling" werden lässt. Schließlich ist der Wein am Mittelrhein nicht nur einfach ein Getränk, sondern ein Stück rheinischer Kultur- und Lebensart. Der Pfad erklärt die Weinbereitung, berichtet über regionale Besonderheiten und vermittelt kulturelles Wissen rund um den Wein und seine Bereitung. Auf Ökologie, Kulinarik und Gesundheit wird dabei in besonderer Weise eingegangen.

Wegführung zum Glücklichsein

Mittlerweile weicht das frühmorgendliche Motorengeräusch der Anlieferer und Aufsteller dem satten plopp eines Flaschenkorkens. Die Sonne steht leuchtend am Himmel und wärmt Schieferhänge wie Bruchsteinmauern auf. Eidechsen huschen am wuchernden Mauerpfeffer entlang und verschwinden im Nu in einer Ritze.

Die Flaschen stehen gut gekühlt im Schatten der Sonnenschirme und von irgendwoher erreicht uns der Duft von Gegrilltem. Die ersten Weinpilger lassen sich beim Blick hinab ins Tal schon entdecken. Die Ungeduldigsten einer ganzen Schar von Genießern, die sich mit einem Glas Wein in der Hand über die wunderbaren Aussichten, die sich hier oben eröffnen, freuen. Für die Kleinen Besucher gibt es Gänsewein oder Traubensaft, der sogar manchen alten Weinhasen zur gern gesehenen Erfrischung in die Hände kommt. Es geht allen sichtlich gut. Ein Bad in der Sonne ist so gleich doppelt angenehm und für manchen, der sich ein ruhiges Plätzchen ergattert hat, schwinden Zeit und Raum, wenn der Blick am Steilhang hinaus in die Weite schweift. Bis Sonnenuntergang ist noch ein weiter Weg, oder besser gesagt, liegen noch einige Gläser Leutesdorfer Weins. Gut daran tut derjenige, der sich zu Beginn schon seinen Rücktransport nach Hause organisiert. Manche haben unverschämtes Glück und nennen ein enthaltsames Familienmitglied ihr eigen, das auch noch einen fahrbaren Untersatz bedienen kann. Solche Raritäten sind heute hier gefragter denn je...

Die Sehnsucht der Veronika

Für eine kurze Zeit im Jahr lässt der Spargel die Feinschmeckerherzen höher schlagen

Kaum ist der kulinarische Höhepunkt des Osterfests vorüber, sehnt sich der Feinschmecker nach dem Mai, wo Spargel aus heimischem Anbau in den Verkauf gelangt. Das Neuwieder Becken hat für den Anbau günstige Voraussetzungen. So liegen auf der Rheininsel Niederwerth, aber auch zu beiden Rheinseiten um die Stadt Neuwied gute Spargelböden, die ein hervorragendes Gemüse hervorbringen. Auf dem Sonnenhof, auf der Höhe vor den Toren der Stadt Neuwied, wird seit langer Zeit Spargel angebaut. Vorfreude mischt sich da mit Ungeduld und manche Kunden können es gar nicht mehr erwarten, bis der Startschuss zum Spargelstechen fällt.

Letztendlich ist die Saison kurz und mit dem 24. Juni, dem Johannistag, endet der königliche Genuss. Die Spargelzeit gilt es daher zu nutzen. Gegenüber der klassischen Zubereitungsart mit Sauce Hollandaise, Schinken und jungen Kartoffeln gibt es eine Vielzahl von schmackhaften Alternativen. Der Spargel kann roh gehobelt, frittiert, gebacken, geschmort und gekocht zubereitet werden, was für jeden Tag der Spargelsaison neue Küchenideen bietet. Gehen wir diesem ganz besonderen Gemüse doch einmal auf den Grund. Wussten Sie, dass Maiglöckchen, Lilien und die Herbstzeitlose zu seinen Verwandten zählen ...?

Grabräuber

Keine Angst! Der Spargel unterhält nur entfernte Familienbeziehungen zu seinen Artverwandten und ganz und gar unverzehrbaren Maiglöckchen und Herbstzeitlosen. Sein unterirdischer Spross ist dick und derbfleischig und liegt weit unter der Erdoberfläche, wo er sehr lange Wurzeln aussendet. Die keilförmige Spitze der Spargeltriebe wird beim Durchbruch des Bodens von schuppenförmigen Blättern geschützt und gilt als die uns bekannte Delikatesse. Sobald sie an die Erdoberfläche kommt, wird sie tief im Boden abgestochen. Je frischer desto besser und so sind die Stangen schon bald nach dem Schneiden im Hofladen des Sonnenhofs erhältlich. Die nicht geschnittenen Triebe erreichen bald Meterhöhe und verzweigen sich baumartig. Die nadelförmigen filigranen grünen Laubblätter täuschen nur Blätter vor. In Wirklichkeit sind es winzigste Zweige. Die grüngelben Blüten ähneln hängenden Glöckchen, in denen entweder die männlichen Staubblätter oder aber der weibliche Blütenstempel verkümmert sind. Selbstbestäubung ist daher unmöglich. Die Früchte der weiblichen Pflanze sind wie beim Maiglöckchen rote Beeren, deren Fleisch von zahlreichen Vögeln gefressen und verbreitet wird.

Gemüse—Hochkultur

Im Laufe der Jahrhunderte hat sich die Stecharbeit nicht geändert. Es bleibt weiterhin eine mühevolle Handarbeit. Wer weiß da schon, dass der Spargel zu den ältesten Gemüsepflanzen überhaupt zählt. Schon in der Steinzeit wurde wilder Spargel gegessen. Die Ägypter kultivierten ihn, wie es sich aus über 5.000 Jahre alten Wandfresken erkennen lässt. Der Begriff des Spargels ist griechischen Ursprungs und bedeutete damals die Bezeichnung für zarte Gemüseschösslinge. Schon in der Antike war das Gemüse eine beliebte Frühjahrsmahlzeit. Die Römer perfektionierten den Anbau und versuchten gerade im Bereich um die Stadt Ravenna solche Spargelpflanzen zu züchten, die besonders dicke Stangen hervorbrachten. Im Kochbuch des Römers Apicius, das um Christi Geburt verfasst wurde, wird auch der Spargel genannt, dessen Zubereitungsrezeptur der von heute sehr ähnelt. In Deutschland begann der Spargelanbau im 16. Jh. in Schwaben. Damals konnten sich allerdings nur die Privilegierten die köstlichen Stangen leisten, was ihnen den Beinamen „Königliches Gemüse" einbrachte. Die Herrscher entdeckten den guten Spargelgeschmack und ließen das Gemüse in ihren Schlossgärten anpflanzen, zum Beispiel im Schwetzinger Schlossgarten.

Genuss von der Stange

Grüner Spargel wird am günstigsten angeboten, violetter Spargel kostet etwas weniger als der weiße, der hierzulande am beliebtesten ist. Die weißen Stangen schmecken besonders mild und lieblich. Beim violetten Spargel sind die Köpfe ein wenig aus der Erde herausgewachsen, ehe man sie sticht. Spargelstangen, die überirdisch gezogen werden, verfärben sich grün und werden als Grünspargel gehandelt. Seine Stangen sind wesentlich dünner als die des weißen Spargels und schmecken leicht nussig wie eine Mischung aus weißem Spargel und Brokkoli. Der besondere Spargelgeschmack entwickelt sich in Abhängigkeit von Bodenqualität, Wasser und Sonneneinstrahlung. Bei 12° C beginnt der Spargel zu wachsen. Die ideale Außentemperatur für den geschmackvollen, süßlich schmeckenden Spargel liegt bei ca. 20° C.

Der süßliche Geschmack rührt daher, dass sich in den Inhaltsstoffen des Spargels verschiedene Zuckerarten befinden. Die in unserem essbaren Spargel enthaltene Asparaginsäure soll vorteilhafte Auswirkungen auf Herz und Nieren haben. Ernährungsphysiologisch scheint besonders die harntreibende Wirkung des Spargels von Bedeutung zu sein. Die weiteren Inhaltsstoffe des Spargel sind zu ca. 94 Prozent Wasser, an Mineralstoffen ist das Kalium zu nennen, dazu kommen noch mittlere Anteile an Vitamin C. Als Schlankmacher ist er ein hervorragender Diätenbegleiter, vorausgesetzt man hält sich asketisch an den puren Gemüsegenuss und verzichtet auf die leckeren Saucen, die gebräunte Butter oder die Sahne in der Spargelcremesuppe.

Aber wäre das nicht mit dem königlichen Gemüse wie mit dem nackten Herrscher in „des Kaisers neue Kleider ...?"

Im Wiedtal

Spargeltöpfchen

Zutaten:
500 g weißer Spargel, 1 Schweinefilet, Salz, Pfeffer, Öl, 1 Zwiebel, 200 ml Weißwein, 250 ml Gemüsebrühe, Zitronensaft, Worcestersauce, Muskat, Cayennepfeffer, 100 ml Sahne, 2 Eigelb, $\frac{1}{2}$ Bund Estragon.

Zubereitung:
Spargel schälen und in Stücke schneiden. Schweinefilet in Scheiben schneiden, salzen, pfeffern und im Öl gut anbraten. Zwiebel schälen, fein würfeln und zu dem Filet in die tiefe Pfanne geben. Weitergaren. Spargelstücke zufügen, kurz mitschmoren und dann mit Wein und Brühe auffüllen. Mit Zitronensaft, Worcestersauce, Muskat, Pfeffer und Salz würzen. Rund 25 Min. weiter köcheln lassen. Sahne steif schlagen, verquirlte Eigelbe unterheben und das Spargeltöpfchen damit legieren. Mit breiten Butterbandnudeln servieren und mit klein gehacktem Estragon bestreuen.

Spargelkonfitüre mit Vanille

Zutaten:
1 kg weißer Spargel, Salz, Zucker, 1 Vanilleschote, 500 g Gelierzucker 1:2, 100 ml weißer Portwein, etwas Zitronensaft.

Zubereitung:
Spargel waschen, schälen und die Enden abschneiden. Die zarten Köpfe abschneiden und für ein anderes Gericht zur Seite legen. Die Stangen in ca. 1cm lange Stücke schneiden, Wasser mit wenig Salz und Zucker zum Kochen bringen und die Spargelstücke darin ca. 12 Min. garen. Herausnehmen und abtropfen lassen. Vanilleschote halbieren und das Mark auskratzen. Schote und Mark zusammen mit Spargel, Gelierzucker, Portwein und etwas Zitronensaft aufkochen und alles unter Rühren bei starker Hitze 4 Min. kochen lassen. Vanilleschote herausnehmen und Konfitüre mit einem Pürierstab grob durchmixen. Anschließend in vorbereitete Twist-off Gläser füllen, kurz auf den Kopf stellen und danach abkühlen lassen.

Westerwälder Landpartien

TAFELFREUDEN TIPP

30 Jahre Spargelerfahrung hat der Sonnenhof. Darüber hinaus bildet sich die Landwirtsfamilie regelmäßig in speziellen Kursen zum Thema Spargel und Erdbeeren weiter, übrigens die zweite Spezialität von Rockenfellers. Spargel und Erdbeeren vertragen sich eben besonders gut. Beide zusammen ergeben ein herrliches Frühsommermenü, dessen Zutaten vom hofeigenen Schweinefleisch noch schmackhaft ergänzt werden. Acht verschiedene Spargelsorten sind im Anbau, so dass von den frühen bis zu den späten Sorten die ganze Spargelsaison abgedeckt wird. Wer will, kann sich dazu die Erdbeeren zum Nachmittag hin auch selbst pflücken.

98

Spargelcremesuppe mit Nordseekrabben

Zutaten:

500 g weißer Spargel, 500 ml Spargelbrühe, ½ Tasse Nordseekrabben, ½ Tasse Sahne, 1 Eigelb, 1 EL feingehackter Schnittlauch, Salz, Pfeffer, Muskatnuss, Zucker

Zubereitung:

Spargel schälen, in kurze Stücke schneiden und in Salzwasser 10-12 Min. kochen. Danach Spargelstücke abgießen. Spargelsud noch etwa 15 Min. weiter einreduzieren lassen. (Soll etwa 500 ml ergeben). Sahne zufügen und weiterköcheln. Suppe vom Feuer nehmen und anschließend Spargelstücke und Krabben zufügen, verquirltes Eigelb einrühren und zugedeckt im Topf einige Minuten ziehen lassen. Schnittlauch zufügen, mit Gewürzen abschmecken und in vorgewärmten Suppentassen sofort servieren.

SONNENHOF SPARGEL MENÜ

Erdbeer-Spargel-Salat mit Hähnchenbrust

Zutaten:

500 g Spargel, 200 g Erdbeeren, 2 Hähnchenbrüste, Salz, Zucker, Pfeffer, 150 ml Erdbeeressig (ersatzweise Himbeeressig), 150 ml Traubenkernöl, etwas frischen Kerbel.

Zubereitung:

Spargel in einem Sud aus Wasser, Salz, 1 TL Zucker und 5 EL Essig kochen. 6 EL des Spargelwassers für die spätere Sauce zurück behalten. Restlichen Essig mit Salz, Zucker, Pfeffer, Spargelfond und Öl verrühren. Spargel in Stücke schneiden. Sauce über den Spargel gießen. Ein Viertel der Erdbeeren pürieren, den Rest vierteln. Beides zusammen mit 1 TL Zucker mischen und unter den Spargel geben. Hähnchenbrüste pfeffern und salzen. In der Pfanne goldbraun braten. In Scheiben schneiden und in Fächerform über dem portionierten Salat auf die Teller geben. Mit frischen Kerbelblättchen bestreuen.

Honig-Spargelmousse mit Rhabarberkompott

Zutaten:

500 g weißer Spargel, Salz, 4 Blatt Gelatine, 200 g Sahne, 3 Eigelb, 100 g Honig, abger. Schale von einer unbehandelten Orange.

Kompott: 1 kg Rhabarber, 150 g Puderzucker, 100 ml Roséwein, 1-2 EL Speisestärke, ca. 50 ml frisch gepresster Orangensaft.

Zubereitung:

Spargel schälen, klein schneiden und in schwach gesalzenem Wasser rund 20 Min. garen. Gelatine in kaltem Wasser einweichen. Spargel aus dem Sud nehmen, etwas abkühlen lassen und in einem Küchentuch auspressen. Dann pürieren und durch ein Sieb streichen. Die Sahne steif schlagen. Eigelbe in einer Metallschüssel mit Honig und der Orangenschale über dem kochenden Wasserbad schaumig aufschlagen. Gelatine ausdrücken und mit dem Spargelpüree unter die Eigelbmasse rühren. Über Eiswasser kalt schlagen. Kurz bevor die Masse zu stocken beginnt, mit einem Löffel die Sahne unterheben. Mousse abgedeckt 2-3 Stunden kalt stellen.

Für das Kompott den Backofen auf 120° C vorheizen, den Rhabarber putzen und in 3 cm lange Stücke schneiden. Auf einem Backblech mit 100 g Puderzucker mischen und im Backofen auf der mittleren Schiene etwas 45 Minuten garen. Den anfallenden Saft abgießen und mit Wein sowie dem restlichen Puderzucker aufkochen. Stärke mit Orangensaft anrühren und die Sauce damit binden. Rhabarber hineingeben und abkühlen lassen. Von der Spargelmousse Nocken abstechen und mit dem kalten oder lauwarmen Kompott anrichten. Evtl. mit fein abger. Orangenstreifen dekorieren.

Wie Handwerker vom Leder ziehen

Rheinromantik für Schöngeister

Das Rheinstädtchen Unkel, nicht weit von Drachenfels und Siebengebirge entfernt, entspricht in seinen Gassen und Fachwerkbauten, der Uferpromenade und den illustren Persönlichkeiten, die es besucht und bewohnt haben so richtig dem Bild von Rheinromantik. Beethoven und die Gebrüder Grimm haben hier schon in froher Runde den Unkeler Wein genossen, der Literat Ferdinand Freiligrath und der Komponist Carl Loewe die Schönheit des Ortes am Rhein geschätzt. So suchen die meisten Besucher die Atmosphäre des Ortes auch im Zentrum und an der Rheinpromenade. Nur wenige wissen, dass im Ortsteil Scheuren die Rheinromantik nicht aufhört, sondern ganz im Gegenteil eine stattliche Anzahl hübscher Fachwerkbauten rund um den „Dom" zu einem entdeckungsreichen Bummel einladen. Herzstück und Zentrum des 1286 erstmals urkundlich erwähnten Scheuren ist die St. Josef Kapelle. Kurz nach 1500 wurde sie errichtet, brannte in Folge des sogenannten „Kölnischen Krieges" 1583 nieder, lag rund 100 Jahre durch Pest und den Dreißigjährigen Krieg brach, bis sie 1683 wieder erstand. Die spätgotisch gehaltene Kirche ist seitdem Mittelpunkt für die Gassen, die strahlenförmig auf das Gotteshaus und den kleinen Dorfplatz zulaufen. Der Name „Dom" mag hier in die Irre führen, doch bedeutet er hier mehr die Wertschätzung und ist eine Liebeserklärung, welche die Bewohner Scheurens ihrer Kirche seit Jahr und Tag entgegenbringen.

Am Leder—Riemen reißen erlaubt

Die Szenerie rund um den Scheurener Dom besitzt eine intime Atmosphäre, wo man sich gerne in Jahrhunderte vor unserer Zeit zurückversetzen lassen möchte. Ein perfekter Platz also für ein mittelalterliches Treiben mit Possenspiel, Krammarkt und Gaukelei. Das „Historische Domfest Scheuren" ist eben diese gelungene Kombination von Kunsthandwerkermarkt, Treiben und Dorffest. Authentizität wird hier zelebriert und dem Kunsthandwerk kommt hier eine ganz besondere Bedeutung zu. Dafür sorgen auch neben anderen engagierten Scheurener Bürgern Almuth und Karl-Heinz Behrens, die selbst in einem hübschen Fachwerkhaus mit kleiner Werkstatt und lauschigem Garten wohnen. Beide haben sich der Fertigung handwerklich anspruchsvoller Lederwaren verschrieben, wobei der Typ einer historischen Ledersandale eine ganz spezielle Geschichte erzählen kann. Karl-Heinz Behrens hat sich als Vorbild die berühmte Xantener Cabertina genommen. Diese römische Kaufmannssandale wurde im heutigen archäologischen Park der niederrheinischen Stadt in einem einstigen römischen Brunnen entdeckt – durch Lufteinschluss in erstaunlich guter Weise für die

erstaunte Nachwelt konserviert. Mit ihr begann die Lederproduktion, die heute nun als Scheurener Cabertina fest im Angebot des Kunsthandwerkers ist. Die verarbeitete Ware kommt als „Allgäuer Rohware" aus dem süddeutschen Raum, wurde in einer alten Gerberei mit pflanzlichen Stoffen gegerbt und ist somit frei von jeglichen Schadstoffen. „Ein Gefühl wie Barfußlaufen" gibt uns Karl Heinz Behrens zu verstehen „und gerade Kleinkinder profitieren von dieser Sandalenform, da sich Knochen und Fuß frei entwickeln können". So gehört die Cabertina unumgänglich für kleine wie große Besucher zum Scheurener Domfest und ist neben Taschen, Rucksäcken und Kleinlederwaren passendes Sortiment für die Stände und Buden eines historischen Marktes. Eine Zeitreise soll es sein, initiiert von ortsansässigen Vereinen, geboren aus dem einstigen Winzerfest. Ein Markt, wie geschaffen für einen Ort, wo die Kirche bis heute besonders gerne im Dorf belassen wird.

Schreihexens Kräutersüppchen

Unter einer Schreihex-Suppe versteht man landläufig eine „Quer-durch-den-Garten-Suppe"

Zutaten:

1 kg Suppenknochen, 250 g Suppenfleisch, 2 kleine ungeschälte Zwiebeln, 1 Lorbeerblatt, 4 Wacholderbeeren, $\frac{1}{2}$ EL Salz, 1,5 l Wasser, 2 × $\frac{1}{2}$ l Weisswein, 1 EL Butter, $\frac{1}{2}$ Tasse in feine Streifen geschnittener Sauerampfer, $\frac{1}{2}$ Tasse fein gehackte Gartenkresse, je $\frac{1}{2}$ Tasse gehackten Kerbel, Schnittlauch und Löwenzahnblätter.

Zubereitung:

Suppenknochen, Fleisch, Zwiebeln, Gewürze und Salz in kaltem Wasser aufsetzen und 2 Stunden langsam kochen lassen. Hin und wieder den Schaum abschöpfen, nach der Kochzeit vom Feuer nehmen. Knochen und Fleisch herausnehmen. Nun mit dem zweiten $\frac{1}{2}$ l Weißwein ablöschen und die Suppe durch ein Sieb geben. Jetzt jedes Kraut separat kurz in Butter andünsten und zusammen in die Suppe geben. Abschmecken und sofort heiß servieren.

Rotkraut „Ritter Rotbart"

Zutaten:

1 Kopf Rotkraut (1-1,5 kg), 1 klein gehackte Zwiebel, 1 EL Griebenschmalz, 1 zerstoßenes Lorbeerblatt, 1 TL fein gehackten Salbei, 600 ml Rotwein, 1 Schnapsglas Wacholderschnaps oder Trester, Salz, Pfeffer, 1-2 EL Konfitüre von Schwarzer Johannisbeere oder Holunder.

Zubereitung:

Rotkraut fein schneiden oder hobeln, den Strunk herausschneiden, salzen und drei bis vier Stunden zugedeckt ziehen lassen. Dann abgießen und mit Wasser nachspülen. Anschließend das gehobelte Kraut in einem Sieb abtropfen lassen. Das Griebenschmalz in einem Topf zerlassen und darin die gehackte Zwiebel anbräunen. Lorbeerblatt und Salbei zufügen. Anschließend den Rotwein zugeben und erhitzen. Nun das Rotkraut dazugeben und bei geschlossenem Deckel rund 30 Minuten köcheln lassen. Danach Deckel abnehmen, umrühren, 1 Schnapsglas Trester oder Wacholder zugeben. Weiter einkochen lassen und vor dem Anrichten mit der Konfitüre und Salz und Pfeffer würzen. Als Weinbegleiter passt ein schöner Spätburgunder vom Mittelrhein.

Westerwälder Landpartie

TAFELFREUDEN TIPP

Seit über 10 Jahren gibt es das Dorffest, das sich als stilvoller mittelalterlicher Markt mit Kunsthandwerkerbereich und Rahmenprogramm präsentiert. Schon am Samstag bieten Kunsthandwerker ihre Waren an. Abends trifft man sich zum Dorffest im Festzelt. Der Sonntag steht ganz im Zeichen von Gauklern, Ritterlager, Bogenschützen und einem attraktiven Kinderprogramm. Das „Historische Domfest Scheuren" findet immer Mitte Mai statt, allerdings nie an Pfingsten und nie an Himmelfahrt. Genaue Termine gibt es unter www.domfest.de.
Eine rein mittelalterliche Speisekarte sorgt für entsprechende Labung.
Familie Behrens hat ihre Werkstatt in der Scheurener Strasse 27 und öffnet Mo.-Fr. von 10-12 Uhr und von 14-19 Uhr ihren kleinen Laden. Auch telefonische Anfragen oder Aufträge können unter 02224-9408 96/98 abgegeben werden.

102

Fachwerkromantik in Unkel-Scheuren

Veronika, der Spargel wächst

HOTEL-RESTAURANT
LANDHAUS LAUBACH,
RENGSDORF

Gerolltes Spargelcrêpe mit Rauchlachs in cremiger Bärlauchsauce

Zutaten:
20 Stangen Spargel, Salz, Zucker, Zitronensaft.

Crêpe:
1 Ei, 1 Eigelb, 40 g Mehl, 80 ml Vollmilch (b. B. etwas mehr), 10 g zerlassene Butter, je $\frac{1}{2}$ EL klein gehackter Schnittlauch, Kerbel und Petersilie, 20 g geklärte Butter oder Öl zum Ausbacken. Weiterhin 320 g geschnittener Rauchlachs zum Belegen.

Bärlauchsauce:
3 EL Fischfond, 2 EL trockener Weißwein, 1 EL Weißweinessig, 2 feingewürfelte Schalotten, 1 EL Crème fraîche, 10 g Butter zum Anschwitzen der Schalotten, 250 g eiskalte Butter, 2 EL fein geschnittenen Bärlauch (ersatzweise Schnittlauch mit wenig Knoblauch gemischt), Zitronensaft, Salz, weißer Pfeffer.

Zubereitung:
Spargel schälen, in kochendem Wasser mit reichlich Salz, Zucker und Zitronensaft bissfest kochen.

Für die Crêpes die Zutaten zu einem glatten Teig verrühren und soviel Milch zugießen, bis er dünnflüssig ist. Eine beschichtete Pfanne mit ca. 18 cm Ø mit Butter oder Öl auspinseln und erhitzen. Teig mit einer Schöpfkelle schnell hineingeben und durch schwenken dünn zerlaufen lassen. Bei Mittelhitze schnell ausbacken, bis er eine leicht bräunliche Färbung annimmt. Vorsichtig lösen und wenden. Fertig backen.

Für die Sauce die Butter in einem kleinen Topf zerlassen und die Schalotten hell anschwitzen. Mit dem Essig, Wein und Fischfond ablöschen und etwas reduzieren lassen. Butterwürfel nach und nach zugeben und mit einem weichen Schneebesen aufschlagen. Dabei leicht wieder erwärmen. Nicht zu lange kochen lassen, da sonst Gerinnungsgefahr besteht.

Sauce mit Zitronensaft abschmecken, mit Salz und Pfeffer würzen und mit Crème fraîche verfeinern. Die Sauce ggf. durch ein Haarsieb geben. Kurz vor dem Anrichten nochmals kurz mit dem Stabmixer durchrühren und den Bärlauch zugeben. Die im Backofen warm gehaltenen Crêpes mit Rauchlachsscheiben auslegen, warmen Spargel mittig platzieren, vorsichtig einrollen und die Sauce darüber geben.

Antipasti vom weißen Stangenspargel

Zutaten:

20 Stangen weißen Spargel, 5 fein gewürfelte Schalotten, 3 zerdrückte Knoblauchzehen, 50 ml Olivenöl, 100 ml trockenen Weißwein, 200 ml Balsamicoessig, 1 l Geflügelfond, 18 g Zucker, 2 EL Blütenhonig, 3 Zweige Thymian ½ EL getrocknetes Basilikum, Worcestershiresauce, Sambal Olek oder Tabasco, etwas Zitronensaft, Salz, weißer Pfeffer aus der Mühle.

Zubereitung:

Spargel schälen und die holzigen Enden abschneiden. Olivenöl in einer großen Pfanne mit hohem Rand erhitzen, den Spargel unter vorsichtigem Wenden kurz anbraten und wieder herausnehmen. Schalotten, Knoblauch, Thymian und Basilikum in der Pfanne andünsten, den Zucker dazugeben und hellbraun karamellisieren. Mit Weißwein und Balsamicoessig ablöschen und ein wenig reduzieren. Das Ganze mit dem Geflügelfond auffüllen und den Spargel darin bissfest dünsten. Den Sud mit Honig, Worcestershiresauce, Zitronensaft und Sambal Olek oder Tabasco abschmecken und mit Salz und Pfeffer würzen. Den Spargel darin erkalten lassen und vor dem Verzehr mindestens 24 Std. darin aufbewahren.

Serviervorschlag: Spargelantipasti mit etwas Sud, hauchdünnen Scheiben Parmaschinken, gehobelten Parmesankäse, feine Streifen von getrockneten Tomaten, Basilikumblättern und knusprigem Ciabattabrot anrichten.

Sauce Hollandaise

Zuaten:

175 g Butter, 2 EL Weißwein, 1 EL Estragonessig, 3 Eigelb, Zitronensaft, Worcestershiresauce, Salz, weißer Pfeffer.

Zubereitung:

Die Butter zerlassen und den Schaum abschöpfen. Die geklärte Butter abkühlen lassen. In einem kleinen schweren Topf Weißwein, Essig und Eigelb mit etwas Salz und Pfeffer kräftig durchschlagen, bis die Masse hellgelb und gründlich vermischt ist.

Danach bei schwacher Hitze ca. 3 Minuten aufschlagen, bis der Eischaum soviel Stand hat, dass er einige Sekunden seine Form hält. Den Topf vom Herd nehmen und die warme Butter unterrühren. Zunächst nur tropfenweise, später in dünnem Strahl zugeben. Die fertige Hollandaise mit Zitronensaft und Worcestershiresauce abschmecken.

Eine Hollandaise sollte leicht vom Löffel laufen. Ist sie zu dick, kann sie mit etwas Wasser verdünnt werden. Falls die Sauce gerinnt, neben der Kochstelle rasch einen Eiswürfel unterrühren, bis sie wieder glatt ist. Gelingt dies nicht, dann aus 2 Eigelb und Wasser einen neuen Eierschaum rühren, dann nach und nach die geronnene Sauce unterarbeiten. Wurde die Sauce zu stark erhitzt und das Eigelb ist fest geworden, dann ist sie unbrauchbar. Allenfalls kann man die Eimasse absieben und die Butter wieder verwenden.

Ableitung Sauce Béarnaise

Der fertigen Hollandaise 1 EL fein gehackten frischen Estragon und jeweils ½ EL gehackte Petersilie und Kerbel hinzufügen.

Ableitung Sauce Choron

Der fertigen Sauce Béarnaise 1 ½ EL Tomatenpürree und eine kleine zerdrückte Knoblauchzehe unterrühren.

WEINGUT MOHR & SÖHNE
LEUTESDORF

Süße Tafelfreuden

Johann Wolfgang von Goethe (1749 – 1832) liebte, wie viele deutsche Persönlichkeiten, Wein und Schokolade in den unterschiedlichsten Variationen. Auf Reisen bat er seine Frau um die Zusendung seiner favorisierten Schokoladensorte. Mit dem Schokoladenfabrikanten Jean George korrespondierte er über den guten Einfluss der Schokolade auf die Gesundheit. Daneben war Goethe ein großer Weinkenner. Sein Schriftwechsel zum Thema Wein vermittelt neben biologischen Kenntnissen auch Anbaumethoden und die vielfältigen Möglichkeiten des Weinausbaus im Keller. Die deutsche Literatur verdankt ihm schönste Weingedichte, die zum Teil auch unter dem Einfluss einiger guter Flaschen entstanden.

In der Rezeptur der Goethe-Trüffel verbinden sich die beiden Leidenschaften des großen Dichters.

Goethe-Trüffel

Zutaten:
1 EL Zitronensaft, 100 g Puderzucker, 200 g weiße Kuvertüre, 100 g weiche Butter, 100 ml Riesling-Sekt (brut), dunkle Kuvertüre für den Überzug.

Zubereitung:
Butter und Puderzucker mit dem Schneebesen schaumig schlagen. Helle Kuvertüre im Wasserbad schmelzen und leicht abkühlen lassen. Unter ständigem Rühren zu der Butter-Puderzucker-Mischung geben, Riesling-Sekt und Zitronensaft ebenfalls unter Rühren hinzugießen. Weiterrühren bis die Masse halbfest, jedoch noch spritzfähig ist. Masse in einen kleinen Spritzbeutel füllen (kleine Lochtülle), Tupfen auf ein mit Pergamentpapier ausgelegtes Backblech spritzen und kalt stellen.

Für den Überzug die dunkle Kuvertüre im Wasserbad schmelzen und etwas abkühlen lassen. Die Trüffel am besten mit Hilfe einer Rouladennadel oder eines Zahnstochers in die Kuvertüre tauchen. In feinem Streuzucker wälzen und kühl stellen.

Jean Anthelme Brillant-Savarin (1755–1826) gehörte zu den großen Feinschmeckern Frankreichs. Von Beruf Jurist, arbeitete er 25 Jahre an seinem Buch über die „Physiologie des Geschmacks", ein Kompendium literarischen, philosophischen und leiblichen Genusses.

Savarin-Torte

Teigzutaten:
200 g Mehl, 4 EL Zucker, 1 Prise Salz, 1 Eigelb, 3 EL saure Sahne, 75 g Butter.

Füllungzutaten:
125 g abgezogene gemahlene Mandeln, 200 g Zucker, 1 TL Zimt, 5 Eier, 200 g Schlagsahne, 750 g helle Trauben.

Zubereitung:
Das Mehl auf eine Arbeitsfläche sieben, in die Mitte eine Mulde drücken und Zucker, Salz Eigelb und saure Sahne hineingeben. Die Butter in Flöckchen darüber schneiden. Alles zu einem glatten Teig verkneten. Den Mürbeteig zugedeckt 20 Min. im Kühlschrank ruhen lassen.

Die Mandeln mit der Hälfte des Zuckers, dem Zimt, einem Ei und 6 EL Schlagsahne mischen. Die Trauben waschen, abzupfen und mit Küchenkrepp trocken tupfen.

Die Springform ausfetten. Den Teig auf der bemehlten Arbeitsfläche ausrollen, den Boden der Form damit auslegen und den Teigrand hochdrücken. Die Mandelmasse gleichmäßig auf den Teigboden streichen und die Trauben dicht nebeneinander darauf legen.

Den Backofen auf 200° C vorheizen. Die vier Eier mit dem restlichen Zucker und der restlichen Sahne kräftig verquirlen. Die Mischung über die Trauben gießen. Die Torte auf der mittleren Schiebeleiste des Backofens in 30 – 40 Min. hell backen und anschließen auskühlen lassen.

Weder Goethe, Schiller noch Albert Einstein haben bei diesem Rezept Pate gestanden, sondern eine liebenswerte Dame aus Neuwied, Frau Witte, empfiehlt nachfolgendes Rezept:

Neuwieder Riesling Torte

Teigzutaten:
250 g Mehl, 100 g Zucker, 100 g Butter, 1 P. Vanillezucker, 1 Ei, ½ P. Backpulver.

Füllungzutaten:
1 kg Äpfel, 750 ml Riesling halbtrocken, 200 g Zucker, 2 P. Vanillepudding.

Belag:
1 Becher Schlagsahne, 1 P. Sahnesteif, geraspelte Schokolade, Kakao und einige geröstete Mandelblättchen zum Bestreuen.

Zubereitung:
Für den Knetteig das Mehl mit dem Backpulver vermischen und in eine Rührschüssel geben. Zucker, Butter, Ei und Vanillezucker hinzufügen und alles zu einem glatten Teig verarbeiten. ⅔ des Teiges auf dem Boden einer Springform verteilen, den Rest zu einer Rolle formen, die zu einem 3 cm hohen Rand in der Backform verarbeitet wird. Für den Belag werden die Äpfel geraspelt. Den Vanillepudding mit dem Wein und dem Zucker nach Anleitung kochen. Die geraspelten Äpfel unter den Pudding heben und in die Form geben. Im 200° C vorgeheizten Backofen ca. 1 Std. backen. Nach der Backzeit den Kuchen abkühlen lassen. Für den Belag die Sahne mit Sahnesteif schlagen und auf den abgekühlten Kuchen streichen. Mit geraspelter Schokolade, Kakao und einigen gerösteten Mandelblättchen dekorieren.

Ich wünsch mir was

Ich wünsch mir was!
Was ist denn das?
Das ist ein Schloss aus Marzipan
mit Türmen aus Rosinen dran
und Mandeln an den Ecken.
Ganz zuckersüß und braungebrannt
und jede Wand aus Zuckerkand –
da kann man tüchtig schlecken!
Und Diener laufen hin und her
mit Saft und Marmelade,
und drinnen, in dem Schlosse drin,
sitzt meine Frau, die Königin –
die ist aus Schokolade!

Unbekannt

Juni

Silbertransport über den Rhein

Die spannende Geschichte des Matjes und sein Landgang an heimischen Ufern

Von Blüten, Fäden und Flossen

Ein erster Blick aus der Vogelperspektive. Da reicht Wasser an das Ufer und hübsche Häuser mit verzierten Giebeln sind zu sehen. Fast könnte man meinen, es wäre eine der historischen Rheinansichten, doch die Landschaft riecht nach Küste und die schön verzierten Giebel der schmalen hohen Häuser gehören ganz augenscheinlich nicht nach Unkel, Linz oder Leutesdorf, sondern nach Nordwijk, Katwijk und Scheveningen an der holländischen Küste. Es ist die Zeit des 16. und 17. Jahrhunderts, wo ein silbrig schimmernder Fang den Reichtum dieser Gegend begründete. Der Hering nahm es da auf mit den Gewürzladungen, die über die fernen Meere transportiert wurden, den Tulpen, die fragilen Luxus boten und den feinen Stoffen, die als Tapisserien und Gobelins die Wände der Wohlhabenden schmückten. Der Heringsfang und seine Weiterverarbeitung ließ Städte von Amsterdam bis Den Haag in kunstfertiger Weise erblühen und wachsen. Reichtum von einst, den wir heute noch an Grachten und Straßenzügen ablesen können.

Von Seefisch, Salz und Messers Schneide

Dabei reicht die Tradition um den Hering, sein Geheimnis der Konservierung und der Reifung bis in das Jahr 1395 zurück. Ein Wilhelm Beukelzoon aus Flandern erfand wohl durch Zufall den „Kehlschnitt", der zwar grausam klingt, aber seine Heimat für immer verändern sollte. Der Hering ist, wie jeder andere Fisch auch, wenn er als Fang an Bord kommt, vom Verderb bedroht. Beukelzoon nahm Fisch für Fisch in die Hand, schnitt ihn auf und entnahm die Eingeweide. Dabei muss er wohl die Bauchspeicheldrüse zurückgelassen haben. Der Hering kam in die Holzfässer, Salz wurde darüber gestreut und es bildete sich eine Pökellake, die es erlaubte, den Fisch länger haltbar zu machen. Der erste Matjes war geboren. An diesem Prinzip hat sich bis heute nichts geändert und noch immer ist es die traditionelle Methode, aus dem Hering durch einen speziellen Bearbeitungs- und Reifeprozess den edlen Matjes herzustellen.

110

Von Hering, Hanse und Halunken

Der Matjeshandel florierte in den Niederlanden und so war es nicht mehr als verwunderlich, dass sich Neider und Konkurrenten in das Geschäft einmischen wollten. Der Pirat Klaus Störtebeker fand schnell Gefallen an dem lukrativen Warengut und andere Länder wie England stießen in die Fanggründe der Flamen.

Die Hanse spielte eine entscheidende Rolle im Warenverkehr des Matjes. Nur ihre Koggen durften die großen Heringsmärkte im südschwedischen Schonen anlaufen. Das silbrig schimmernde Gut wurde zum Spielball für Händler und Räuber, für Genusssucher und Glücksritter. Nord- und Ostsee waren damals wie heute nicht nur Fischgründe, sondern auch Verkehrsadern, die ihre Ausläufer bis hinauf an den Rhein zogen.

Über den Niederrhein kam der Matjes nach Köln und musste von den Händlern dort wie alle anderen Waren eine Zeit lang auf den Märkten der Stadt angeboten werden – so befahl es das Stapelrecht der damaligen Handels- und Hansestadt am Rhein. Hier wurden dann auch die Waren vom Mittel- und Oberrhein gelöscht und umgeladen. Holz aus den dichten Wäldern des Schwarzwaldes war Mangelware in den Niederlanden und auch auf den Wein wollte man an Ost- und Nordsee nicht verzichten. Was lag da näher als Holz und Wein aus- und Matjesfässer auf die Lastkähne einzuladen. So kam der Hering an den Rhein und in die Küchen der angrenzenden Regionen.

Von Preußens Fisch und Gloria

Auch Preußen gelangte in den Genuss der niederländischen Spezialität. Die weißen langen irdenen Tonpfeifen für den Tabak, die Kartoffeln aus Zeeland und der Matjeshering kamen mit den Kaufleuten und Architekten nach Potsdam. Das Holländerviertel erinnert noch heute daran. Den langen Kerls befahl Friedrich der Grosse „Hering und Kartoffeln soll er fressen". Ein weiterer Preuße, Reichskanzler Bismarck, war hundert Jahre später ebenfalls Heringsfreund. „Wäre Hering so teuer wie Kaviar, man wüsste ihn zu schätzen" soll er über den Fisch gesagt haben. Sauer eingelegt erhielt der Hering dann Berühmtheit als Bismarckhering. Die beiden Weltkriege des 20. Jh. ließen den Bedarf an dem preiswerten, gut zu lagernden Nahrungsmittel geradezu explodieren. Mancher Salzhering wurde zum Retter in der Not, wenn es fast nichts mehr zu essen gab. Stark gesalzen musste er damals noch gewässert oder in Milch eingelegt werden, um ihn gut genießbar zu machen. Das klassische Heringsgericht „Salzhering nach Hausfrauenart" spiegelt die damalige Zubereitungsform mit Milch oder Sahne, sauren Gurken, Apfel und Zwiebeln wieder. Die Qualität hat sich seitdem grundlegend verbessert. Der Matjes von heute ist nicht mehr der Salzhering von gestern. Auch verlangt der feine Fischvertreter durchaus seinen Preis. Fischmanufakturen wie die Deutsche See haben zur Rehabilitierung des einstigen Arme-Leute-Fisches beigetragen, haben durch permanente Verbesserung das Produkt verfeinert und zu einem hochwertigen Fischangebot werden lassen.

Von Primtjes, Qualität und Deutsche See

Der heutige Matjes kommt in erster Linie aus Fanggründen um Norwegen. Mit dem Frühling beginnt sich der Hering „dick und rund" zu fressen. Der Meerestisch ist für ihn nun reich mit Algen und Kleinlebewesen gedeckt. Er wird in den kommenden Monaten seinen Fettgehalt auf bis zu 28% steigern. Ende Mai, Anfang Juni hat er dann einen Fettgehalt erreicht, der ihn matjesfähig werden lässt. Noch ist er nicht laichbereit. Erst im Sommer bildet der Fisch Milch und Rogen aus. Im Herbst wird der Hering dann wieder mager. Das Meer wird kühler, die Nahrungsquellen ärmer und mit schlankem Leib schwimmt er durch den Winter, bis der nächste Frühling wieder den Tisch erneut decken wird. Während der abgelaichte Sommerhering eher zu Rollmops und Bismarckheringen verarbeitet wird, kommt der junge Frühlingshering mit dem bereits hohen Fettgehalt als einzigartige Matjesdelikatesse auf den Markt. Als Primtjes wird er von der Deutsche See Fischmanufaktur im Fischfachhandel angeboten und ist im Juni das Optimum an Matjes, was der deutsche Marktführer für Fisch und Meeresfrüchte mit Sitz in Bremerhaven den Feinschmeckern anbieten kann. Genießen Sie ihn einfach pur, oder als feines Tartar. Auf alle Fälle ist sein milder Geschmack, seine fast marzipanartige zarte Konsistenz und sein silber-rosé-farbenes Fleisch ein Schatz des Meeres, den Sie weder einem Klaus Störtebeker noch einem anderen Küchenräuber überlassen sollten!

TAFELFREUDEN TIPP

Fisch hat für den Feinschmecker das ganze Jahr über Saison. Natürlich lässt die Natur manche Fischarten zu speziellen Zeiten ganz besonders schmackhaft werden. Das ist dann der Zeitpunkt, wo man auf alle Fälle zugreifen sollte, um die beste Qualität für zu Hause oder im Restaurant erhalten zu können. Eine kleine Auswahl an Fischen und deren Top-Qualitäten finden Sie nachfolgend aufgeführt, erhältlich in Deutsche See – Qualität in guten Fischgeschäften und Fachabteilungen der Supermärkte.

Scholle:	Juli-November
Seezunge:	Oktober-November
Steinbutt:	Juni-Oktober
Schwarzer Heilbutt:	Oktober-Dezember
Rotbarsch:	Januar-Dezember
Seelachs:	November-April
Kabeljau/Dorsch:	September-Juni, Oktober-Dezember

Sahniger Endiviensalat mit Matjes

Zutaten:
400 g festkochende Kartoffeln, Schnittlauch, Petersilie, Dill, 4 Matjesfilets, 100 g saure Sahne, ½ Kopf Endiviensalat, Essig, Zitronensaft, Öl, 1 kleine Zwiebel, Pfeffer, Kümmel, Salz, Zucker.

Zubereitung:
Pellkartoffeln mit einer Prise Kümmel und Salz kochen. Kräuter waschen und hacken. Mit der sauren Sahne verrühren. Matjesfilets trocken tupfen und in ca. 1 cm große Stücke schneiden. Endiviensalat putzen, waschen, trocken schleudern und in feine Streifen schneiden. Kartoffeln schälen und in Scheiben schneiden. Aus Essig, etwas Zitronensaft, Öl, Pfeffer, Zucker und Salz eine Marinade rühren. Die Zwiebel klein schneiden. Kartoffeln mit Matjes, Zwiebel und Salatstreifen locker mischen. Salat auf Teller geben und mit der Kräutersahne überziehen.

Matjes mit Bohnensauce

Zutaten:
3 hartgekochte Eier, 250 g grüne Bohnen, 1 Schalotte, Salz, Pfeffer, Öl, 1 EL Butter, 200 ml Sahne, etwas Zitronensaft, 8 Matjesfilets.

Zubereitung:
Hartgekochte Eier fein hacken. Bohnen putzen und in kochendem Salzwasser garen. Anschließend abgießen, kalt abbrausen und schräg in 1 cm lange Stücke schneiden. Schalotte würfeln. Öl und Butter in einer Pfanne erhitzen und Schalotte glasig dünsten. Sahne zugießen und etwas einkochen lassen. Mit Salz, Pfeffer und Zitronensaft abschmecken. Bohnen unterheben und kurz mit erwärmen. Zuletzt ⅔ der Eier unterheben. Matjesfilets trocken tupfen und auf Tellern anrichten. Bohnengemüse löffelweise darauf verteilen und mit dem restlichen gehackten Ei bestreuen. Dazu schmecken gestampfte, mit Schnittlauch gewürzte Kartoffeln.

Rheinpanorama in Leutesdorf

Wenn Rumpelstilzchen das wüsste

Die Welt sieht so rosig aus. Zumindest, wenn man den großen Augen der Kinder glauben kann, die sich wie magisch von dem süßen Duft des Zuckerbäckerstandes angezogen fühlen. Als wäre das Schlaraffenland mit schokoladigen Pauken und kandierten Trompeten ausgezogen, um genau hier an diesem Ort seine Zelte aufzuschlagen. Voll überquellender Überraschungen warten hier die Auslagen, die jede Fantasie zur süßen Versuchung werden lassen. Kirschrote Äpfel glänzen da im Sonnenlicht, groß und rund und wie gelackt in klarem Zucker. Danebengleich die Halbmonde aus Bananen in feinem Schokoladenüberzug, die wie ein Finger auf die nächsten Leckereien zeigen.

Ein ganzer Garten voller Früchte, der in schwerem Sirup zu Zuckerkristallen erstarrt zu sein scheint. Der beste Frost, den ein Obstgarten treffen kann. Aprikosen und Orangenscheiben leuchten um die Wette, während gelbe Ananasstücke und grüne Angelika das Bild eines barocken Stilllebens aus kandierter Fruckade vervollständigen. Bunte Bonbons bilden dagegen die sanften Ruhekissen für Auge und Mund, sind gestreift in Minzgrün und Schneeweiß oder lassen lustige Muster auf Lutschern und Lakritz erblühen. Durch diesen Wald von fruchtigsüßen Klebrigkeiten streift der Blick und findet seinen Weg zu einem silberschimmernden Karussell, einem großen Topf, der sich beständig dreht.

114

Wie ein Kreisel zieht der Zuckerbäcker mit einem hölzernen Stab seine Runden. Man meinte er würde ein feines Kleid für die Zuckerfee spinnen, so filigran sind die Fäden, die sich aus dem Topf langsam um das Holz ziehen. Die Spindel wächst und wächst und der süße Faden surrt und schnurrt. Für Kinder das reinste Gold, das plötzlich nicht mehr der Zuckerbäcker, sondern ein kleines, merkwürdiges Männlein spinnt.

Wie sehr kleben die Augen an dem Kessel und dem Inhalt, aber so süßes Leinen ist nicht umsonst und so kann nur eine List helfen. Das Männlein lächelt die Kinder an und spricht mit einem schmunzeln auf den Lippen „Na wie heiße ich denn? Wenn Ihr es erratet, so sollt Ihr euer Geld behalten." Da ist guter Rat nicht teuer und mit verschmitztem Blick antworten die Kinder „Nein, Du heißt nicht Kaspar, Melchior oder Balzer. Du bist auch nicht Hinz oder Kunz und Rumpelstilzchen heißt Du auch nicht. Nein, nein…. Du bist und bleibst unser Zuckerwattenzauberer!" Da grinst das Männlein und plötzlich ist es wieder der dicke rotwangige Zuckerbäcker, der jedem Kind eine große luftigweiche süße Spindel in die Hände drückt.

Rosige Zuckerwatte aber auch rosige Zeiten für diejenigen, die in alter Zeit aus Flachs feinstes Leinen herstellen konnten? Der Weg dazu war lang und oftmals eher rußgeladen als rosig, doch am Anfang stand der Acker im Frühling, der den Flachssamen aufnahm. War die Saat etwa handhoch, musste der Flachs gekrautet, d. h. vom Unkraut befreit werden. Eine Arbeit der Nachbarsfrauen, die so Neuigkeiten austauschen und auch ein wenig von den Rückenschmerzen ablenken konnten, die in der gebückten Arbeitshaltung bestimmt nicht ausblieben. Einige Zeit später, wenn das Feld in Blüte stand, wechselte das helle Grün in ein hellblaues Meer aus Blumen. Millionen von glockenförmigen Blüten boten ein überwältigendes Bild, das sich heute nur noch ganz vereinzelt finden lässt.

War der Flachs reif, wurde er mit der Wurzel ausgezogen, gebündelt und zum Trocknen aufgestellt. So trocknete er nun gut vor sich hin und wurde alsbald in die Scheune gebracht, wo schon die Flachsräf auf ihn wartete. Die schwere Holzbohle war mit spitzen Zinken, gleich eines Kamms versehen, wodurch die Flachsbündel einzeln durchgezogen wurden.

115

Die Fruchtkapseln ließen sich damit gut von den Stengeln trennen. Und schon ging es weiter im Procedere. Ein weiteres Mal kam nun der Flachs nach draußen, wo er auf der Wiese zum Rösten auslag, bevor das nächste Martyrium auf ihn wartete. Der Schler bezeichnete den langwierigen Vorgang, wo die Flachsfaser von den holzigen Stängeln befreit wurde. Unerlässlich für das spätere schöne weiße Leinen, das wie ein einladendes Tischtuch am Horizont der Arbeit leuchtete. Auf dem Schler wurde der Flachs zuerst getrocknet, später von kräftigen Männern auf der Breche gebrochen und im Anschluss von den Frauen und Mädchen auf dem Schwingstock die Faser von den harten Stängelteilen befreit. Ohne Pause war das kaum zu schaffen und so war der nachmittägliche Kaffee mit einem dicken Kanten Weißbrot und dem Westerwälder Eierkäse eine willkommene Abwechslung.

So, wie die vielen helfenden Hände sich eine Ruhe gönnen durften, bekam auch der Flachs nun etwas Zeit zugestanden. Schließlich war es schon Spätsommer und die ersten Herbsttage kündigten sich mit Kirmes, Krammarkt und Kartoffelgraben an. Als die Tage kürzer wurden und die Abende immer längere Schatten warfen, war die Spinnstube betriebsames Ziel der Mädchen und Frauen, wo der Flachs auf dem Spinnrad zu feinem Garn gesponnen werden musste. Um die Zeit zu kürzen wurden Geschichten erzählt und aus Büchern vorgelesen, gesungen und geraucht. Letzteres überließen die Spinnerinnen jedoch dem starken Geschlecht, welches sich wie die Motten das Licht, von dem nur mit Rüböl erleuchteten Raume regelmäßig näherten.

Zum Ende der Winterzeit waren dann der Flachs und auch andere Bande fertig gesponnen. Das Garn wurde nun zu Leinwand verwebt. Nach der Fastnachtszeit hörte auch das Spinnrad auf sich zu drehen. Da wurden zuvor zur Feier Eierkuchen gebacken und echter Bohnenkaffee, ein damals nicht alltägliches Getränk, gereicht. Nun musste sich noch der Webstuhl in Gang setzen, auf dem sich das Garn zur Leinwand, eben dem Linnen entfaltete. Überall klapperte der Webstuhl und mit Ausdauer und Sorgfalt wurden aus den Spinnerinnen nun die Tuchmacherinnen. Übrigens, wer als Mädchen damals keinen Webstuhl bedienen konnte, hatte noch nicht das Zeug zur Heirat. Wie verständlich, dass alle Kraft in die Erlernung und Perfektionierung dieses alten Handwerks gelegt wurde. War das Linnen fertig, stand die Bleiche und das Färben an. Grobes Leinen wurde blau gefärbt und für Männerkleidung weiterverarbeitet. Die Frauen erhielten die etwas feineren Webarten, ebenfalls in blau, aber oftmals in Mustern bedruckt. Das beste und feinste Leinen jedoch wurde zur Wäsche erhoben, durfte als feines Tuch, Tisch und Bett schmücken. Der Stolz einer jeden Hausfrau in diesen Tagen, die heute etwas rosig wie nostalgische Zuckerwatte erscheinen, aber auch uns mit Leichtigkeit den Schweiß auf die Stirn getrieben hätten!

„Und füllet mit Schätzen die duftenden Laden
Und dreht um die schnurrende Spindel den Faden
Und sammelt im reinlich geglätteten Schrein
Die schimmernde Wolle, den schneeigen Lein"

Flachsfeld nahe Montabaur

Verwunschenes Gartenreich im Asbacher Land. Hier, wo Felder und Wiesen die Weite des Himmels mit der Erde zusammennähen, lockt Verschwiegenes hinter grünen Hecken. Eine alte Landstrasse führt am Haus mit der Nummer 16 vorbei. Ein kleines, unaufdringliches ovales Schild beweist, dass unsere Suche richtig war. Hier geht es zum Waschhäuschen von Angelika Barkow-Reichert, aber auch gleichzeitig in die wunderschöne Welt des Landhausstils.

Sanfte Naturfarben sind allgegenwärtig und beschreiben den Geschmack der Eigentümerin. Ein altes Fachwerkhaus um 1900 hat sie und ihr Mann Helmut in mühevoller langer Renovierungsarbeit zu einem echten Schmuckkästchen werden lassen. Neben dem Haupthaus, dem gemütlichen kleinen Hof und dem angrenzenden Backes-Waschhaus liegen Beete und Sträucher voller Obst und Gemüse, wiegen sich Sommerblumen im Halbschatten der prächtigen Stauden. Irgendwie erscheint es als lebendig gewordener Traum des Lebens auf dem Lande, von Ambiente- und Gartenmagazinen sogar schon als Geheimtipp entdeckt. Hier bleibt jedoch die Kirche im Dorf und so darf das Refugium weiterhin in Ruhe seine Bewohner durch die Jahreszeiten begleiten.

Leinen los

Eine sommerliche Landpartie zu Waschhaus, Wäsche und Wohnideen

Das Haupthaus strahlt Natürlichkeit und den Charme vergangener Tage aus. Alte Möbel, viele ländliche Accessoires wie alte filigrane Eierkörbe aus Eisendraht oder cremefarbenes Keramikgeschirr zieren die große Wohnküche, deren Herzstück ein alter Herd aus Großmutters Zeiten darstellt. Natürlich hat auch die Moderne hier Einzug gehalten, aber es ist die gekonnte Umsetzung von zeitgemäßem Wohnambiente mit der Gemütlichkeit des Landhausstils. Angelika Barkow-Reichert liebt die Verbindung von Dekoration und Nützlichkeit. Passendstes Beispiel bildet die Diele, an deren Wand ein schönes Sammelsurium unterschiedlichster Körbe angebracht ist. „Jeder wird genutzt" sagt sie „und bei Bedarf einfach vom Haken genommen." Die hellen Flechtstrukturen passen vorzüglich zum dunklen Holz der Anrichte.

Genauso wie die gesammelten Kieferzapfen, die sich gegenüber dem Kalkweiß des Kaminofens farblich passend absetzen.

Die Natur geht lautlos vom Garten in das Innere des Hauses über. Kränze aus Knöterich und Geißblattranken sowie selbstgewirkte Duftkolben aus getrocknetem Lavendel zieren das Haus. Zur Osterzeit, wo wir unseren ersten Besuch abstatteten, empfing uns ein Strauss aus Wiesenschaumkraut, Narzissen, Tulpen, weißblühender Spiere und Korkenzieherweide. Alle Frühlingsboten natürlich aus eigenem Garten. Bei einer Tasse Kaffee erfahren wir von der Idee des Waschhäuschens und der Liebe von Angelika Barkow-Reichert zu altem Leinen. Doch vor der kleinen Geschäftsidee, die sich aus dem privaten Hobby entwickelte, stand die Renovierung des alten Geräteschuppens, der sich nach umfangreicher Renovierung plötzlich vom Aschenputtel zu einem mit Romantik gefüllten Dornröschenzimmer entpuppte. Leinen Gewirktes statt Gerümpel, Hausaccessoires statt Gartengeräte fanden nun Einzug in den kleinen Raum, der sich schnell bis unter das niedrige Dach füllte.

„Wir haben vieles so belassen, wie wir es schon als schön vorgefunden und empfunden haben." Schmuckstück ist der alte Backes mit der Gusseisentüre und der Jahreszahl. Dekoideen quellen hier förmlich über – vieles in patiniertem Eisen und immer wieder ist die ganz persönliche Vorliebe, alte Leinenstoffe, präsent. Kissenhüllen, Tischdecken und Servietten treffen auf selbstgenähte Leinenherzen mit Lavendelfüllung und statt Knopf im Ohr ein alter Perlmutt-Wäscheknopf am Herz. In der guten Stube zeigt uns dann Angelika Barkow-Reichert ihre Leinenschatzkammer, wo bestickte Tücher und wunderbar fein gewebte Tischdecken ins Staunen über soviel künstlerische Handarbeit versetzen.

Aus schön gewebten Küchentüchern, die sie wie viele andere Artikel gerne auf Ausflügen zu Floh- und Antikmärkten ins benachbarte Ausland erstöbert, näht sie hübsche Geschenkideen, die nicht nur, aber ausgesprochen gut zum Landhausambiente passen. „Die Dinge müssen Atmosphäre schaffen, aber auch von Nutzen sein." Funktion und Schönheit müssen da nicht getrennte Wege gehen. Ganz im Gegenteil scheint es, dass Utensilien aus früheren Zeiten ins rechte Licht gesetzt, plötzlich ungeahntes Eigenleben entfalten und zum echten Augenschmaus werden. Apropos Nützlichkeit und Augenschmaus. Wer soviel Liebe zu Wohnen, Haushalt und Küche entwickelt, dem liegt der Kochlöffel auch nah am Herzen.

Der Garten liefert über das Jahr, was die Küche gerne begrüßt. Hier geschieht nur behutsames Eingreifen der Gärtnerhand. Viele Blumen und Blüten ziehen sich selbst, suchen sich ihren Weg und haben natürlich den bunten Bauerngarten als Vorbild. Obst und Gemüse treffen sich da mit Stockrosen, Stauden und Sträuchern. Die Beerenzeit wie auch die Kürbisernte gehören zu den beiden Lieblingskücheneinsätzen von Hofdame und Hausherr, wo herrlich duftende und noch besser schmeckende Himbeermarmelade gekocht wird, sich süßsaure Würze mit orangefarbigem Kürbisfleisch verbindet. Familie Reichert kocht gerne für sich aber auch mit Freunden und so findet sich ein richtiger privater Kochclub regelmäßig hier ein. Keine Frage, dass Kochen im Landhausstil wortwörtlich Appetit macht.

Noch lebt das Haus von Angelika und Helmut Reichert in den sanften Cremefarben, ruhigem Eierschalenweiß und wärmenden braunen Holztönen, jahreszeitlich mit Sträußen und Kränzen aus dem Garten mitunter bunt eingefärbt. Der Sommer bietet dazu alle Ideen, die man sich denken kann. „Im Dezember werde ich dann aber ganz traditionell und dekoriere in grün und rot" erzählt Angelika Barkow-Reichert. Eine schöne Vorstellung, die sich mit dem Kaminfeuer im Wintergarten des 1. Stocks zu einem gemütlichen Bild verbindet. Wir freuen uns schon darauf zu sehen, welche weihnachtlichen Landhausideen sie dann auch im Waschhäuschen versteckt hat.

Angelikas Himbeermarmelade

Zu Angelika Barkow-Reicherts absoluten Garten-stars zählt die Himbeere. Aromaintensiv und wie ein fruchtiger Gruß aus vergangenen Tagen wu-chernder Gartensommerfrische. So einfach die Mar-meade klingt, so gut schmeckt sie auch. Himm-lisch sind auch kleine Tartelettes, die sie üppig mit frischen Himbeeren füllt und statt einem klaren Tortenguss mit etwas erwärmter Himbeermarme-lade überzieht. Ein Klecks Sahne darauf und der Himmel ist gar nicht mehr weit ...

Frische Himbeeren in einem Dampfentsafter den Saft entziehen, auffangen und abmessen. Den Rest durch ein Haarsieb passieren um noch etwas Mark zu erhalten. Saft und Mark mit Einmachzucker 1:1 aufkochen, pro Kilo Fruchtmasse den Saft einer halben Zitrone zufügen. Einige Minuten sprudelnd aufkochen, in vorbereitete, heiß ausge-spülte Twist-off-Gläser füllen, fest verschließen und für einige Minuten auf den Kopf stellen. Mit Alkohol benetzte Pergamentblättchen auf der Marmelade, wie es die Großmutter noch kannte, sind so nicht mehr von Nöten. Die Freude an den Geschenken der Natur allerdings schon.

Kürbis süß—sauer

Zutaten:
2 kg Kürbis (vorzugsweise Muskatkürbis), Kräuteressigwasser, 1 kg Zucker, $\frac{1}{2}$ l Wasser, $\frac{1}{2}$ l Kräuteressig, Salz, je 2 TL kleingeschnittenes Zitronat und Orangeat, 1 Stück Ingwerwurzel, einige Nelken, 2 Zimtstangen.

Zubereitung:
Kürbis teilen, mit einem Löffel die Kerne entfer-nen und das Fruchtfleisch in grobe Würfel schnei-den. Über Nacht in mit Wasser verdünntem Kräu-teressig legen, dann abtropfen lassen. Aus Essig, Zucker, Wasser und den übrigen Gewürzen einen Sud bereiten und die Kürbisstücke darin vorko-chen. In Gläser füllen, mit der Flüssigkeit über-gießen und bei 75° C 30 Minuten einkochen.

Die eingelegten Kürbisstücke schmecken ausge-zeichnet ganz im Stil eines feinen Landhausstils zu einer Bauernterrine.

Westerwälder Landpartien

TAFELFREUDEN TIPP

Klein aber fein – so lässt sich das Waschhäus-chen von Angelika Barkow-Reichert treffend beschreiben. Zwischen saisonalen Dekoideen, Leinentischdecken. Kissen und weiteren Stoff-accessoires, ranken auch jede Menge Ge-schenkartikel für Garten und Zuhause. Viell-eicht bekommen Sie sogar einen Kaffee in ihrem Hause angeboten und können sich wie wir von ihrem Händchen für landhausschöne Inneneinrichtung selbst überzeugen. Besu-chen Sie die Waschhäuschenhomepage unter www.waschhaeuschen.de oder schauen Sie direkt bei ihr in Asbach-Löhe vorbei. Es ist ratsam sich kurz telefonisch anzumelden (Telefon: 0 26 83-96 73 55).

Sommerliche Landidylle bei Altenkirchen

Mit uns ist gut Kirschen essen

HOTEL FREIMÜHLE GIROD

Sauerkirsch–Orangen–Konfitüre mit Westerwälder Obstwasser

Zutaten:

1 kg entsteinte Sauerkirschen, 1 kg Gelierzucker 1:1, 3 ungespritzte Orangen, Mark von ¹/₂ Vanilleschote, 5 cl Westerwälder Obstwasser.

Zubereitung:

Die entsteinten, halbierten Kirschen mit dem Gelierzucker vermischen. Bei niedriger Temperatur langsam erhitzen und unter ständigem Rühren 10 Min. kochen lassen. In der Zwischenzeit die Orangen unter fließendem Wasser gut abbürsten. Orangen mit dem Sparschäler so dünn schälen, dass das Weiß an den Orangen zurückbleibt. Schalen in dünne Streifen schneiden. Früchte auspressen. Orangensaft, Schalenstreifen und Vanillemark zugeben und nochmals 30 Sek. kochen lassen. Zuletzt das Obstwasser unterrühren und sofort in Twist-Off Gläser füllen. Für einige Min. kurz kopfüber stellen, um die Konfitüre im Glas besser haltbar zu machen.

Sauerkirsch–Schalotten–Relish mit Portwein

Zutaten:

500 g entsteinte Sauerkirschen, 500 g Schalotten, 100 ml Pflanzenöl, 100 ml Weinessig, 50 g Salz, 30 g Zucker, je ¹/₂ TL gemahlener Piment, Pfeffer und Ingwer, 200 ml Portwein.

Zubereitung:

Die Schalotten schälen, in ca. 0,5 cm große Stücke schneiden und in Öl andünsten. Mit dem Weinessig aufgießen, die entsteinten, halbierten Sauerkirschen dazugeben und zusammen mit dem Rest der Zutaten, unter gelegentlichem Rühren, in einem geschlossenen Topf eine Stunde köcheln lassen. In Gläser abfüllen und sofort verschließen. Passt gut zu Kurzgebratenem, Grill- und Wildgerichten.

Geschmorte Wildschweinkeule mit grünem Pfeffer und Schattenmorellen in Zartbitter–Schokoladensauce

Zutaten:

1,2 kg Wildschweinkeule (Knochen am besten vom Metzger auslösen und hacken lassen), 300 g Wurzelgemüse) Möhren, Lauch, Sellerie), 2 Zwiebeln, 2 Lorbeerblätter, 5 Wacholderbeeren, 2 Gewürznelken, 400 ml kräftiger Rotwein, 40 ml Öl, 500 ml Wildfond, Salz und Pfeffer, 150 g entsteinte Schattenmorellen, 1 TL grüner Pfeffer, 10 g Zartbitterschokolade.

Zubereitung:

Die Wildschweinkeule salzen. Öl in einer Kasserolle erhitzen und die Keule von allen Seiten kräftig anbraten. Das Fleisch aus dem Topf nehmen und beiseite stellen. Danach die gehackten Knochen ebenfalls scharf anbraten und anschließend das gewürfelte Wurzelwerk und die gewürfelten Zwiebeln dazugeben. Sobald alles eine schöne braune Farbe angenommen hat, das Ganze mit dem Rotwein ablöschen und den Wildfond dazugießen. Die Keule wieder in den Topf geben, Lorbeerblätter, Wacholderbeeren und Nelken dazutun und alles ca. 1 ½ Stunden schmoren lassen. Wenn das Fleisch gar ist, den Fond durch ein feines Sieb passieren und auf ca. 300 ml kochend einreduzieren. Danach die Kirschen und den grünen Pfeffer zugeben und 3-4 Min. mitköcheln lassen. Zum Schluss die Schokolade in der Sauce auflösen und mit Salz und Pfeffer abschmecken.

Vanilleparfait mit warmem Sauerkirschragout

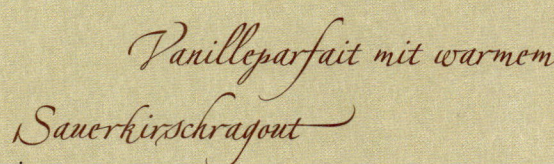

Zutaten:

Parfait:

125 ml Läuterzucker (Zuckersirup 1:1 gekocht), 4 Eigelbe, 2 Eiweiß, 100 g Zucker, Mark von 1 Vanilleschote, 600 ml geschlagene Sahne.

Kirschragout:

150 g entsteinte, halbierte Kirschen, 40 g Zucker, Schale einer unbehandelten Orange, 100 ml Kirschsaft, 5 g Kartoffelstärke, ½ Schnapsglas Kirschwasser.

Zubereitung:

Eigelb, Läuterzucker und Vanillemark im Wasserbad auf kleiner Flamme aufschlagen, bis eine dickliche Masse entsteht. Danach im Kaltwasserbad weiterschlagen, bis die Masse wieder abgekühlt ist. Eiweiß und Zucker mit dem Rührgerät steif schlagen. Dabei den Zucker nach und nach in die Eiweißmasse rieseln lassen. Jetzt die Eiweißmasse gleichmäßig unter die Eigelbmasse ziehen. Die geschlagene Sahne unterheben, in Formen füllen und mind. 5 Std. tiefkühlen.

Für das Kirschragout den Zucker im Topf bei schwacher Hitze karamellisieren lassen. Mit Kirschsaft ablöschen und solange köcheln, bis der Karamell sich aufgelöst hat. Dann die Sauerkirschen und die in Streifen geschnittene Orangenschale kurz mitköcheln. Mit der angerührten Stärke leicht abbinden und mit dem Kirschwasser aromatisieren.

Früchte der Liebe

Ob wild oder aus dem Garten —
Erdbeeren sind schön, gesund, aromatisch und verführerisch

Rot und richtig zum Reinbeißen ist sie. Und kaum eine Frucht wird so sehr erwartet wie sie. Natürlich kommt sie heute schon das ganze Jahr in die Schale, aber da wirkt zumeist nur ihr schöner Schein. Innen bleibt sie hart und farblos und an den Geschmack des Sommers erinnert nur unser guter Spürsinn, der sich das unglaubliche Aroma schon lange fest in seine grauen Zellen eingebrannt hat. Wer die Geduld also aufbringt und sich nicht zu früh vom schönen Schein allein blenden lässt, den beglückt sie in außergewöhnlicher Weise und verführt zum Genuss. Selbst standhafte Charaktere werden da schwach und erliegen ihrem saftigen Charme. Wenn eine Beere das Prädikat erotisch verdient, dann ist sie es: die Erdbeere!

Geburt der Venus

Schon die antiken Dichter in Rom priesen die Vorzüge der kleinen wilden Erdbeerfrucht. Sie ist allerdings nicht der direkte Vorfahr unserer heutigen strahlend roten großen Früchte. Ihre Wurzeln ranken herüber aus Übersee, von wo französische Seefahrer Ableger mit nach Hause brachten. Am Hofe des Sonnenkönigs in Versailles wurde zum ersten Mal die kleine amerikanische Scharlacherdbeere mit großfruchtigen chilenischen Pflanzen gekreuzt. Der Schritt in die heutige Sortenvielfalt war getan. Über Umwege von Holland und England, gelangte die Erdbeere dann auch um 1751 in die Hofgärten von Hannover.

Gegen 1840 begann schließlich nahe Baden-Baden der erwerbsmäßige Anbau der außergewöhnlichen Frucht. Sonnige, eher trockene Lagen bevorzugt die Erdbeere und so ist auch das Rheintal, insbesondere die sandige Rheininsel wie Niederwerth oder die Gegend um das Neuwieder Becken ein Ort, wo sich die Erdbeere wohlfühlt und durch Geschmack glänzt. Ihrer vielfältigen Einsatzweise und nicht zuletzt ihres einzigartigen Aromas verdankt sie den Platz zwei unter Deutschlands beliebtester Frucht. Gesund ist sie darüber hinaus. Reich an Vitaminen und Mineralstoffen wurde sie früher als Heilmittel gegen Gicht und Rheuma geschätzt.

In der Volksmedizin gilt die Erdbeere aufgrund ihres hohen Eisengehalts noch heute als wirksames Mittel gegen Blutarmut.

Zartes Früchtchen

Die überaus hohe Anzahl von mittlerweile mehr als 1000 Sorten erlaubt heute einen Anbau in Deutschland, der weit über den klassischen Erdbeermonat Juni hinausgeht. Zu den frühen bis späten Arten gesellen sich sogar zweimal blühende Sorten.

Wer die Erdbeere dann noch zart behandelt, sie nicht drückt oder lange lagert, dem schenkt sie ihr verschwenderisches Parfum und lässt ihre saftige Frucht auf der Zunge zergehen. Erdbeerherz, was willst du mehr?

Erdbeertörtchen

Zutaten:
400 g Erdbeeren, 6 Blatt weiße Gelatine, 200 g süße Sahne, 50 g Zucker, 100 g weiße Schokoladenkuvertüre, 4 Mürbeteig-Tartelettes, ggf. einige Minzeblättchen.

Zubereitung:
Küchenfertige Erdbeeren grob würfeln und mit dem elektrischen Schneidestab pürieren. Anschließend durch ein Haarsieb streichen. Gelatineblätter in kaltem Wasser einweichen. Sahne mit Zucker steif schlagen. Wasser in einem Topf erhitzen. Die Hälfte der Gelatine ausdrücken, in eine Schöpfkelle geben und in das heiße Wasser halten, bis die Gelatine sich auflöst. Unter das Erdbeerpüree mischen. Mit der zweiten Gelatinehälfte ebenso verfahren. Ein klein wenig Sahne in die Gelatine rühren und dann unter den Rest der Schlagsahne heben. Beide Massen 5-10 Minuten kühl stellen. 4 Auflaufförmchen oder Kaffeetassen kalt ausspülen. In jedes Förmchen 3 EL Fruchtpüree geben und glatt streichen. Dann je Schlagsahne darauf verteilen. Zum Schluss den Rest des Pürees mittig auf die Sahne geben und mit einem Teelöffelstiel leicht in die Sahne ziehen. Nun einige Stunden gut durchkühlen lassen. Mittlerweile von der Kuvertüre mit einem Sparschäler dünne Späne hobeln. Cremetörtchen kurz unter heißes Wasser halten und mit einem spitzen Messer vom Förmchenrand lösen. Auf vorbereitete Tartelettes stürzen. Dabei das Törtchen so stürzen, dass es letztendlich mit der marmorierten Seite nach oben schaut (kurz in die hohle Hand stürzen und sofort auf das Tartelette). Schokoladenspäne leicht an den Rand drücken und zum Schluss mit Minzeblättchen und Erdbeeren garnieren.

Grünes Gartengeheimnis

Juli

Schatten über Reichenstein

BURGVERSTECK
IM PUDERBACHER LAND

Woher sie kommen, weiß nur der Wind, der die kleine Truppe samt Eselskarren und Zelt hier auf den Marktplatz geweht hat. Ob es eine gute Böe war, lässt sich für die nahenden Zuschauer noch nicht genau erkennen. Man hat schon so manche Zauberer gesehen, die sich nachher doch nur als Scharlatane zu erkennen geben mussten und schnell das Weite über Wiesen und Büsche suchten. Von weit her müssen sie gereist sein, denn der eine führt einen Berberaffen an der Leine, während die einzige Frau unter den vier Gauklern, einen schwarzen Umhang mit lauter schimmernden Silberplättchen trägt. Ihre Gesichtszüge kommen nicht von hier, sind nicht nach Westerwälder Art und sogar am Rhein, dem viel befahrenen Weg der Handelsleute, hat man solch dunkle Pupillen, so eine nach Sonne schimmernde dunkle Haut und schon gar nicht so eigenartige Kleider gesehen. Keinen Laut gibt sie von sich, nur ihre Augen wandern über die kleinen und großen Zuschauer, verweilen hier und da kurz, bevor sie wieder zu der

großen gläsernen Kugel zurückkehren. Das Kristall leuchtet, als hätte sich der Westerwälder Himmel darin gefangen – ein wässriges Blau – und darüber ruht der Blick der unbekannten Fremden. Ihre Begleiter eröffnen das Schauspiel und jonglieren mit Bällen und Kegeln vor der staunenden Menschenmenge. Die Schellen an den Fuß- und Handgelenken klingen, während die bunten Stoffwimpel der Ärmel bunt im Rhythmus der Würfe flattern. So müssen auch Gaukler auf den Burgen am Rhein ihre Künste dargeboten haben. Welche Kurzweil auf manch abgelegenen Zinnen, wo außer dem Herd- und Kaminfeuer niemand auszugehen vermochte. Tamburin und Schellen werden jetzt schneller, die Drehleier treibt die Gruppe an. Mit einem Schlag der Trommel stirbt dann auf ein Mal der Anschein tanzender Derwische und die dunkle Frau tritt nach vorne. Mit beiden Händen streichelt sie über die Kugel, als wolle sie den bläulichen Schimmer zur Seite schieben.

„Ich sehe stattliche Mauern und einen hohen Turm" spricht sie kaum hörbar und so gesellen sich die Schaulustigen noch näher um sie herum. Die Hälse werden länger und jeder reckt sich, um etwas erhaschen zu können. „Ich sehe eine Burg, ganz in eurer Nähe und auch einen Schatz..." Kaum hat sie das Wort ausgesprochen, da geht ein Raunen und Staunen wie ein Blitz durch die Menge. Die Menge treibt auseinander. „Ein Schatz!, ein Schatz!" ist überall zu hören und schon sind die ersten mit Hacke und Spaten auf dem Weg zur Burg Reichenstein. So schnell die Menge die Gaukler umlagerte, so leer ist nun der Platz, wo noch immer die unbekannte Seherin über der Kugel weilt. Es wird keiner der Schaulustigen erfahren, dass der Schatz nicht aus Gold sondern aus der Burg besteht. Jahrhunderte später wird das alte Gemäuer aus dem Dornröschenschlaf erwachen und ein richtiges Juwel im Puderbacher Land darstellen!

Aus Geschichte werden Geschichten

Das mag sich vielleicht oder auch nicht vor langer Zeit hier zugetragen haben, aber die Burg Reichenstein gibt es so wahrhaftig wie auch der Schatz nicht unter ihr, sondern in ihr gesehen werden muss. Viele Jahrhunderte hat sie kommen und gehen gesehen. Der alte Name der Burg, „Neuerburg" deutet darauf hin, dass hier sich einst ein Geschlecht, wahrscheinlich die Reichensteiner Walpoden, neben ihrer Stammburg einen neuen Wohnsitz schufen. Genaues lässt sich darüber nicht herausfinden. Im 13. Jh. gehörte sie der Witwe des letzten Grafen von Sayn. Diese verkaufte die jetzige Ruine im Jahre 1250 an den Erzbischof von Köln. Rund zwei Jahrhunderte lang betätigte sich auf der Burg das Geschlecht der Reichensteiner als Zolleintreiber und auch mal als Raubritter. Das Verlies für auf der Durchreise entführte „Geldsäcke" ist noch heute im kleinen Turm zu

bewundern: einige Meter tief unter der einstigen Wachstube und nur durch einen kleinen Lastenaufzug zu erreichen. Im 16. Jh. traten Erbstreitigkeiten unter den Fürsten um Reichenstein auf. Einer der Beteiligten muss dann die Burg angegriffen haben, denn aus der Zeit der Zerstörung fand der jetzige Burgbesitzer bis heute mehr als 80 steinerne Kanonenkugeln. Die heutige Besitzerfamilie Stawitz kaufte die Ruine in den 60er Jahren des vergangenen Jahrhunderts von der wiedischen Fürstenfamilie. Sie ist ein Wahrzeichen des Puderbacher Landes. Der Zahn der Zeit, die wuchernde Natur ringsum und das Wetter haben an den Mauern genagt. In jahrzehntelanger mühevoller Arbeit findet die Burg wieder Stück für Stück zurück aus ihrem Dornröschenschlaf. Ein Förderverein unterstützt die Restaurierung und die Nutzung der Burgruine für Burgführungen, Burgenfeste und kindgerechte Burgabenteuer.

Lammbraten "Burg Reichenstein" mit Kruste

Eine Spezialität der höfischen Küche zur sagenumwobenen Hochzeit der Gräfin Elisabeth von Helfenstein mit dem Grafen Georg von Rappoltstein im Jahre 1543. In dieser Zeit spielte sich auch auf Burg Reichenstein das Rittersleben ab.

Zutaten:
Ca. 1500 g Lammrücken, 3 dicke Knoblauchzehen, 50 g Schmalz, Pfeffer, Liebstöckel, Majoran, Kerbel und Minze, Salz und 1 Tasse Wasser.

Zubereitung:
Lammrücken gut säubern und die „Lederhaut" entfernen. Mit den halbierten Knoblauchzehen spicken. Schmalz erhitzen und den Braten damit und den kleingehackten Kräutern gut einreiben. 1 Stunde ziehen lassen. Etwas Schmalz in einen Gusseisenbräter geben, erhitzen und das Fleisch von allen Seiten gut anbraten. Den Backofen auf 225°C vorheizen und den Brattopf für 45 Minuten hineingeben. Dabei das Fleischstück mit Wasser übergießen und des öfteren mit dem Fond während des Garens überpinseln. Nun eine starke Salzlösung herstellen, den Braten aus dem Bräter nehmen und auf ein Bratrost legen. Wieder in den Ofen geben, während 15 Minuten immer wieder wenden und mit Kochsalzlösung bepinseln. Danach den Braten rund 10 Minuten wieder in den Bräter zum Ruhen setzen, damit der Fleischsaft sich setzen kann. Fleisch dann vom Knochen lösen und in Scheiben schneiden. Mit frischen Kräutern bestreuen und servieren. Dazu wird Weißbrot und eine Knoblauchsauce angeboten.

Neue Wege braucht das Land

Von alten und neuen Ideen in und um die Raiffeisenstadt Flammersfeld

„Einer für alle, alle für einen" – Wer weiß schon, dass dieser Ausspruch nicht den drei Musketieren, sondern einem großen Westerwälder Sozialreformer über die Lippen ging. Wer denkt auch daran, dass so manches Geldinstitut, das er betritt oder ein Land- und Futtermittelhandel, den er unterwegs sieht, auf Friedrich Wilhelm Raiffeisen begründet ist. Sein Lebensweg beginnt in Hamm an der Sieg, wo noch heute das Geburtshaus steht, und führt über die Gemeinden Weyerbusch und Flammersfeld bis hinunter an den Rhein nach Heddesdorf, einem Stadtteil von Neuwied. Vielleicht lag seine spätere Bestimmung in der Familie begründet. Der Vater war Landwirt

und Bürgermeister zugleich und auch Friedrich Wilhelm wurde Bürgermeister in Weyerbusch, Flammersfeld und später in Heddesdorf. Mit großer Tatkraft widmete er sich dem Aufbau der ländlichen Genossenschaftsorganisation und der damit einhergehenden Verbesserung der Lebenssituation der ländlichen Bevölkerung. Er baute Schulen und erließ Notstandsmaßnahmen, um dem bitterkalten Winter 1846/47 begegnen zu können. Mit dem Straßenbau erschuf er die bis heute wichtige Querverbindung vom hohen Westerwald hinunter an den Rhein nach Neuwied, die damit die alte Postverbindung von Nord nach Süd (Köln-Frankfurt) mit einer Ost-West-Verbindung ergänzte. Waren konnten so zur großen Verkehrs- und Transportader Rhein hin und her transportiert werden. Sein Motto der Selbsthilfe statt Fremdhilfe hat in der Genossenschaftsidee bis heute seine Gültigkeit.

Die Flammersfelder Landfrauen – Eine Gemeinschaft die Blüten trägt

Eine seiner (Lebens-)Stationen auf dem Weg von Hamm nach Neuwied-Heddesdorf war Flammersfeld, wo noch heute ein Museum im historischen Raiffeisenhaus an den bedeutenden Westerwälder erinnert. Umgeben ist das hübsche Fachwerkgebäude von einem Bauerngarten und einer lauschigen Obstwiese. Zwischen Buchsbaumeinfassungen wachsen da Gemüse und Blumen gleichermaßen, die von den Flammersfelder Landfrauen liebevoll gepflegt werden. Der Garten am alten Raiffeisenhaus lässt sich gut als Ausgangspunkt für einen Rundwanderweg nutzen, den die Landfrauen erdacht und unter das Motto „Alte Dörfer und Gärten im südlichen Raiffeisenland" gestellt haben. Begleiten wir sie doch einfach auf diesem Pfad zwischen alten Fachwerk-Juwelen und lauschigen Spaziergängen, vorbei an grünen Gartenreichen.

Bauerngarten um das Raiffeisenhaus

Die alten Bauerngärten sind Ausdruck für das Wissen im Umgang mit der Natur.

Es sind verzierte Nutzgärten, in denen die Nützlichkeit, die Schönheit, aber auch die Zweckmäßigkeit eine wesentliche Rolle spielen.

Sie sind eine „friedvolle bäuerliche Einheit", mit einem Holzzaun als Symbol, in der Gemüse, Gewürz- und Heilkräuter, Blumen und Beeren gedeihen.

Die Landfrauen in Flammersfeld sehen es als ihre Aufgabe, Traditionen zu erhalten. Sie haben im Jahre 2002 einen Bauerngarten in der Nähe des Raiffeisenmuseums angelegt, der das Herz der Besucher erfreuen soll.

Eine Buchsbaumhecke teilt die Beete im Bauerngarten in Rechtecke auf, diese Einteilung gibt dem Garten Ruhe und Ordnung. Wichtig in dem Bauerngarten ist das Miteinander von Blumen, Kräutern, Stauden, Gemüse und Beerensträuchern. Auch eine Brennnessel darf hier wachsen. Ein kunterbuntes Wachstum, ein üppiges Blühen, das erfreut und wohltuend wirkt.

Eine Gliederung des Gartens ist durch das einfache Wegenetz gegeben. Die drei Merkmale nützlich, schön und zweckmäßig, sind sowohl heute, als auch vor 1000 Jahren die Gleichen geblieben.

Paradies für Elfen und Kräuterhexen

Ein Windrad dient als Weg-markierungszeichen und wer ihm von Flammersfeld aus folgt, der passiert zuerst einige Fischweiher, wo Prachtlibellen und Schmetterlinge entlang des sonnenverwöhnten Wald-rands ihre Runden ziehen. Der Weg führt nach Ahlbach, einem kleinen Flecken, der schon den ersten interessan-ten Halt verspricht. Ein altes Fachwerkhaus mit angrenzenden ehemaligen Wirtschaftsgebäuden träumt still vor sich hin. Es ranken Weinreben und rote Strauchrosen über alte Stalltüren und auf der Parkbank neben dem Zitronenbäumchen fühlt man sich fast in südliche Gegenden versetzt. Weiter am nahen Waldsaum stehen Gemüse- und Kräuterreihen dicht an dicht, begleitet von einer alten ausgedienten weißen Badewanne, die sich als

elegant geschwungene Regen-zisterne etabliert hat. Viel-leicht das Badezimmer einer echten Kräuterhexe? Ganz so abwegig erscheint dies nicht, denn unweit des verwunschen schönen Gartens liegt ein wahres Knusperhaus – ganz in Reet gedeckt, mit Fachwerk und Brunnen vor dem Ein-gang. Rote Rosen umrahmen auch hier die alte Türe, deren Herz in Form einer Back-kuchen-Keramikform auf dem rechten Platz sitzt.

Gleich hinter dem Schmuckstück führt der Weg uns hinaus aufs Feld, leicht ansteigend vorbei an einem großen Gemüsegarten, wo sich der Gärtner bei unserem Besuch eine Siesta in der Nachmit-tagssonne gönnt. Jetzt ist die Zeit, wo das Getreide in seine goldgelbe Reife wechselt. Am Wegesrand wuchern Kamille und Mohnblumen, während nahebei ein Bauer sein Heu wendet.

Keine Angst vor alten Eichen

Der Weg trifft auf der erklommenen Anhöhe auf die Strasse nach Püscheid. Verschlafen wirkt sie in der sommerlichen Hitze und schlängelt sich schon wieder talwärts zu einer Gruppe von malerisch gelegenen Gebäuden. Wer vermutet hier schon ein Kunstatelier? Umso größer ist die Überraschung, im Kunstraum von Christoph Beyer auf sehenswerte Ausstellungen zu treffen. Während die gesehenen Kunstobjekte noch nachwirken, führt der Weg weiter hinunter ins Tal des Ahlbachs. Zuvor passieren wir aber ein weiteres Mal ein altes Fachwerkhaus, das wohl einmal in früheren Zeiten ein Zollhaus gewesen sein soll. Im Ahlbachtal begegnet uns eine Wiesen- und Bachlandschaft, wo sogar Graureiher sich wohlfühlen.

Nach kurzer Zeit verlassen wir schon wieder die Niederungen und wenden uns in Richtung Kaffroth der einstigen Staatsdomäne zu. Die alte große Hofanlage liegt weithin sichtbar in unmittelbarer Nachbarschaft zur „1000jährigen Eiche". Wie alt sie genau ist, weiß man wohl nicht mit Bestimmtheit zu sagen. Mächtig ist sie allemal und es braucht die ausgestreckten Arme sechs erwachsener Männer, um den dicken Stamm umfassen zu können. Im Schatten des Eichenlaubs warten Bänke und laden zu einer willkommenen Rast ein. Gestärkt mit einer kleinen Brotzeit aus dem Wanderrucksack sieht die sommerliche Welt um Flammersfeld gleich noch mal so schön aus.

Zwischen weißem Gold und Fachwerkjuwel

Die letzte Etappe bricht an und führt uns wieder hinunter ins Tal und wieder hinauf nach Rott, einem hübschen Ort auf der Höhe kurz vor Flammersfeld. Auch hier empfängt uns in der Dorfmitte eine stattliche Eiche, die ebenfalls mehrere hundert Jahre auf ihrem wind- und wettergegerbten Buckel haben soll. Ein Bummel durch die Straßen des kleinen Ortes führen immer wieder vorbei an hübschen Fachwerkhäusern, einem Backeshaus und blühenden Gärten. Michaela Heimann statten wir dort einen Besuch ab. Sie ist ausgebildete Porzellanmalerin und hat einige Jahre in der Meißner Porzellanmanufaktur gearbeitet. Hier in Rott hat sie ein kleines Atelier und arbeitet in meisterlicher Manier auf dem weißen Gold. Klassische Dekore in Streublumenmuster finden sich ebenso wie moderne Umsetzungen. Uns gefallen besonders gut die porzellanen Ostereier, deren frühlingshafte Frische sie uns zu sommerlicher Landpartie zeigt. Den Abschluss unseres Rundgangs in Rott bildet der Garten der Familie Mohr unweit der alten Eiche am Dorfplatz. Für uns ist er schlichtweg der Inbegriff

eines blühenden Bauerngartens, wo Obst und Blumen einträchtig neben Gemüse und Kräutern wachsen. Alte Rosen wuchern über Tür und Wiese, ein etwas verwilderter Hexenkräutergarten schlummert im Schatten des Holunder und zum angrenzenden Feld hin verlieren sich diverse Kartoffel- und alte Apfelsorten, begleitet von einem Bienenstock und der benachbarten Bienenweide. Familie Mohr hat hier nicht nur ein Herz für Pflanzen, sondern auch für Tiere, die hier in der Tierschutzstation Bleibe und Ruhe finden. Von hier ist es nur noch ein kurzer Weg durch Wald und Feld nach Flammersfeld zurück, wo wir am Ortseingang auf die verkleinerte Kopie des alten Raiffeisenhauses stoßen.

Auch davor blühen Blumen wie in einem Zwergenbauerngarten. So schließt sich der Kreis und die Rundwanderung, die zu jeder Jahreszeit ihre Reize offenbart, im Sommer und Herbst aber von einem besonders reichen Füllhorn der Natur profitiert.

TAFELFREUDEN TIPP

Die Route durch alte Dörfer und Gärten ist rund 12 km lang und beginnt am besten am Parkplatz des Bürgerhauses. Eine genaue Wegführung und Beschreibung ist in der Fremdenverkehr u. Touristik-Info der Verbandsgemeindeverwaltung in der Rheinstrasse in Flammersfeld erhältlich. Nach Voranmeldung können die interessanten Haltepunkte der Strecke besucht werden. Familie Summerer besitzt in Ahlbach an der ersten Weggabelung ein wahres Gartenschmuckstück. Christoph Beyer stellt im Kunstraum Püscheid mehrmals im Jahr Künstler und ihre Arbeiten in seiner Galerie vor (Telefon: 0 26 85-98 92 53). Die ehemalige Staatsdomäne in Kaffroth wird heute als Kooperationsbetrieb unter dem Namen SEWA geführt. Dem Melkroboter in der neuen Stallanlage kann man bei seiner Arbeit zu-schauen (Telefon: 0 26 85-79 14). Wer sich vom bäuerlichen Handwerk weiter zum Kunsthandwerk bewegen möchte, klingelt in Rott an der Türe von Familie Heimann (Telefon: 0 26 85-18 31) und gibt am Ende vielleicht sogar eine ganz individuelle Motivvorstellung in Porzellanauftrag. Den Abschluss der Wanderung bildet ein Gartenbesuch bei Familie Mohr (Telefon: 02685-8528). Zurück in Flammersfeld ist das alte Raiffeisenhaus nebst Bauerngarten der Flammersfelder Landfrauen einen Besuch wert. Öffnungszeiten und eine evtl. Führung erfragt man bei Werner Schmidt (Telefon: 02685-686).

Gartenspaziergang

Ein kulinarischer Gartenbesuch bei den Flammersfelder Landfrauen

Gemüsepuffer mit Spinatfüllung

Zutaten:
400 g Kartoffeln, 100 g Möhren, 2 Zwiebeln, 1 Ei, 3 EL kernige Haferflocken, Salz, Pfeffer, Öl, 300 g TK-Spinat (oder entsprechende Menge frischen Spinat, der gedünstet rund 300 g ergeben soll), 25 g Butter, 200 g Kräuter-Schmelzkäse.

Zubereitung:
Kartoffeln und Möhren schälen und raspeln. Zwiebeln hacken, mit Kartoffeln, Möhren, Ei, Haferflocken, ½ TL Salz und Pfeffer mischen. Öl portionsweise in einer Pfanne erhitzen und nacheinander acht Puffer darin abbacken. Abgedeckt im warmen Backofen warm halten. Für die Füllung den Spinat auftauen lassen, zweite Zwiebel im Fett andünsten. Spinat zufügen und so lange erhitzen, bis die Flüssigkeit verdampft ist. Würzig abschmecken. Dann den Käse unterrühren und so lange erwärmen, bis er geschmolzen ist. Spinat auf vier Puffer verteilen. Mit den übrigen Puffern abdecken.

Überbackene Zwiebeln

Zutaten:
30 g Butter, 1 kg möglichst kleine Zwiebeln (größere halbieren), 125 ml Sahne, 2 Eier, Salz, Paprikapulver, Semmelbrösel, geriebener Käse, Butterflöckchen.

Zubereitung:
Zwiebeln in Fett anbräunen, etwas Sahne zugeben und im geschlossenen Topf (Backofen geeignet) gar schmoren. Die restliche Sahne mit den Eiern und Gewürzen verquirlen, über die Zwiebeln in der Form geben, den Belag aus Semmelbrösel, geriebenem Käse und Butterflöckchen darüber streuen und 20-25 Min. bei 200° C backen. Passt zu gebratenem und gegrilltem Fleisch.

Gemüsewaffeln

Aus 1 kg geraspeltem Gemüse (Kohlrabi, Lauch, Möhren, Zucchini, Kartoffeln etc.), 5 Eiern, 8 EL Weizenvollkornmehl, Kräutersalz und etwas Sahne einen geschmeidigen Teig herstellen und im Waffeleisen abbacken. Dazu passt eine Kräutersauce aus Joghurt, Senf, Salz, Pfeffer, frischen gehackten Kräutern und klein gehackten, hart gekochten Eiern und Gürkchen.

Kohlrabi mit Schinken

Zutaten:
4 Kohlrabi je ca. 250 g incl. jungen Blättern, 300 g Schinkenspeck, 50 g mittelalter Gouda, 2 Eier getrennt, Salz, Pfeffer, Muskatnuss, Butter.

Zubereitung:
Kohlrabi putzen, waschen, schälen und 20 Min. in Salzwasser kochen. Blätter waschen, fein hacken. Kohlrabi abtropfen lassen und anschließend so aushöhlen, dass etwa 1 cm Rand übrig bleibt. Kohlrabifleisch fein hacken. 300 g mageren Schinkenspeck fein würfeln. Käse fein reiben. Eigelb und Eiweiß trennen. Eiweiß zu Schnee schlagen. Eigelb mit Kohlrabifleisch, gehackten Blättern, der Hälfte von Käse und Schinken gut mischen, Eischnee unterheben, mit Salz, Pfeffer und Muskatnuss würzen, in die Kohlrabi füllen.

Eine feuerfeste Form ausbuttern und die Kohlrabi hinein setzen. Den restlichen Schinkenspeck in die Form geben und die Auflaufform abgedeckt im vorgeheizten Backofen bei 225° C rund 10 Minuten backen. Danach den Deckel abnehmen und den restlichen Gouda über den Kohlrabi geben. Nochmals 10 Minuten im Ofen weitergaren. Dazu schmecken Salzkartoffel und ein kühles Glas Weißwein.

Salat à la Fridolin

Aus 2 EL Essig, ½ TL Salz, ½ TL Zucker, Pfeffer und 4 EL Rapsöl eine Salatmarinade rühren. Nun 500 g Brechbohnen bissfest kochen und in die Salatsauce geben. 2 Äpfel entkernen, in Würfel schneiden und hinzufügen. Je 250 g Kasseler Fleisch (gewürfelt) und Chinakohl (in Streifen) ebenfalls zugeben. Alles gut durchmischen und nochmals abschmecken.

Salat Knolli

Aus 2 EL Essig, ½ TL Salz, ½ TL Zucker, Pfeffer und 4 EL Rapsöl eine Salatmarinade rühren. Dann 150 g Feldsalat putzen, waschen und in eine große Schüssel geben. 2 Äpfel waschen und in kleine Stücke schneiden, 5 Pellkartoffeln in Scheiben schneiden, 150 g Dörrfleisch in der Pfanne auslassen und kross braten und alles mit der Marinade mischen. In einer Pfanne etwas Butter zerlassen und darin 100 g Toastbrot gewürfelt in der Butter rösten. Vor dem servieren über den Salat geben.

Landpartie ins grüne Reich der Sinne

Der Landschaftspark von Schloss Molsberg und seine Revitalisierung

Erträumte Leichtigkeit mit Weitblick

Ein sommerlicher Morgen, wie gemacht für eine Landpartie in den Westerwald. Bei Montabaur geht es in Richtung der Bundesstrasse 8, vorbei an blau blühenden Flachsfeldern und Wegrändern, die vor lauter Doldenblütlern weiß überschäumen. Der Weg führt nach Wallmerod, hier und da passieren wir schmucke Fachwerkhäuser und dann führt eine kleine Strasse nach Molsberg.

Nach kurzer Wegstrecke öffnet sich der Blick auf ein herrschaftliches Gebäude, das erhöht auf einem Basaltkegel liegt. Mit seinem gelblichen Anstrich und den hölzernen Fensterläden vermittelt es vielmehr den Anschein eines heiteren Landschlösschens in Südfrankreich oder an der Loire, als einer kleinen Residenz im Westerwald.

Eine Allee führt hinauf zum barocken Schloss, das sich als L-förmiger Bau darstellt. Die ursprüngliche Planung des Erbauers, Erzbischof und Kurfürst von Trier Johann Philipp von Walderdorff, konnte durch dessen plötzlichen Tod nicht mehr verwirklicht werden.

Außer einer Lindenallee kam es zum damaligen Zeitpunkt der Errichtung zu keinen nachweisbaren Gestaltungsplanungen für den Park.

Sein Neffe Franz Philipp Graf von Walderdorff widmete sich bereits intensiver dem Umfeld des zwischen 1760 und 1766 erbauten Schlosses und sorgte für die Verschönerung des mit schroffen Felsgeröll durchsetzten Schlossbergs.

1785 begann die Gestaltung eines Gartens, der mit 258 Pflaumenbäumen und 12 „Pyramidenbäumen" bepflanzt wurde.

Der englische Park

Steinerne Bänke, Treppen und Mauern wurden in Auftrag gegeben, die einen Garten an Stelle des ursprünglich geplanten Ehrenhofs schmücken sollten. Der Zeitgeschmack des einstigen französischen Gartenideals wurde nun durch die Ästhetik des englischen Landschaftsparkstils abgelöst. Im frühen 19. Jh. wurden weitere Zubauten veranlasst. Ein kleines Gartenhaus entstand 1805 als „Lusthaus im Schlosshof" für die Sommermonate, während ein 1808 erstellter Auslug auf einem Felsen nördlich des Schlosses den Blick wunderbar auf die sanften Hügelketten des Westerwaldes schweifen ließ. Bis heute ein außergewöhnlicher Naturgenuss, der sich besonders an einem klaren Sommerabend in den abgestuften Blautönen der Wiesen- und Waldketten in die Weite der Landschaft verliert

In den siebziger Jahren des 19.Jh. änderte der Nachfolger Franz Philipps, Wilderich Graf von Walderdorff, das Gartenhaus in eine pittoreske „Burg" in neogotischem Stil. Das ausgehende Zeitalter der Romantik bot hier wie auch an den Burgen am Rhein die Idee des glorifizierten Mittelalters.

Garten der Freuden und Sinne

Mittlerweile hatte sich aus den Gartenideen des Begründers eine dendrologische Attraktion in Molsberg entwickelt. Zwar wurden Pläne eines 1820 erdachten Badehauses nicht verwirklicht, doch lässt es darauf schließen, dass bereits Graf Franz Philipp (1740-1828) einen Parkweiher ersann, der das Badehaus auf einer künstlich aufgeschütteten Insel beherbergen sollte. Spätere Darstellungen geben Auskunft über eine kunstvoll gestaltete Brücke, die auf ein kleines Eiland des Weihers führte. Neben den baulichen Gestaltungsideen spielen natürlich die Wahl der Bäume im Park eine grundlegende Rolle. In zahlreichen Rechnungen zwischen 1870 und 1890 finden sich Einkäufe besonderer Pflanzen. Manche sind davon noch erhalten, wie etwa die sechs stattlichen Mammutbäume.

Ende des Dornröschenschlafs

Das 20. Jahrhundert mit seinen beiden Weltkriegen ließ den auf ca. 15 ha angewachsenen Park in Vergessenheit geraten. Seit 1999 hat der heutige Eigentümer und Nachfahre des Grafen Wilderich, Emanuel Graf von Walderdorff begonnen, den lang gehegten Wunsch einer Revitalisierung des Parks in die Tat umzusetzen. Mit großem Engagement führt er den historischen Park wieder seiner ursprünglichen Bestimmung zu, öffnet ihn für die Allgemeinheit und hat den Anspruch, ihn damit als kulturhistorisches Naturdenkmal zu erhalten. Gemeinsam mit einem Landschaftsarchitekten und dem rheinland-pfälzischen Amt für Denkmalpflege wird seit 1999 ein Parkpflegewerk erstellt, das für die kommenden 15 Jahre die Arbeiten im Schlosspark dokumentiert.

Anhand dieses Konzepts wird die Sanierung, Erneuerung und Erhaltung des Landschaftsgartens durchgeführt. Die ersten Pflegemaßnahmen sind mittlerweile abgeschlossen. Die Hauptsichtachsen wurden wiederhergestellt, da sämtliche Durchblicke und Sichtbeziehungen über die Jahrzehnte durch wilde Sämlinge zugewachsen waren.

Die ursprüngliche optische Erlebbarkeit konnte nur noch in Ansätzen festgestellt werden. Weiterhin wurden Altbaumbestände fachgerecht saniert, ein Parkweiher, der zu verlanden drohte, entschlammt, aufgestaut und seine Ufer mit einer aufwendigen und abwechslungsreichen Flora begrünt.

Die Neugestaltung des alten Wegenetzes ist der nächste Schritt, der kurz vor seiner Vollendung steht. So sind viele der Landschaftspark prägenden Stilelemente, wie geschwungene Wege, Baumgruppen oder malerisch wirkende Einzelbäume bereits wieder erlebbar. Gegenüber den einstigen Begründern des Schlossparks lädt der jetzige Eigentümer Emanuel Graf von Walderdorff interessierte Naturfreunde ein, den Park in seiner Entwicklung neu kennen zulernen.

Es wird noch viel geschehen und einige Jahresringe mehr werden sich um den Stamm der Parkbäume legen, aber der Anfang ist gemacht. Alles wird gut!

Ludwig van Beethovens Großvater mütterlicherseits, Johann Heinrich Keverich (1701-1759) leitete die Hofküche des Kurfürsten Johann Philipp von Walderdorff und war speziell für seine Verköstigung und Tafelrunde verantwortlich. Während eines Aufenthalts auf Schloss Molsberg, dem Stammsitz der Grafen von Walderdorff, verstarb er. Seine Witwe, Anna Klara (1705-1768) leitete daraufhin die Hofküche in eigener Regie weiter.

Grüner Salat mit 7 Kräutern

Zutaten:

1 Kopfsalat, je 1 EL Gartenkresse, Petersilie und Pimpinelle, je $\frac{1}{2}$ EL Zitronenmelisse und Dill, $\frac{1}{2}$ Bund Schnittlauch und 2 Blatt Liebstöckel, 1 knappe Tasse saure Sahne, etwas Himbeeressig, etwas Salz.

Kopfsalat waschen, trocken schleudern und zerpflücken. Kräuter fein hacken. Saure Sahne mit Essig und Salz vermischen, dann die Kräuter zugeben. Kurz vor dem Anrichten mit dem Kopfsalat mischen. Nach Belieben mit Tomaten oder Radieschen garnieren. Mit blauen (essbaren) Borretsch- oder (essbaren) Gänseblümchenblüten anrichten.

Kapuziner Blütensalat

Zutaten:

1 Hand voll Blüten der Kapuzinerkresse, 1 ungeschälte junge Salatgurke in Scheiben, 250 g gelbe bissfest gekochte Wachsbohnen, 250 g Spargelspitzen, 250 g bissfest gekochte Blumenkohlröschen, einige Blätter Kopfsalat, etwas Rotweinessig und Öl, 1 Bund Radieschen, in Scheiben geschnitten.

Für die Marinade: 1 EL Mayonnaise, 1 El Crème fraiche, $\frac{1}{2}$ Becher Sahne, 1 TL Zitronensaft, 1 EL frisch gehackter Kerbel, etwas Salz, etwas Zucker.

Zubereitung:

Die Gemüse ohne die Blüten in einer Schüssel mit der gerührten Marinade anrichten. Darauf eine dünne Schicht klein gepflückten grünen Salat geben, der mit ein paar Tropfen Rotweinessig und Öl vermischt wird. Nun mit Radieschen am Rand dekorieren und zum Schluss die essbaren Blüten darüber streuen.

Westerwälder Landpartien

TAFELFREUDEN TIPP

Schloss Molsberg selbst ist in Privatbesitz und nicht zu besichtigen. Der historische Garten ist jedoch ein ideales Ausflugsziel, das sich im Sommer auch sehr schön mit einem Picknick irgendwo draußen im grünen Westerwald auf Sommerblumenwiesen oder an lauschigen Bachläufen verbinden lässt. Im Juli findet der Kaffeehausnachmittag statt, der Wiener Kaffeehausmusik mit leckerem Westerwälder Kuchen verbindet. Stimmungsvoll unter den alten Linden der Allee nahe der alten Rentei. Der Kulturförderverein der Region um Wallmerod bietet neben dieser Veranstaltung auch weitere, zumeist open air Kulturangebote im Schatten des Schlosses. Veranstaltungsinfos gibt es unter www.wallmerod.de
Der Weg nach Molsberg führt über Wallmerod (gelegen am uralten Handelsweg der „Hohen Straße" von Köln nach Frankfurt) unweit der Stadt Montabaur.

Beerige Zeiten

Gegrillter Lachs
mit Himbeer–Vinaigrette

Zutaten:
4 Lachsfiletstücke á 180 g, Olivenöl, Salz, Pfeffer, 15 g gehackte Zitronenmelisse, Himbeeren und Melisseblättchen zum Garnieren.

Vinaigrette:
60 g frische oder tiefgekühlte Himbeeren, 100 ml feinster Rotweinessig, $\frac{1}{2}$ Knoblauchzehe, 1 TL Dijon-Senf, Salz, 200 ml Olivenöl (extra vergine), Pfeffer aus der Mühle.

Zubereitung:
Einen Tag vorher die Himbeeren mit dem Rotweinessig marinieren. Die sehr fein gehackte Knoblauchzehe mit dem Senf und etwas Salz verrühren. Die Himbeeren mit dem Essig dazugeben, nochmals gut verrühren und das Olivenöl mit dem Schneebesen unterheben. Mit Salz und Pfeffer abschmecken. Die Lachsfilets mit Salz und Pfeffer würzen und mit dem Olivenöl einstreichen. Unter dem vorgeheizten Grill ca. 5 – 7 Min. grillen, zwischendurch wenden, bis die Filets knusprig hellbraun sind. Die Vinaigrette vor dem Servieren mit der gehackten Zitronenmelisse verfeinern, mittig auf 4 Tellern verteilen und jeweils ein Lachsfilet darauf anrichten. Mit frischen Himbeeren und Melisseblättchen garnieren.

Beerensauce mit Thymian

Zutaten:

10 g frische Ingwerwurzel, ½ Bd. Thymian, 250 g gemischte Beeren (Brombeeren, Johannisbeeren, Heidelbeeren, Himbeeren), 150 ml Rotwein, 150 g Gelierzucker 1:1, 100 g Preiselbeeren, 2 – 3 EL Balsamicoessig, Salz, schwarzer grober Pfeffer.

Zubereitung:

Zuerst den Ingwer schälen und fein hacken, die Thymianblättchen abzupfen und die Beeren putzen, waschen und auslesen. Anschließend die Beeren mit dem Rotwein, Gelierzucker, Ingwer und der Hälfte des Thymians zum Kochen bringen. Ca. 4 Min. kochen lassen, durch ein Haarsieb streichen und nochmals durch ein feineres Sieb (oder Tuch) ablaufen lassen und fest ausdrücken. Die so gewonnene Beerensauce mit den Preiselbeeren ca. 2 Min. offen kochen und mit dem Balsamicoessig, 1 Prise Salz und viel Pfeffer abschmecken.

Die Sauce heiß oder eiskalt mit den übrigen Thymianblättern bestreuen. Am besten passt die Sauce zu Wild wie z. B. Rehmedaillons.

stark kochen lassen und abschäumen. Das Chutney noch heiß in Gläser füllen und verschließen. Kalt gelagert bis zu 6 Wochen haltbar.

Am besten schmeckt das Johannisbeer-Chutney zu geräucherter Entenbrust.

Johannisbeer-Chutney

Zutaten für ca. 1 kg:

250 g Schalotten, 20 g grüne milde Chilischoten, je 1 unbehandelte Orange und Zitrone, 125 ml roter Johannisbeersaft, 50 g Zucker, 2 Lorbeerblätter, ½ gestr. TL Salz, 1 kg rote Johannisbeeren, 1 rote scharfe Chilischote, 350 g Gelierzucker 1:1.

Zubereitung:

Die Schalotten pellen und halbieren. Die grünen Chilischoten längs aufschlitzen, von den Kernen befreien und in Streifen schneiden. Orange und Zitrone dünn schälen und die Schalen in klein Späne schneiden, ½ Zitrone auspressen. Den Johannisbeersaft mit dem Zucker, Lorbeerblättern, Salz, Schalotten, grüner Chilischote und den Zitrusspänen bei schwacher Hitze ca. 15 Min. kochen, bis der Saft karamellisiert. Mit gewaschenen und gelesenen Beeren, der ohne Kerne klein gehackten roten Chilischote sowie dem Gelierzucker und dem Zitronensaft unter Rühren ca. 4 Min.

Winzersektsüppchen mit Johannisbeeren

Zutaten:

400 ml trockener Winzersekt, 2 – 3 EL brauner Zucker, 2 – 3 TL Speisestärke, Saft einer halben unbehandelten Zitrone, 200–300 g Johannisbeeren, 2 cl Cassis-Likör, Minzeblättchen zum Garnieren, 1 Packung Zitronen-Sorbet.

Zubereitung:

Den Winzersekt mit dem Zucker und dem Zitronensaft kurz aufkochen, die geriebene Schale der Zitrone dazugeben und ca. 3 Min. einkochen lassen. Mit der Speisestärke auf eine leicht suppige Konsistenz abbinden. Die Beeren putzen und mit dem Cassis-Likör marinieren. Darauf achten, dass das Sorbet beim Servieren nicht zu hart ist.

Das Winzersektsüppchen in Glasschalen oder tiefe Teller füllen, die marinierten Beeren ansprechend darauf verteilen. Eine große Kugel Sorbet dazugeben und mit den Minzeblättchen garnieren.

RESTAURANT SCHLOSSKELLER ENGERS NEUWIED

Gemüseauflauf

Zutaten:

2 l Gemüsebrühe, 200 g Hörnli (Teigwaren) , 200 g Blauschimmelkäse (Gorgonzola) 2 EL Butter, 2 grob gehackte Zwiebeln, 1 gelbe, gewürfelte Peperoni, 1 gewürfelten Kohlrabi, 1 mittelgroße, in Streifen geschnittene Lauchstange, 1 klein gewürfelte Karotte, 100 g frische oder tiefgekühlte Erbsen, Salz und Pfeffer.

Weiterhin 300 ml Milch, 3 Eier, Salz, Pfeffer & Muskat, geriebenen Käse nach Bedarf.

Zubereitung:

Die Teigwaren in der Gemüsebouillon al dente kochen. Die Hälfte in eine feuerfeste Form geben. Den Gorgonzola klein würfeln und darüber verteilen. Das Gemüse in der Butter andämpfen, würzen und auf den Käse verteilen. Mit den restlichen Teigwaren bedecken. Milch, Eier und Gewürze mit dem Schneebesen verrühren und über das Ganze verteilen. Mit Reibkäse bestreuen. Im Backofen bei 200° C während 25 Minuten überbacken.

Romanesco Auflauf

Zutaten:

1 Kopf Romanesco (Kreuzung aus Blumekohl und Broccoli), 450 g Kasseler , 60 g Mehl, 50 g Butter, 250 ml Milch, 200 ml Schlagsahne, weißer Pfeffer, Muskat, 200 g Käse (Gruyere), 1 EL scharfen Senf, 1 EL glatte, gehackte Petersilie, 1 TL Thymian, 450 g kleine und festkochende Kartoffeln.

Zubereitung:

Kartoffeln ungeschält in Salzwasser kochen, noch warm pellen. Romanesco in Röschen teilen, 5 Min. in kochendem Salzwasser garen, abgießen, abschrecken. Kasseler 2 cm groß würfeln. Die Butter in einem Topf aufschäumen lassen und das Mehl einrühren, 1 Min. unter Rühren anschwitzen. Milch mit einem Schneebesen unterrühren und aufkochen. Unter häufigem Rühren 25 Min. bei milder Hitze kochen, nach 20 Min. die Sahne zugießen. Mit Salz, Pfeffer und Muskatnuss würzen und durch ein Sieb passieren, die Hälfte vom Käse, den Senf und die Kräuter zugeben und glattrühren. Die Hälfte der Sauce in eine Auflaufform (1,5 l Inhalt) gießen. Kartoffeln, Romanesco und Kasseler darauf verteilen und mit der restlichen Sauce übergießen. Den restlichen Käse in Häufchen darauf setzen. Im vorgeheizten Ofen auf der 2. Einschubleiste von unten 45 Min. bei 180° C (Gas 2-3/Umluft 160° C) backen.

Gemüsepfanne

Zutaten:

3 EL Öl (Sesamöl), 30 Mandeln, geschält, 1 große Möhre und 1 großer Kohlrabi in ganz feine Streifen geschnitten, 1 in dünne Ringe geschnittene Zwiebel, 1 zerdrückte Zehe Knoblauch, 3 feingeschnittene Stangen Sellerie, 125 g geputzten und halbierten Rosenkohl, 125 g Blumenkohl in kleinen Röschen, 125 g fein geraspelten Weißkohl, 2 TL Sesamkörner, 2 TL frisch geriebenen Ingwer, $\frac{1}{2}$ TL Chilipulver, 1 TL gemahlenen Koriander, 1 EL helle Sojasauce, Salz und Pfeffer.

Im Sommer

In Sommerbäder
Reist jetzt ein jeder
Und lebt famos.
Der arme Dokter,
Zu Hause hockt er
Patientenlos.
Von Winterszenen,
Von schrecklich schönen,
Träumt sein Gemüt,
Wenn, Dank der Götter,
Bei Hundewetter
Sein Weizen blüht..

Wilhelm Busch

Zubereitung:

Öl in einem Wok oder einer großen Pfanne erhitzen und die Mandeln rösten, abtropfen lassen.

Die verschiedenen Gemüse, ohne den Kohl, hinein geben und unter ständigem Rühren ca. 4-5 Min. braten. Kohl, Sesamkörner, Ingwer und Chilipulver zugeben und nochmals 2 - 3 Min. braten. Die restlichen Gewürze zugeben, abschmecken und zum Schluss die Mandeln darüber streuen.

Gut behütet am Schlosspark von Molsberg

August

Auf Schatzsuche
unterwegs

Ein–Fach schönes Bau–Werk

Regelrechte Juwelen schlummern häufig im Verborgenen. Manchmal liegen sie jedoch sichtbar an Weggabelungen oder sogar offen, mitten auf einem Platz. Da funkeln sie hell in der Sonne. Viele jedoch hat man im Laufe der Zeit aus der Fassung gebrochen. Wie ein hohler Zahnstumpf bleibt nur noch ein Rest zurück oder verschwindet gänzlich aus dem Blick der dörflichen Kette. So haben sich die schönen Schmuckstücke noch rarer gemacht und finden sich oftmals hinter einer unschönen Patina aus Eternit, statt bläulich-dunklem Schiefer – einem Material, das sich mit alten

Juwelen traditionell gut verträgt. Wie gut, dass es wieder mehr Liebhaber für solche echten Pretiosen gibt. Sie suchen und finden sie, ganz gleich wieviel Schmutz, Unrat und Rankwerk über die Jahrzehnte sich um die Edelsteine angesammelt haben. Sie werden gesäubert, hier und da neu gefasst und von erfahrenen Handwerkern in den alten Glanz versetzt. Dann schimmern sie zwischen schönen Gärten, lächeln aus polierten Holztüren und Sprossenfenstern. Hin und wieder rauchen sie sogar Pfeife und der Rauch fährt aus dem renovierten Backeshaus. „Geschafft" – rufen sich Eigentümer und Juwel gegenseitig zu, denn

hinter unbeschreiblich lauschigen Idyllen lag harte Arbeit, viel Einsatz und der Mut auf immer neue Abenteuer. Dafür schmückt nun der altneue Lebensraum aber auch in einer ganz besonderen Weise und der Schmucksammler kann sich glücklich schätzen, aus Vergangenheit und Heute einzigartige und individuelle Wohnideen zusammengetragen zu haben. „Wenn das die Erbauer sehen könnten" – schmunzelt man sich zu. Sie wären wahrhaftig mehr als überrascht, denn früher sah die Welt des Fachwerkhauses noch ganz anders aus …

Alles unter Dach und Fach

Noch bis zum Ende des 19. Jh. baute man im ganzen Westerwald und auch am Rhein Fachwerkhäuser mit Strohdächern, die erst durch die immer unterschwellig bestehende Brandgefahr im Laufe der Zeit durch Steinhäuser mit Ziegel- oder Schieferdächern ersetzt wurden. Für das Fachwerk wurde kräftiges Eichenholz verwandt, dessen Wandgefache mit einer Mischung aus Lehm und gehäckseltem Stroh ausgefüllt wurden. Zuvor wurde jedoch ein Flechtwerk eingebracht, das dem Lehm Halt versprach. Die Gefache wurden so mit dem Füllwerk *gerämmelt* und *gestiwelt* und anschließend mit einem dünnen Kalkmörtel überzogen. Nachdem Lehm und Mörtel durchgetrocknet waren, erhielten die Gefache ihren kalkweißen Anstrich, der sich gegenüber den dunklen Holzbalken ansprechend abhob. Wohlhabendere Bauherren beauftragten noch Schnitzer, die Schriftzüge, Rankenwerk oder andere Symbole in das Fachwerk einbrachten.

Einen Zahn zulegen

Das traditionelle Fachwerkhaus aus der Westerwälder Region hatte eine zweigeteilte Türe, die oben und unten zu öffnen war. Von da gelangte man in den Vorraum, den *Är*, der meist nur ein kleines Fenster besaß. Im Sommer ließ man deshalb gerne die obere Türhälfte offen stehen, um ein Mehr an Helligkeit in dem kleinen Raum zu erhalten. Der Fußboden bestand oft aus großen Schiefer- oder roten Sandsteinplatten. Der *Är* beherbergte neben der Schottel- auch die Wasserbank. Erstere hielt als Regal die diversen Keramikteller und Schüsseln, während die Wasserbank die Eimer mit frisch gefülltem Brunnenwasser aufbewahrte. Eine Wasserleitung war in dieser Zeit in den meisten Haushaltungen noch unbekannt. In einer anderen Ecke befand sich unter einem großen offenen Kamin der gemauerte Herd, wo die Mahlzeiten zubereitet wurden. Oberhalb des Herdes weitete sich der Schornstein, um an Stangen und Haken aufgehängt, Platz für Rauchfleisch, Speck und Würste zu bieten. Gleichzeitig hing an einer schmalen, langen und gezackten Eisenplatte auch der Topf über dem Feuer. An der *Hääl* konnte man sozusagen einen Zahn zulegen, um damit den Topf näher ans Feuer zu bringen, worin die Speisen dann stärker und somit schneller garten.

Der Bauch des Hauses

Aus dem *Är* führte eine Treppe oder Stiege hinunter in den Keller, wie auch eine weitere nach oben. Der Keller war gängigerweise aus unverputztem Bruchstein erbaut und nur durch zwei Kellerlöcher belüftet und belichtet. Der Boden bestand aus festgestampftem Lehm. Hier wurden die Vorräte aufbewahrt, die über das Jahr eingeholt worden waren. Da waren die eingekellerten Kartoffeln, das *Sauermoos* (Sauerkraut) im Steintopf, die saure *Bunnen* (Bohnen) ebenso, wie die Bütte mit dem eingesalzenen Fleisch der Hausschlachtung. Im Keller wurde auch die frisch gemolkene Milch aufbewahrt. Zwei Tage blieb sie im irdenen Topf stehen bis sich der Schmand abgesetzt hatte. Vorsichtig nahm man dann den Rahm ab, goss ihn in das *Schmanddeppe* und brachte ihn wenn es voll war in die *Kirn* zum Butterkirnen.

Des Bauern gute Stube

Ging man in die Stube, so betrat man einen Boden aus gehobelten Dielenbrettern. Wenig stand im Raum: ein Tisch, einige Stühle dazu das Bett der Eltern und manchmal auch eine Wiege. Im Winter wurde dann das Spinnrad mit hineingeholt und später, im Anschluss an das Flachs spinnen der Webstuhl (Gezau) zum Leinenweben. Hier trafen sich in der kalten Jahreszeit nicht nur die Familie, sondern auch Nachbarn und Freunde, um den Mädchen beim Spinnen Gesellschaft zu leisten, zu singen, zu erzählen und sich Neuigkeiten auszutauschen. Gleichzeitig blieb die Stube im Winter auch der einzige wärmende Raum, da die *Är* an strengen Frosttagen nicht warm genug wurde. Ging man die steile Stiege in das obere Geschoss, so fand man meist eine größere Kammer über der Stube und eine kleine über dem *Är*. Dort schliefen die Großeltern und auch die Kinder. Über den schmalen kleinen Flur gelangte man über die Leiter in den Speicher, der für das ausgedroschene Getreide Raum bot. Die Säcke dort hinauf zu tragen bedeutet harte Arbeit für die Männer des Hauses.

Schöne kleine Welt

Gleich neben dem Haus, oft auch durch eine Türe miteinander verbunden, stand die Scheune, und daneben der *Ooles* als Lagerraum für das ausgedroschene Stroh. Von der Scheune aus gelangte man auf den Heuboden, der als Lagerraum für Krummet, Getreide und Heu diente. Einen Teil des Heubodens beanspruchte der Hühnerstall. Über eine Hühnerleiter gelangte das Federvieh hinauf und durch ein Wandloch hinein in den Stall. Zum Eier einsammeln musste die Bäuerin dann ebenfalls auf den Heuboden klettern – wohlgemerkt nicht auf der Hühner- sondern der Scheunenleiter. Unter dem Heustall lag der Viehstall, wo Rindvieh gehalten wurde. Abgetrennt davon lag der Schweinestall und in besser gestellten Bauersfamilien gab es sogar noch einen Pferdestall. Hinter dem Haus lag der kleine Holzverschlag mit dem bekannten Herz in der

Türe und der Backes, das Backhaus, wo die Familie ihr eigenes Brot herstellte. Gar nicht weit davon entfernt stand die *Bitze*, die Obstwiese, wo nicht nur Äpfel, Birnen und Zwetschgenbäume standen, sondern auch auf einem abgetrennten Teil gerne die Schweine gehalten wurden. Im unmittelbaren Umfeld des Hauses grünte ein Blumen- und Gemüsegarten, der je nach guten oder mageren Jahren einmal mehr Blumen, ein anderes Mal mehr Nutzpflanzen bot. Fast in Vergessenheit geraten wäre noch der Misthaufen zu nennen, der natürlich jedem Stall eines Bauernhauses vorgelagert war und jedem stolzen Hahn zur Ehre gereichte. Aber diese Zeiten sind Geschichte. Geblieben sind hier und da die bäuerliche Tradition und Kunstfertigkeit des Fachwerkhauses – den verborgenen Juwelen zwischen Brombeerhecken und Rauchschwalbenflug.

Westerwälder Krüstchen

Eine herzhafte Brotzeit für Wanderer und solche, die es später einmal werden wollen …

Pro Person ein Schnitzel in der Pfanne braten, danach dünne Dörrfleischscheiben im Restfett auslassen, während in einer zweiten Pfanne ein Spiegelei gebraten wird. Eine Scheibe kräftiges Bauernbrot mit Butter dünn bestreichen, darauf das Schnitzel geben, mit krossen Dörrfleischscheiben belegen und zum Schluss das Spiegelei darauf setzen. Mit etwas gehackter Petersilie bestreuen und dazu einen frischen gemischten Salat reichen.

Rheinische Handkässuppe

Zutaten:
200 g Handkäse, 40 g Butter, 100 g gehackte Zwiebeln, 2 EL Mehl, 250 ml Sahne, ca. 500 ml Fleischbrühe, 250 ml Rieslingwein, Salz, Pfeffer.

Zubereitung:
Butter und Zwiebeln in einen Topf geben und hellgolden anschwitzen. Mit Mehl überstäuben, etwas anschwitzen und anschließend mit Brühe und Sahne aufgießen. Langsam wieder unter Rühren aufkochen lassen. Den Handkäse klein zerpflücken und in die Suppe geben. In der langsam köchelnden Suppe auflösen und glatt rühren. Abschließend den Wein zugießen und mit Salz und Pfeffer letztmalig abschmecken.

TAFELFREUDEN TIPP

Schöne alte Fachwerkhäuser finden sich hier und da im Westerwald. Neben den Städten Montabaur und Hachenburg mit ihren historischen Ortskernen gibt es noch einige echte Schmuckstücke, die sich jedoch auch oft weitab von den großen Strassen befinden. Schöne Beispiele der Haus- und Wohnkultur in früheren Zeiten bietet das Landschaftsmuseum Westerwald in Hachenburg. Das Museumsdorf besteht aus sechs typischen Westerwälder Häusern aus dem 18. und 19. Jahrhundert. Diese wurden in der Region abgebaut und originalgetreu auf dem heutigen Museumsgelände wieder aufgebaut. Das ehemalige Hofgärtner-Haus im Burggarten des Hachenburger Schlosses ergänzt die Gehöftgruppe. Über das Jahr hinweg finden Veranstaltungen und Märkte statt, die sie unter der Webseite www.landschaftsmuseum-westerwald.de aktuell erfahren können.

Rieslingsuppe nach Art des Willi Gabrich

Zutaten
1 l kräftige Gemüsebrühe, fein geschnittenes Gemüse (1/2 Stange Lauch, 2-3 Möhren), 1 Bd. Schnittlauch, 150 ml Riesling trocken, 150 ml Sahne, Muskat, Salz, Pfeffer, p. P. je eine Scheibe Toastbrot und eine Scheibe Emmentaler Käse, 1-2 Zwiebeln in feine Streifen geschnitten und golden braun angeröstet.

Zubereitung:
Das fein geschnittene Gemüse in der köchelnden Brühe rund 10 Minuten garen. Danach den Riesling und die Sahne einrühren, mit Gewürzen abschmecken. Toastbrot toasten und anschließend mit einer Scheibe Käse belegen. Im Backofen kurz überbacken. Die Suppe in tiefe Suppenteller geben, Zwiebelschmelze dazugeben und je eine überbackene Toastbrotscheibe darin schwimmen lassen.

Kerbelsuppe aus dem Bauerngarten

Zutaten:
150 g Kerbel, 1 l Fleischbrühe, 2 EL Butter, 2 EL Mehl, 2 Eigelb, 1 Becher Sahne, Muskat, Salz, Zitronensaft.

Zubereitung:
Aus Mehl und Butter eine Mehlschwitze herstellen. Mit der Brühe aufgießen, glatt rühren und aufkochen. Suppe vom Feuer nehmen, Eigelb mit Sahne verrühren und in die Suppe geben. Gut umrühren. Nicht mehr kochen lassen. Mit Zitronensaft, Salz, Pfeffer und Muskat würzen. Zum Schluss den feingehackten Kerbel dazugeben. Einige Minuten ziehen lassen. Mit in Butter gebratenen Brotwürfeln servieren.

Zur Feier des Tages

Einmal im Jahr ist das ganze Dorf aus dem Häuschen

Der Sommer verabschiedet sich langsam. Die Frucht ist eingefahren und die ersten Stoppelfelder künden von einer guten Ernte. Bevor diese jedoch in der Kirche am Erntedankfest den Altar schmü-

cken wird, geht die Vorfreude im Dorf dem eher weltlichen Erntedank entgegen. Das Kirmesfest schickt sich an, für ein Wochenende einen gewissen Ausnahmezustand im Ort herbeizuführen.

Von der hohen Kante in die Kehle

Die Kirmes hat eine lange Tradition in den Dörfern an Rhein und Westerwald und rangiert in ihrer Bedeutung für die Dorfjugend gleich nach dem Weihnachtsfest. In früheren Zeiten, als die freie Zeit noch knapp bemessen war und es deshalb auch nicht die Vielzahl von Freizeitangeboten gab, wurde auf die Kirmes schon Wochen und Monate gefiebert und auch gespart. Von manchem Lohntag versuchte sich der junge Mann ein wenig zurückzulegen – auf die hohe Kante für die Kirmes. Blieben Lohn oder Arbeit einmal aus, musste die Mutter von den Butter- oder Eiergroschen jedes Mal etwas herausrücken. Wer ein echter Kirmesbursche sein wollte, der durfte sich an den Tagen nicht lumpen lassen und musste genügend Kirmesgeld haben. Manch alte Dorfbewohner schlugen da die Hände über dem Kopf zusammen, wenn sie hörten, welche Summen da gebraucht wurden. Ihr Alter war genügsam und man dachte noch in den Zeiten, wo Schnaps und Bier nur einen Bruchteil kosteten. Letztendlich fügten sie sich doch und wahrscheinlich kam ihnen dabei ihre eigene Jugend und die Kirmesfeste von anno dazumal ein wenig in den Sinn.

Prosit und Hauruck

Keine „ehrenvolle" Kirmes also ohne Kirmesgeld, aber auch nicht ohne Kirmesbaum. Aus dem Wald holten die Jungen mit der Erlaubnis des Försters eine hochgewachsene schlanke Buche oder Tanne. Der Stamm wurde von Astwerk befreit, nur die Kronenspitze blieb erhalten. Dafür wurde sie aber mit Kränzen und Girlanden geschmückt und erhielt je nach Brauch und Örtlichkeit sogar eine Krone aus Eierschalen. Manchmal, so wissen es alte Erzählungen zu berichten, wurden ihm auch lebensgroße Puppen auf luftiger Höhe kunstgerecht angeheftet. Sie verfolgten von oben herab den Kirmestrubel und wachten noch Wochen später über den Platz, um an die Vergänglichkeit alles Irdischen zu mahnen. Ein gutes Stück Mühe kostete es schon, bis der Baum stand und gut im Boden verankert war. Ein paar Schnäpse mussten da fließen, damit er „begossen" wurde und die Erde sich gründlich setzte. Ein geeigneter Anlass, um schon einmal das Tanzbein zu schwingen, ganz gleich, ob die Kapelle nun vor Ort war oder nur einer seine Quetschkommod aus der Stube holte. Es soll Dorffiedelmänner gegeben haben, die nichts anderes taten als von Dorf zu Dorf zu ziehen und die Kirmes „anzuspielen".

So ging der Samstag dahin und irgendwann erlosch die Musik und erlahmte das Tanzbein. Man legte sich zur Ruhe und auch die letzten beendeten ihre Wacht am Kirmesbaum, der einmal von den Burschen des Nachbarorts des Nachts gestohlen wurde. Fast hätte es die Kirmesfeier vereitelt, denn so schnell ließ sich kein neuer Kirmesbaum auftreiben.

Linksherum und rechtsherum

Der Sonntag erwachte mit früher Geschäftigkeit. Schließlich war er der Hauptfesttag und von weit und breit hatten sich Bekannte und Verwandte angesagt. Wer sich das ganze Jahr über kaum sah, fand sich hier ein. Denn es ging nicht nur um das frohe Wiedersehen, sondern auch um die Leckereien, die da auf Besucher und Dorfbewohner warteten. Wer sich da entschuldigen ließ, dem wurde es durchaus übel genommen. Hatte man doch die vielen Zimt-, Streusel-, Bromme- und Quetschekuchen nicht für die Katz gebacken! Auch der Braten hatte nicht umsonst den ganzen Samstag auf dem Herd verbracht.

Während es überall aus den Küchen und Gärten her duftete, fanden sich im Dorfgasthaus die Kirmesburschen ein. Die Mädchen hatten ihnen die Kirmessträußchen aus Rosen, Nelken und Vergissmeinnicht gebunden, die sie ihnen an die Brust steckten. In ausgelassenem Umzug ging es jetzt durchs Dorf, die Blaskapelle war nun mit von der Partie und in froher Runde erreichte man irgendwann wieder den Wirtshaussaal, wo zum Tanz die Musik aufspielte. Da konnte es schon eng werden auf der Tanzfläche und so mancher ungewollte Rippenstoß verpasste blaue Flecken als Andenken an die Kirmes. „Aber was soll's" sagte man sich – „schließlich war nur einmal im Jahr Kirmes und heut' war heut'!" Während die Jugend sich vergnügte und tanzte, zog es auch die alten Mütterchen wie auch Großväter an den Rand des Geschehens. Erinnerungen kamen auf und mancher dachte ein wenig mit Wehmut an die Zeiten zurück, wo die Glieder noch jung waren und die Beine noch wollten.

Sicher war man sich aber darüber, dass die alten Weisen und Musikstücke wohl besser geklungen haben, als die Schlager und jazzigen Tanzweisen von weither. „Wie schön waren doch Walzer und Polka, die Schottische und manch anderen Tänze, zu denen man volkstümliche Tanzliedchen gesungen hat", dachte sich manch betagter „Zaungast" des Tanzgeschehens. Nun, die Zeit ging weiter und von den Jungen kannte kaum einer mehr den Küßchestanz und die Siwwesprüng, den Kontretanz oder den Süßen Heinrich.

Wenn der Abend anbrach, ging der Umzug erneut durchs Dorf. Ein letztes Mal spielte die Musik auf und auf der Kirmeswiese ging das Treiben fort. Nun sah man sogar ein paar alte Dorfbewohner, die ein Tänzchen riskierten. Es wurde gegessen, musiziert und getanzt, natürlich auch Blicke geworfen, getändelt und sich verliebt.

So ging der Sonntag dahin und irgendwann löschte auch der Mond das letzte Kirmeslicht aus. Schlaf sammeln, hieß es, denn am morgigen Tag ging es nochmals weiter.

162

Das Beste zum Feste

Die Aufgabe der Burschen stand heute ganz im Zeichen des Kirmesbratens. Am Morgen zogen sie hinaus auf die Bauernhöfe und mit Musik kehrten sie bei den Bauersleuten ein, um den besten Hahn einzufordern. Die Ställe wurden inspiziert und trotz Zeter und Mordio von so mancher Bäuerin – es half nichts, der Hahn kam mit. Es war Ehrensache den Kirmeshahn zu stellen und so wurde zumeist gute Miene zum bösen Spiel der Kirmesburschen gezeigt. Da konnte es aber dennoch vorkommen, dass es einem Bauer besonders schwer fiel und er der Kirmesräuberbande beim Fortgehen zurief „Esch wänschen uch nix Bießes, awer die Knochen sollden uch dach em Hals stächen bleiwen."

Es hat ihm sicherlich nichts geholfen und aus seines Gockels Kehle kam alsbald kein kikerki mehr zu Ohren. So hieß es für die Kirmesgesellschaft weiter über die Felder ziehen, wo sich Eier, Speck, Käse und Schinken in den Körben zum letzten großen Kirmesgelage sammelten. Dieser Tag ging nun ein letztes Mal für dieses Jahr mit Tanz und Schmaus, mit Musik und Trank dem Ende entgegen. „Es war mal wieder schön", so waren sich Alt und Jung einig und so manche Bauernhochzeit ist später daraus erwachsen.

Goldene Kehlen für goldgelben Kirmeskuchen

In Dreifelden steht die Kirche noch im Dorf. Sie ist übrigens die älteste Steinkirche im gesamten Westerwald und lohnt einen Besuch. Gar nicht weit davon entfernt steht das stattliche Pfarrershaus aus rotem Backstein mit dem schönen großen Garten. Ein idealer Platz für eine frohe Kaffeerunde und den dazu gehörigen Kuchen, den die Mitglieder des Frauenchores der evangelischen Kirchengemeinde Dreifelden gerne backen. Darin sind sie echte Meisterinnen ihres Fachs und man schmeckt wortwörtlich die gute Butter und die anderen leckeren Zutaten heraus. Seit 10 Jahren besteht diese engagierte Damengruppe mit Sängerinnen aus Linden und Dreifelden. Geprobt wird in der alten Kirche und probiert werden die Kuchen dann zu Gemeinde- und Pfarrfesten. Zur Amtseinführung von Pfarrer Schell sollen es sage und schreibe 30 Torten und Kuchen gewesen sein

– so erzählen es die Damen in der sommerlichen Kaffeerunde im Pfarrhausgarten. Pfarrer Karl-Heinz Schell und eine Frau des heutigen Damenkränzchens haben dazu extra ihre Westerwälder Tracht angezogen. Traditionen stehen hier noch hoch im Kurs, besonders die Musik ist hier in der Region fest verwurzelt, aber man ist auch neuen Ideen nicht abgewandt. So findet an den Kirmestagen im benachbarten Steinebach der Gottesdienst einmal im Kirmeszelt statt oder auch anlässlich des Waldfestes in Dreifelden gleich am dortigen Ort. Selbst ein Strandgottesdienst in Seeburg, direkt am Dreifelder Weiher, steht auf dem Programm. Es lebt sich gut hier und wie es Pfarrer Schell amüsant auf den Punkt bringt: „Wir leben nicht gut, sondern intensiv!". So soll es sein und was wäre nicht schöner als ein intensiv gelebter Kaffeenachmittag mit selbst gebackenem Kuchen der Sängerinnen von Dreifelden und Linden.

Käsekuchen

Zutaten:
250 g Butter, 4 Eier getrennt, 200 g Zucker, 750 g Schichtkäse, 100 ml Milch, 1 P. Puddingpulver.

Für den Mürbeteigboden: 250-300 g Mehl, 100-125 g Zucker, 125 g kalte Butter in Flöckchen, 1 Ei.

Zubereitung:
Mehl auf die Arbeitsfläche geben, Zucker zufügen, eine Mulde drücken, das Ei hineingeben und die Butterflöckchen auf die Mehl-Zucker-Masse schneiden. Schnell zu einem Mürbeteig kneten und eine halbe Stunde im Kühlschrank ruhen lassen. Dann ausrollen und in eine Springform geben. Aus dem restlichen Teig einen ca. 3-4 cm hohen Rand in die Form ziehen. Gut andrücken.

Den Schichtkäse zuerst in einem Mull- oder frischen Küchentuch abtropfen lassen. Für die Käsemasse die weiche Butter mit dem Zucker schaumig schlagen. Die Eigelbe zugeben. Danach den Schichtkäse unterrühren und zum Schluss das Puddingpulver in der Milch anrühren und untermischen. Eiweiß zu Schnee schlagen und unterheben. Masse in die Form füllen und im vorgeheizten Backofen 60 Minuten bei 160° C backen. In der Springform abkühlen lassen.

Marmorkuchen

Zutaten:
250 g Butter, 250 g Zucker, 1 P. Vanillezucker, 5 Eier, 450 g Mehl (mit 1 P. Backpulver gemischt), 1 Tafel Schokolade gerieben, 1 EL Kakao, 1 EL Rum.

Zubereitung:
Aus Butter, Zucker, Vanillezucker, Eier, Mehl und Backpulver einen Rührteig herstellen. Die Hälfte davon abnehmen und mit dem Kakao und der geriebenen Schokolade färben. Eine gebutterte Kastenform zuerst mit einem Teil hellen Teiges füllen, dann dunklen Teig folgen lassen und zum Schluss mit hellem Teig abschließen. Mit einer Gabel oder Schaschlikspießchen etwas durchrühren, um später den Marmoreffekt zu erhalten. Im vorgeheizten Backofen bei 175° C eine Stunde backen.

Kirsch-Streuselkuchen

Zutaten:
250 g Quark, 6 EL Milch, 6 EL Öl, ½ TL Salz, 400 g Mehl (mit 1 P. Backpulver gemischt).

Kirsch-Streusel: 250 g Butter, 375-500 g Mehl, 1 P. Vanillezucker, 200 g Zucker, 1 Glas Sauerkirschen.

Zubereitung:
Aus den Teigzutaten einen Quark-Ölteig kneten. Zuerst hierfür den Knethaken benutzen und später mit den Händen den Teig fertig kneten. Etwas ruhen lassen. Der Teig sollte nicht mehr kleben. Ein Backblech einfetten und den Teig darauf ausrollen. Nun aus den Streuselzutaten die Krümel herstellen. Sauerkirschen abtropfen lassen. Einen Teil Streusel auf dem Teig verteilen, dann die Kirschen darauf geben und zum Schluss die restlichen Krümel verstreuen.

Gold-Silber-Kuchen

Zutaten:
Goldteig: 150 g Butter, 180 g Zucker, 5 Eigelb, 250 g Mehl (mit ½ P. Backpulver vermischt), 1 kleine Tasse Milch.

Silberteig: 150 g Butter, 180 g Zucker, 5 Eiweiß geschlagen, 250 g Mehl, ½ P. Backpulver, 1 kleine Tasse Milch, 125 g gemahlene Haselnüsse.

Zubereitung:
Je einen Rührteig aus den o. g. Zutaten herstellen. Im Silberteig das steif geschlagene Eiweiß und die Haselnüsse zum Schluss unterheben. Weiter wie im Rezept Marmorkuchen verfahren und bei 175° C ca. 1 Stunde backen.

„Viel und mancherlei Schwämme ..."

Wundersamen Westerwälder Waldbewohnern auf der Spur

Nicht unbedingt für den Gourmand, der erst zufrieden ist, wenn er mit erlahmenden Armen körbeweise den Steinpilz oder Pfifferling nach Hause schleppt, aber sehr wohl für den Gourmet ist der Westerwald auch ein Pilz-Schlaraffenland. Von nichts im Übermaß, aber von allem etwas hat es in unseren Wäldern und auf unseren Wiesen.

Die Saison beginnt bereits im Frühjahr, und das gleich mit einem ersten spektakulären Höhepunkt:

Viel und mancherlei Schwämme wachsen in deutschen Landen. Die besten von allen sind die, so im Aprillen bis zum Anfange des Mai in etlichen Grasgärten, bei den alten Obstbäumen, nicht weit von den Wurzeln gesehen werden. Ihre Form ist rund wie ein Hütlein, auswendig voller Löchlein gleichwie der Honigrasen oder der Bienen Häuslein anzusehen. Gemeldete Schwämme verwelken und verdorren im Maien und werden außer der Zeit im ganzen Jahr nicht mehr gesehen!"

So heißt es in einem alten Kräuterbuch von Hieronymus Bock aus dem Jahr 1539.

Apfelbäume, die ihre Jugendjahre zu Zeiten Kaiser Wilhelms und des lauteschlagenden Wandervogels verlebt haben, knorrige Hochstämme – noch gibt es diese alten Streuobstwiesen. Und nachdem die meisten Talauen den Generalstabsplänen der Flurbereiniger und Mäanderhasser zum Opfer gefallen sind, findet man hier ein letztes Refugium für eines der ganz großen kulinarischen Wunder. Zur Zeit der Apfelblüte und – glückliche Fügung und Fingerzeig der Natur – noch ehe die Brennnesseln in bedrohliche Höhen gewachsen sind, beginnt nach dem ersten ergiebigen Regenschauer die Morchelzeit. Drei Arten davon gibt es in unserer Region: die große Speisemorchel (barock!), die dunklere Spitzmorchel (gotisch!) und die Glockenmorchel (russisch-orthodox!). Gewachsen im Humus des vergangenen Jahres – überreifes Obst, fettes Laub, aromatische Wiesenkräuter – all diese Ingredienzen rein in den Regenwurm, raus aus dem Regenwurm, aufgesogen vom unterirdischen Mycelgeflecht und konzentriert im wachszarten Fruchtfleisch des Pilzkörpers. Ein unvergleichlicher Genuss!

Als reizvolles Kräuterbukett finden sich auf jeder Streuobstwiese dazu Sauerampfer, Schafgarbe, Pimpinelle, Wiesenkerbel oder auch, am Waldrand, die Knoblauchrauke. Und vielleicht steht Letztere ja gerade unter einem Holunderstrauch, in dessen Geäst sich jener Etikettenschwindler verbirgt, der den guten Ruf der ehrwürdigen Morchel in den letzten Jahren doch arg beschädigt hat. Er schmeckt und riecht nahezu nach gar nichts, glibbert ein wenig, ist mit der hochwohlgeborenen Familie nur sehr weitläufig verwandt und verkauft sich dennoch – im Eintopf dümpelnd mit Bambusschößlingen, Sojasprossen und Glutamat – hochstaplerisch als Chinamorchel. Die Rede ist von Hirneola auricula-judae, dem Judasohr – soll sich doch Judas Ischariot, einer Legende zufolge, an einem Holunderast erhängt haben!

Judasohr

Sie hocken auf den Wurzeln von Kiefern und trachten als Parasiten danach, ihrem Wirt über kurz oder lang den Garaus zu machen. Die Krause Glucke (Kiefernglucke oder Fette Henne) sieht aus wie ein schlecht frisierter Blumenkohl und gehört zu den delikatesten Genüssen aus der Pilzküche. Das Säubern des Fruchtkörpers in all seinen unzähligen Verästelungen und Verschlingungen ist zwar alles andere als eine amüsante Beschäftigung – aber die Mühe lohnt allemal!

Selbstredend begegnet man in Westerwalds Hain & Flur auch den allseits bekannten Klassikern der Pilzküche: dem Pfifferling und dem Steinpilz, dem Maronenröhrling und dem Clan der Champignons – dem Wiesen-, dem Wald- und dem leckeren Anis-Champignon.

Aber bleiben wir ruhig einmal bei den ebenso schmackhaften Außenseitern, die etwas mehr von unserer Aufmerksamkeit durchaus verdienen.

Totentrompete

Parasol

Die Totentrompete! – Der Weg alles Irdischen vom Staub zum Staube ist wohl bei keinem Lebewesen kürzer.

Und die Psyche jenes Menschen, der als erster auf die absonderliche Idee kam, so etwas in den Mund zunehmen, wird uns ewig rätselhaft bleiben, doch stehen wir tief in seiner Schuld!

Die Toten- oder – weniger morbide – Herbsttrompete, ist der Trockenpilz schlechthin, und das nicht nur wegen ihres schon zu Lebzeiten reichlich brüchigen und welken Fleisches, sondern weil sich erst nach dem Trocknen ihre unglaubliche Würzkraft entfaltet. Ihr lateinischer Name Cornucopioides, Vorname Craterellus, bedeutet Füllhorn, und wirklich, sobald man einige der unansehnlichen Krümel in Wasser gibt, verströmen sie ein delikates Aroma, und bald schon schwimmen die ausgelaugten Stücke in einer tiefbraunen Essenz, die nur darauf wartet, ein Gericht zu veredeln.

Pilze sind keine Pflanzen! Es fehlt ihnen die charakteristische Fähigkeit jeden Grünzeugs, aus Licht und Luft Nährstoffe zu gewinnen. Ihr Organismus ist so darauf angewiesen, all seine Kräfte und Säfte direkt aus dem Boden zu beziehen. Und keine Spezies macht diese Erdverbundenheit sinnfälliger als jenes unscheinbare Gewächs aus der Unterwelt, von düsterem Aussehen

und Wesen, versteckt im Moos am Fuße alter Laubbäume. Es gibt ihn nicht: Macrolepiota procera „light"! Schwer liegt er im Magen, aber er schmeckt. Ballaststoffe die Hülle und die Fülle. Sein Gewebe, wie das aller Pilze, besteht aus Chitin, einer Substanz, die man ansonsten nur in Insektenpanzern findet und die nahezu unverdaulich ist. Ein weiteres Indiz übrigens dafür, dass Pilze eben, wie gesagt, keine Pflanzen sind! Trotz seines sonnig-mediterranen Namens findet man den Parasol vorwiegend im schattigen Laubwald.

Treffender nannte man ihn denn auch in früheren Zeiten nicht Sonnen- sondern Regenschirmpilz. Er duftet wie feines Nussöl und erreicht eine stattliche Größe.

Sein Doppelgänger, der Safranschirmling, ist leicht daran zu erkennen, dass dessen Fleisch sich beim Anschneiden rasch gelb bis rötlich verfärbt. Auch er ist durchaus ein brauchbarer Speisepilz, doch besitzt Macrolepiota rhacodes (= „von zerlumptem Aussehen") längst nicht jenes kulinarische Niveau, schmeckt oft reichlich pappig und verbirgt sich (wohl auch deshalb) zumeist im dichten Nadelwald. Und vom Kleinen Stinkschirmling, da schweigt des Sängers Höflichkeit! Ein kleiner Tip: der holzige Stiel des Parasol ist zwar ungenießbar, aber getrocknet eignet er sich ideal als Würze für Suppen und Soßen – verwendet nach Art einer Vanillestange.

Ein Exzentriker unter der Mykoflora ist der Knoblauchschwindling. Im lukullischen Frankreich als Mousseron gesucht und teuer bezahlt, wächst er unscheinbar aber gar nicht so selten auch in hiesigen Wäldern. Sein Name weist hin auf das Charakteristikum der Gattung, zu der mit dem Nelkenschwindling noch ein anderer schmackhafter Speisepilz gehört: bei Trockenheit nämlich schrumpft er bis fast zur Unsichtbarkeit ein, um dann, beim nächsten Regenguß, in alter Frische wieder aufzuleben und sein kräftiges Knoblauch-Odeur zu verbreiten. Überhaupt ist es ja seit je gerade die gespenstische Eigenschaft des plötzlichen Auftauchens, vermeintlich aus dem Nichts, und das ebenso spurlose Verschwinden über Nacht, das die Menschen an diesen geheimnisvollen Geschöpfen immer fasziniert hat.

Buchen sollst Du suchen! Und zwar gerade solche, die, dem Sprichwort zum Hohn, der Blitz getroffen hat. Im tiefsten Winter erscheinen an derarti-

gen Baumruinen oftmals Muschelbänke der ganz besonderen Art. Nicht selten mehrere Meter bedeckend, schichten sich die oft tellergroßen Fruchtkörper des Austernseitlings auf den Stämmen abgestorbener, durchfrorener Laubhölzer. Anders als seine anämisch blassen, bedauernswerten Genossen aus den Zuchthäusern, die man seit ein paar Jahren in jedem Supermarkt zu Dumpingpreisen erstehen kann (aber nicht muss!), variiert die Hutfarbe der Wildform von hellen Schiefertönen bis zu dunklem Graublau.

Und auch der Geschmack ist selbstredend ein anderer, je nachdem ob Pleurotus ostreatus auf einer 200 jährigen Baumleiche wachsen durfte oder, computergesteuert berieselt, auf einem schnöden Ballen Stroh. Wenn es noch eines weiteren Beweises für das Faible der Pilzgemeinde für das Makabere bedurft hätte: die Franzosen nennen den Austernseitling „Oreille de noyer", Ohr eines Ertrunkenen! Bon Apetit!

Und zum Schluss soll noch ein besonders eindrucksvoller – wenngleich nicht essbarer – Neubürger erwähnt werden. Immigriert zu Beginn des 20. Jahrhunderts mit der Einfuhr australischer Schafwolle, tauchte er zuerst im Schwarzwald auf. Da er sich mit Hilfe von Aasfliegen vermehrt, die angelockt von seinem sie (und nur sie!) betörenden Duft die Sporen auflecken und mit sich forttragen, kam er bei seiner Verbreitung nordwärts seither nur langsam voran. Doch jetzt gibt es ihn auch in unseren Wäldern als skurriles Fundstück zu bestaunen, den Tintenfischpilz – nahe verwandt mit der Stinkmorchel – aber das hört er vermutlich gar nicht so gern.

Dass der Pilzgenuss nicht immer ohne Reue ist, das wußten die Menschen zu allen Zeiten: an „vergifteten Erdschwämmen" verschied neben erwähntem Johann Schobert noch weitere Prominenz: Papst Clemes VII, die Kaiser Karl mit den Nummern VI und VII - anno 54 verwöhnte Agrippina die Jüngere ihren Gemahl, Tiberius Claudius Caesar Augustus Germanicus, mit einer wohlschmeckenden Kreation aus Amanita virosa, Weißem Knollenblätterpilz. (Notabene: bei uns im Westerwald ist sein grünes, nicht weniger gefährliches Pendant ein Massenpilz, den jeder Sammler unbedingt kennen sollte!)Und der große Tragödiendichter Euripides blieb auch auf diesem Felde seinem Metier treu. Er verlor durch eine Giftpilzmahlzeit an einem Tag seine Frau und drei Kinder – auf tragische Weise! Doch, keine Angst! Der griechische Arzt Dioskurides brachte es schon im ersten Jahrhundert nach Christus lakonisch auf den Punkt: „Der Schwämme Natur ist zwiefach, entweder sind sie eßbar oder verderblich!" Dieser antiken Weisheit ist nichts mehr hinzuzufügen.

Lutz Neitzert

Am 28. August des Jahres 1767 trauerte die Musikwelt. Mozart's Idol, der Pianist und Komponist JOHANN SCHOBERT, starb überraschend in Paris – wie die Zeitungen meldeten: „An vergifteten Erdschwämmen!"

Zur gleichen Zeit am gleichen Ort fand auch ein reicher Marquis den Tod nach dem Genuß einer Pilzmahlzeit.

„Ach!", seufzte daraufhin Prinz Conti, der Mäzen des verblichenen Musikers: „Marquis kann der König jeden Tag neue machen, aber keinen Schobert!"

„Ich geh' im Walde bisweilen so für mich hin,
nach schmackhaften Pilzen steht mir der Sinn.
Schon ihre seltsamen Namen faszinieren
mich, so wie Schlonz oder Mulmiger
Knöterich, ... der Ruppige Stiesel, der Scheue
Kalmück, der Nonnenschwengel, der Sämige
Lück, der Schleimige Widerling und zum
Schluß die Stinkmorchel, Phallus impudicus!"

(Ulrich Roski: „Des Pudels Kern")

I. Feld-Champignon (eßbar)
Blätter rosa bis braun. Geruch anisartig.

II. Schaf-Champignon (eßbar)
Blätte: anfangs hellgrau, dann rosa, braun.
Geruch angenehm.

† **III. Knollenblätterschwamm** (sehr giftig)
Blätter stets weiß. Stiel mit großer Knolle.

† **IV. Fliegenpilz** (giftig)

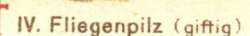

IX. Grünling (eßbar)
Blätter und Stiel gelb.

† **X. Speiteufel** (giftig)
Geschmack brennend scharf.

XI. Mousseron (als Würze verwendbar)
Geruch und Geschmack knoblauchartig.

XII. Nelken-Schwindling
Geruch nelkenartig.

Tomaten-Steinpilz-Suppe

Zutaten:
200 g Dörrfleisch, 200 g kleine Zwiebeln, 2 durchgepresste Knoblauchzehen, 2-3 Salbeizweige, Olivenöl, 400 g Tomatenpüree mit Stücken, 1 L Gemüsebrühe, Salz, schwarzer Pfeffer, 500 g Steinpilze, 250 g Kirschtomaten, $1/2$ Bd. glatte Petersilie.

Zubereitung:
Dörrfleisch in kleine Würfel schneiden, Zwiebel schälen und in dünne Ringe schneiden. Dörrfleisch, Knoblauch, Zwiebeln und Salbeizweige in etwas Öl andünsten. Mit Tomatenpürree und Brühe auffüllen, würzen und 20 Min. köcheln lassen. Inzwischen die Pilze säubern, trockentupfen und in kleine Stücke schneiden. Kirschtomaten waschen und halbieren. Petersilie grob hacken. Pilze in Olivenöl anbraten, bis sie Farbe genommen haben. In die Suppe geben und noch 5 Minuten köcheln lassen. Nach 2-3 Minuten die Tomaten zugeben. Salbeizweige herausnehmen, Petersilie hinzugeben. Mit frischem Baguettebrot servieren. Dazu passt ein schöner Riesling.

Eingelegte Steinpilze

Antipasti à la Westerwald. Die eingelegten Steinpilze passen gut zu Nudelgerichten, Seefisch aber auch zu Wildschinken.

Zutaten:
1 rote Chilischote, 500 g Steinpilze, 4-5 Knoblauchzehen, Olivenöl zum Braten, Salz, 1 TL Fenchelsaat, 1 unbehandelte Zitrone, 1-2 Rosmarinzweige, 50 g Kapernäpfel (in gut sortierten Supermärkten), 500 ml Olivenöl zum Einlegen.

Zubereitung:
Chilischote in dünne Ringe schneiden. Steinpilze putzen und je nach Größe halbieren oder vierteln. Knoblauchzehen schälen und leicht andrücken. Steinpilze mit Knoblauch und Chili in großen Pfannen in Öl anbraten und bei starker Hitze rundum goldbraun braten. Mit Salz und Fenchelsaat würzen. Zitrone in Stücke schneiden, Rosmarinzweige zerteilen. Steinpilze mit Zitronenstücken, Rosmarinzweigen und Kapernäpfeln in Gläser füllen, mit Olivenöl bedecken und verschließen. Hält sich etwas drei Monate.

...chter Reizker (eßbar)
orangerot. Druckstellen grün.

✝ VI. Gift-Reizker (giftig)
Milch weiß. Druckstellen nicht grün

VII. Brätling (eßbar)
Milchsaft reichlich, weiß, mild.

✝ VIII. Rotbrauner Milchling
Milchsaft weiß, brennend scharf

XIII. Pfifferling (eßbar)
Geschmack schwach brennend.

✝ XIV. Falscher Pfifferling (verdächtig)
Geschmack mild

XV. Stockschwämmchen (eßbar)
Stiel schuppig. Blätter braun

✝ XVI. Schwefelkopf (giftig)
Stiel glatt, Blätter grün bis schwarzgrün

Kartoffel-Steinpilz-Klöße

Zutaten:

1 kg Pellkartoffeln (mehligkochende Sorte), 50 g getrocknete Steinpilze, oder Pfifferlinge, 100 g Weizengrieß, 2-3 Eier, 1 Zwiebel, 50 g Butter, Salz, Muskat, Pfeffer nach Geschmack, Schnittlauch, Petersilie.

Zubereitung:

Die getrockneten Pilze gründlich waschen und mehrere Stunden einweichen. In der Zwischenzeit die Kartoffeln mit der Schale ca. 20 Minuten kochen, heiße Kartoffeln schälen und abkühlen lassen.

Die völlig ausgekühlten Kartoffeln durch die Presse drücken oder fein reiben. Die eingeweichten Pilze abtropfen lassen und in kleine Stücke schneiden. Die Zwiebeln fein hacken und zusammen mit den kleingeschnittenen Pilzen in der Butter unter Rühren dünsten, bis alle Flüssigkeit verdampft ist. Eier, Gewürze, gehackte Kräuter, Pilz-Zwiebelmischung und den Weizengrieß unter den Kartoffelteig kneten. Aus dem Teig mit bemehlten Händen Klöße formen. Knödel in das kochende Wasser geben und ca. 25 Minuten langsam kochen bzw. ziehen lassen.

Risotto mit gemischten Pilzen

Zutaten.

125 g Parmesan am Stück, 100 g Butter, 200 g fein gewürfelte Schalotten, 1 durchgepresste Knoblauchzehe, 1 Thymianzweig, 200 g Risottoreis (in gut sortierten Supermärkten), 200 ml Weißwein, 800 ml kräftige Geflügelbrühe, Salz, Pfeffer, 450 g gemischte Pilze (Champignons, Pfifferlinge, Steinpilze u. a.). 12 große Salbeiblätter, Olivenöl.

Zubereitung:

75 g Parmesan fein reiben. 50 g Butter klein würfeln und kalt stellen. Schalotten, Knoblauch und Thymian in der restlichen Butter anschwitzen. Reis dazugeben und weiter dünsten, bis er glasig wird. Mit Weißwein ablöschen und fast ganz einkochen lassen. Ständig rühren. Nach und nach den heißen Geflügelfond zugießen. Ca. 20-25 Min. den Reis gar kochen, dabei soll er innen noch Biss aufweisen. Leicht salzen und pfeffern.

Pilze säubern und in dünne Scheiben schneiden. Pilze unter den Risotto mischen und noch 3 Minuten mitgaren. Die Salbeiblätter ca. 1 Minute sanft im Olivenöl braten.

Butterwürfel und geriebenen Parmesan unter den Risotto mischen. Salbeiblätter darauf verteilen und etwas Parmesan zum Schluss aufhobeln.

173

Tomaten auf der Zunge

Tomaten auf der Zunge

GASTHOF ZUR POST
BUCHHOLZ

Tomaten–Basilikum–Quiche

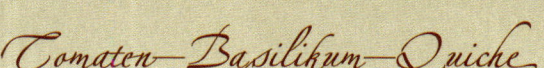

Zutaten:
Teig:
250 g Mehl, Salz, 1 Ei, 100 g weiche Butter.

Belag:
500 g Tomaten, ca. 25 g frisches Basilikum,
2 Eigelb, 200 ml Sahne, Salz und Pfeffer.

Zubereitung:
Alle Zutaten für den Teig mischen, gut verkneten
und etwa 30 Min. kalt stellen. Den gekühlten Teig
dünn ausrollen und eine gefettete Tarteform damit
auslegen. Tomaten waschen, Stielansatz entfernen, in Scheiben schneiden und schuppenförmig
auf den Teig legen.

Basilikum waschen, die Blättchen abzupfen und
fein hacken. Einige schöne Blätter zum Garnieren
zurückbehalten. Eigelb mit Sahne verquirlen, mit
Salz und Pfeffer kräftig würzen und das gehackte
Basilikum unterrühren. Die Sahne-Ei-Mischung
gleichmäßig über die Tomaten gießen und mit
Basilikumblättern verzieren. Im vorgeheizten Ofen
bei 180 °C ca. 40 Min. backen.

Grundrezept für eine Tomatensauce

Zutaten:

4 vollreife Fleischtomaten, 1 Schalotte oder Zwiebel, etwas Stangensellerie, 2 EL Olivenöl, ½ TL Zucker, ½ Lorbeerblatt, 1 Zweig frischer Thymian, 2 Knoblauchzehen, Salz, Pfeffer.

Zubereitung:

Tomaten halbieren, Kerne und Flüssigkeit herauskratzen, dann in grobe Stücke schneiden. Schalotte sehr fein hacken, Stangensellerie in feine Streifen schneiden. Beides in Olivenöl andünsten. Nicht bräunen lassen. Tomatenstücke, Zucker, Lorbeerblatt, Thymian und gepresste Knoblauchzehen dazugeben. Die Mischung etwa eine Viertelstunde bei niedriger Temperatur köcheln lassen. Die Kräuter herausfischen und mit Salz und Pfeffer abschmecken.

Rohe Tomatensauce

Dieses Rezept sollten Sie nur zubereiten, wenn wirklich Hochsommer und volle Tomatensaison ist. Nur reife Tomaten eignen sich, dann allerdings ist diese Sauce unübertrefflich gut.

Zutaten:

1 kg sehr reife Freilandtomaten, 4 Knoblauchzehen, 2 Basilikumblätter, 6 grüne Oliven, 8 EL Olivenöl, Salz, Pfeffer.

Zubereitung:

Tomaten halbieren und entkernen. Das Fleisch klein schneiden. Knoblauchzehen pressen, Basilikumblätter fein schneiden, Oliven entkernen und ebenfalls klein schneiden. Alles zusammen mit Olivenöl verrühren, mit Salz und Pfeffer abschmecken und mindestens zwei Stunden ziehen lassen. Diese Sauce passt hervorragend zu Spaghetti, kurzgebratenem Fleisch oder Reis.

Das Ährenfeld

Ein Leben wars im Ährenfeld
Wie sonst wohl nirgends auf der Welt:
Musik und Kirmes weit und breit
Und lauter Lust und Fröhlichkeit.

Die Grillen zirpten früh am Tag
Und luden ein zum Zechgelag:
Hier ist es gut, herein, herein!
Hier schenkt man Tau und Blütenwein.
Der Käfer kam mit seiner Frau,
Trank hier ein Mäßlein kühlen Tau,
Und wo nur winkt ein Blümelein,
Da kehrte gleich das Bienchen ein.

Den Fliegen ward die Zeit nicht lang,
Sie summten manchen frohen Sang.
Die Mücken tanzen ihren Reihn
Wohl auf und ab im Sonnenschein.

Das war ein Leben ringsumher,
Als ob es ewig Kirmes wär.
Die Gäste zogen aus und ein.
Und ließen sich´s gar wohl dort sein.

Wie aber geht es in der Welt?
Heut ist gemäht das Ährenfeld,
Zerstöret ist das schöne Haus,
Und hin ist Kirmes, Tanz und Schmaus.

Hoffmann von Fallersleben

Blaue Bohnen
und andere
Kaliber

RHEINPARKHOTEL BUCHENECK
LINZ

Bohnentörtchen

Zutaten:

Teig:

150 g Mehl, 100 g Zucker, 75 g Butter oder
Margarine, 1 Ei, 1 Pr. Salz.

Füllung:

200 g weiße Bohnen (aus der Dose, püriert), 50 g
gemahlene Mandeln, 200 g Zucker, 200 ml
Wasser, 6 Eigelb.

Zubereitung:

Das Mehl und die Butter vermischen. Das Ei, den
Zucker und die Prise Salz zugeben und zu einem
glatten Teig verkneten. Zur Seite stellen und
etwas ruhen lassen.

Für die Füllung das Wasser zusammen mit dem
Zucker solange erhitzen bis ein ganz leichter heller Karamell entsteht.

Das Bohnenpüree und die Mandeln unter die Zu-
ckermasse rühren und etwas abkühlen lassen. Die
Eigelbe verrühren und unter die Masse rühren.
Den Teig dünn ausrollen und 4 gefettete Gratin-
förmchen damit auslegen. Die Bohnenmasse darauf verteilen und im vorgeheizten Backofen bei
175°C etwa 30 Min. goldbraun backen.

Bohnensalat mit Pfifferlingen und Speck

Zutaten:

500 g grüne Bohnen (Prinzess- oder Keniabohnen), Salz, 200 g frische Pfifferlinge, 1 TL Dijon Senf, 2 EL Rotweinessig, 5 EL Olivenöl, Pfeffer aus der Mühle, 1 mittelgroße Zwiebel, 100 g durchwachsenen Speck, 2 Tomaten, ½ Bd. Blattpetersilie.

Zubereitung:

Die Bohnen putzen und in kochendem Salzwasser etwa 10 Min. bissfest garen. Die Bohnen in ein Sieb abgießen und etwas Bohnenwasser aufheben. Die Pfifferlinge unter fließendem Wasser kurz aber gründlich reinigen. Größere Pilze halbieren. Senf, Salz und Essig verrühren, weiterhin 3 EL Olivenöl und etwas von dem zurückbehaltenen Bohnenwasser unterrühren. Mit Pfeffer würzen. Die Bohnen mit der Marinade vermischen und ca. 20 Min. durchziehen lassen. Die Zwiebel und den Speck in kleine Würfel schneiden. Die Tomaten häuten, halbieren, entkernen und in kleine Würfel schneiden. Das restliche Olivenöl in einer Pfanne erhitzen und die Speckwürfel darin knusprig ausbraten. Anschließend mit einem Schaumlöffel herausheben und die Zwiebelwürfel im Bratfett glasig abraten. Die Pfifferlinge dazugeben und kurz mit anbraten. Mit Salz und Pfeffer würzen und die gehackte Petersilie untermischen.

Pilze und Tomaten unter die Bohnen mischen, falls nötig etwas nachwürzen und mit den knusprigen Speckwürfeln bestreuen.

Bohnen–Gratin

Zutaten:

2 kg dicke Bohnen in der Schale (oder 500 g ausgespaltene), 2 Zweige Bohnenkraut, 1 EL Cashewnüsse gemahlen, 4 Eier, 250 ml Milch, 150 g Joghurt, Salz, Pfeffer aus der Mühle, 100 g geriebenen Emmentaler, 3 EL Cashewkerne, etwas Butter.

Zubereitung:

Die Bohnen in etwas kochendem Salzwasser 10 Min. garen. In ein Sieb abgießen und kalt abspülen. Den Backofen auf 250 °C vorheizen. 4 Portions-Gratinförmchen (Ø 15 cm) mit der Butter ausfetten. Das Bohnenkraut fein hacken, mit gemahlenen Nüssen, Eier, Milch und Joghurt verrühren und mit Salz und Pfeffer würzen. Bohnen in die gefetteten Formen geben und mit der Eiermasse übergießen. Die restlichen Cashewkerne grob hacken und mit dem Käse über die Gratins streuen. Im Backofen ca. 25 Min. backen.

Basaltsteine am Dreifelder Weiher

178

September

Die Muck geht um

Von hölzernen Schweinen, gehänselten Händlern und der Haut, die zu Markte getragen wird

Ein schönes grünes Stückchen Erde. Zwischen alten hoch gewachsenen Kastanien und Lindenbäumen liegt der beschattete Marktplatz in der späten Septembersonne. Eine idyllische Szenerie, die kaum glauben machen will, wie viele Klauen und Hufe diesen Platz schon betreten haben, wie viele Heller, Taler und Dukaten den Geldbeutel wechselten und wie viele Zechkumpane mit einem blauen Auge gerade noch einmal davon gekommen sind. Steimel ist ein historischer Ort im Puderbacher Land und war der bedeutendste Marktplatz im gesamten Westerwald. Schauen wir uns ein wenig zwischen den Händlern und Viehbauern um …

Ablass und Aufkommen

Alles hat einen Anfang und einen Grund dazu. In Steimel liegt dieser in den Tiefen mittelalterlicher Geschichte. Im Jahre 1320 gewähren eine Reihe Bischöfe in Avignon, dem damaligen Sitz des Papstes, einen Ablass von 40 Tagen all denjenigen, welche die Bartholomäuskirche in Wambach und die dazugehörige Martinskapelle in Steimel aufsuchen. Beten, den Gottesdiensten beiwohnen oder aber in „ihren letzten Zügen Befindliche den besagten Kirchen Zuwendungen versprechen" gehören zur Ablassgewähr. Diesem Privileg stimmt der zuständige Erzbischof Balduin von Trier zu und setzt damit den Grundstein für kommende Wallfahrten hin zur Martinskapelle nach Steimel. Menschen reisen um den Ablass zu erhalten und wo sie zusammenkommen, da stehen die Zeichen gut für den Austausch von Neuigkeiten, aber auch von Gütern und Waren. So kann man davon ausgehen, dass der Steimeler Markt, der sich über die Jahrhunderte so prächtig entwickelte, wesentlich älter ist, als wie es die Quellen bezeugen. Die Grafen zu Wied sicherten und förderten das Marktrecht, das wohl auf Kaiser Karl IV zurückgeht, der von 1346-1378 regierte. Seit Mitte des 16. Jh. ist der Steimeler Markt aktenmäßig bezeugt und hat sich trotz vieler Versuche der benachbarten Hoheitsgebiete, seine bedeutende Präsenz zu mindern, stets ohne namhafte Konkurrenz durchsetzen können. Seine Blütezeit erreicht er gegen Ende des 18. Jh. und beeindruckt durch seine Größe und überregionale Bedeutung. 1785 verzeichnete man 378 Kaufleute und Krämer, davon alleine 180 Leinweber! Neben den Bier-, Wein-, Branntwein- und Apfelweinwirten befanden sich auf dem Markt: 32 Korbmacher, 11 Schuster, 14 Strumpfweber, 8 Seiler und Sattler, 4 Hutmacher, 8 Weißgerber, 14 Rotgerber, 3 Schmiede, 11 Nagelschmiede, 8 Schlosser, 6 Tabakskrämer, 5 Krug- und Kanneneuler, 4 Judenkrämer, 2 Garköche, 23 Wollenweber und 2 Gewürzkrämer. Säckler, Buchbinder, Eisenkrämer, Holzwarenkrämer, Sälzer, Honigkuchenkrämer und Obsthändler rundeten das Angebot ab. Musiker, Gaukler, Artisten und Spieler sorgten für die Unterhaltung, während Ärzte und Zahnbrecher mit medizinischem Wissen den Marktbesuchern sicherlich nicht schmerzfrei auf den Pelz rückten. Für das leibliche Wohl etablierte sich eine regelrechte Bäckergasse. Neben den Bäckern und Garköchen waren rund 25 Schankwirte gemeldet.

Verbraucherschutz auf Steimeler Art

Feste Reglements sorgten für Recht und Ordnung auf dem Markt. Wer neu hinzukam und zum ersten Male den Markt bezog, wurde durch den Marktmeister verhänst, also ins Marktbuch eingeschrieben. Die Neuaufnahme ging gelegentlich mit recht deftigen Einstandsbräuchen einher, was uns heute die Wurzeln für den Ausdruck des „hänseln" aufzeigt. Wo viel Licht, da gibt es auch viel Schatten. Für den Steimeler Markt bedeutete dies auch das Vorkommen von bewussten oder auch unbewussten Mängeln, die ein Tier mit sich führen konnte und dem Käufer für´s Erste unbekannt blieben. Solche böswilligen und arglistig verschwiegenen Fehler spielten als sogenannte rückgängige Mängel oft die Hauptrolle von Viehhandelsprozessen. In Steimel ging man schon damals besonders weit mit dem Käuferschutz und gab Garantien, die eine recht lange Rückabwicklung des Geschäfts erlaubten. Die Frist von zehn Wochen und drei Tagen lag damit noch wesentlich höher als auf Märkten am Rhein, die mit sechs Wochen-Garantien arbeiteten. War ein Tier verendet, so konnte es natürlich nicht im Kadaver vorgeführt werden.

Die Haut wurde allerdings mit dem Marktschein zum zwingenden Beweisgrund, um eine Rückerstattung erlangen zu können. So mancher hat deswegen „seine Haut zu Markte getragen" – eine bekannte Redewendung, die hier ihren Ursprung besitzt.

„Der Weg zur Hölle geht durch Steimel" (Steimeler Sprichwort)

Die strengen Regeln und Kontrollen des Marktgeschehens konnten allerdings nicht verhindern, dass der Termin auch zum Spiel und Trinkgelage genutzt wurde. Die reiche Zahl an Schankwirten kam sicherlich nicht von ungefähr und Schlägereien, die manchmal gar böse enden konnten, waren so sicher wie das Amen in der Kirche. So mancher Erlös und Gewinn zerrann auf dem Steimeler Markt in Kehlen und Kartenspielen, was ganze Familien ins Unglück stürzen konnte. Glück und Leid lagen hier auf engstem Raume beisammen. Die prosperierende Entwicklung des Steimeler Marktes konnte dies indessen nicht nachteilig beeinflussen. Sie hielt sich über Jahrhunderte hinweg stabil und konnte während der napoleonischen Zeit, über die nassauische Regierung bis hinüber in die königlich-preußische Regentschaft florieren. Am 3. August 1813 verzeichnete die Rentkammer in Dierdorf die höchste je erzielte Zolleinnahme vom Steimeler Markt. Diese entstand durch den Auftrieb von 1.000 Ochsen, 80 Kälberkühen, 100 Rindern, 30 Kühen, 30 Schlachtkälbern, 40-50 Hammel und 100 Zuchtschweinen. Aus der ganzen Gegend strömten die Händler und Viehbauern zusammen, sogar aus weit entfernten Regionen, wie dem Niederrhein und der bayerischen Pfalz.

Von Ost und West, von Nord und Süd
alles hin no Steimel zieht
Zum Toffelsmaat dä weltbekannt,
bes üwwer de Grenz vom widdsche Land.
Wer Geld hätt, kann do alles kaufen,
Würschtcher un Brüdcher in grusse Haufe,
Lutscher un Klömpcher, Pött un Kömp,
Kleider, Boxe un gstreckte Ströp,
Ferkele, Osse, fette Renner,
alles fü sich de Frau un Kinner.
Awwer als grüste Atraktion,
stieht mettem om Maat, wie off nem Thron
de hölzerne Muck vom Toffelsmaat,
die einzig es en ihrer Art.
Wer einmol nur an ihr dut schluppe,
nix annersch mi well als voll sich subbe.   K. K

182

Von Handel und Wandel

Das 20. Jh. änderte die Lebensverhältnisse der Menschen so radikal wie nie zuvor. Der Steimeler Markt bekam dies auch zu spüren. Sein Niedergang begann in den dreißiger Jahren durch das Handelsverbot jüdischer Bürger einerseits und der zunehmenden Motorisierung andererseits. Viehhändler kamen nun verstärkt direkt auf den Hof gefahren und luden die Tiere direkt auf den mitgebrachten Hänger. Mehr recht als schlecht überlebt der Markt die Jahre, erhält noch eine kurze Blüte durch den aufkommenden Handel mit Autos und landwirtschaftlichen Geräten. 1949 wird zum erstenmal die hölzerne Muck in Betrieb genommen. Das durch Zimmerkunst angefertigte hohle Schwein wird zum Wahrzeichen und bleibt dies bis in die heutigen Tage. Es belebt einen Brauch, der wohl auch wesentlich älter sein soll.

Der Steimeler Markt wird nun als Kartoffelmarkt bezeichnet. Ein wenig irreführend, wird dort nicht vom Vieh auf Kartoffeln umgesattelt, sondern viel eher der Zeitraum damit benannt, wo der Steimeler Markt nun alljährlich stattfindet. Er ist der letzte große Herbstmarkt vor dem Altenkirchener Simon-Juda-Markt im Oktober.

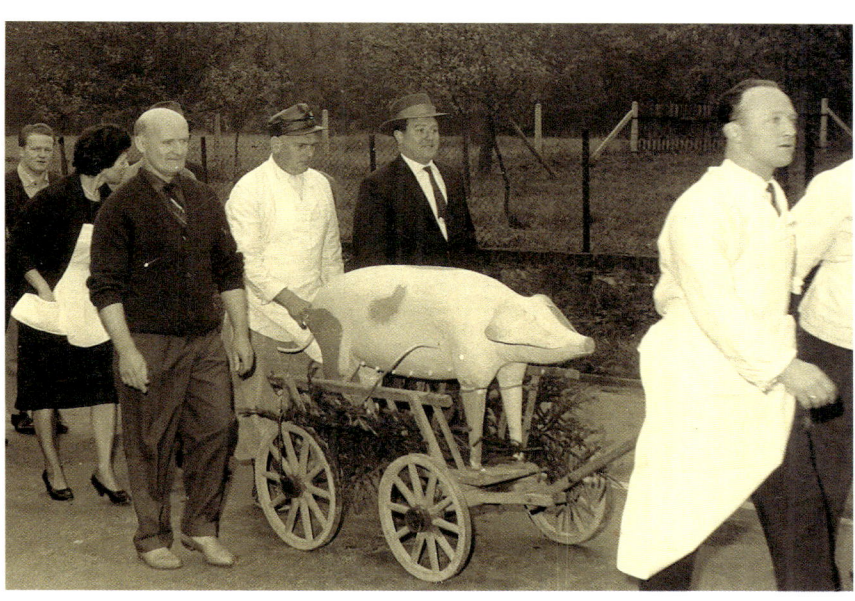

Markt und Muck leben weiter

Seit Anfang der neunziger Jahre hat sich der Steimeler Markt wieder auf seine Wurzeln als bedeutsamer Vieh- und Krammarkt zurück besonnen. Der Verkehrs- und Verschönerungsverein Steimel e. V. kümmert sich mit hohem Engagement um den Erhalt und Ausbau des traditionellen Marktes. Natürlich kommen die Zeiten des Viehhandels auch nicht mehr nach Steimel zurück, aber noch immer läutet die hölzerne Muck die Eröffnung des Marktgeschehens ein. Auf einem Leiterwägelchen kommt sie daher, gezogen von Teilnehmern Steimeler Vereine, gefüllt mit hochprozentigem Wacholderschnaps und begleitet von Musik des Spielmannszuges. Bald wird es angezapft und das ist dann das unmissverständliche Eröffnungssignal. Der Steimeler Kartoffelmarkt zeigt wieder eine ansehnliche Zahl von Klein- und Großvieh, die zwar nicht mehr in erster Linie zum Handel den Weg hierher finden, sondern vielmehr von Klein und Groß interessiert besucht werden. Rund 100-120 Schafe und Ziegen, seltene Rinderassen, Geflügel und Rassekaninchen zeigen sich auf dem Marktgelände. Es finden Prämierungen und Wettbewerbe wie das Schafhüten der Hütehunde statt. Landwirtschaftliche Produkte sind im Angebot und Backesbrot wie auch Kartoffeln finden ihren Käufer mit Leichtigkeit. Jetzt gibt es auch zur Feier des Tages verstärkt Kartoffelgerichte in der heimischen Gastronomie, ganz zu schweigen von den einfachen aber leckeren Reibekuchen auf dem Marktplatz. Manchmal fangen da trotz kuscheliger Kaninchen oder Lämmern die kleinen Besucher auch zu quengeln an. Da kann es dann schon einmal wie zu alter Zeit vorkommen, dass die Mutter, sofern sie noch die Steimeler Mundart spricht, resolut antwortet „Wenn de net stell beß, dann musste on der helzerne Muck schluppen!" Was den Papa in Vorfreude versetzen würde, bleibt als nicht ganz ernst gemeintes Schreckgespenst bei den Kindern nicht ohne Erfolg. Das Quengeln wird weniger und der Gang über den Markt wieder entspannter. So war es, so bleibt es und so wird es auch zukünftig auf dem Steimeler Kartoffelmarkt wohl sein.

Weinkartoffeln

Zutaten:

1 kg festkochende Kartoffeln, 4 Mettwürstchen, 2 Zwiebeln, 1/2 Bund Petersilie, 250 ml trockener Wein, 100 ml Crème fraîche, etwas Instant-Brühe, etwas zerriebenen Kümmel.

Zubereitung:

Kartoffeln schälen und würfeln. Zwiebeln halbieren und in dünne Scheiben schneiden. Petersilie hacken. Kartoffeln in Butterschmalz anbraten und Farbe nehmen lassen. Dann die Zwiebeln zufügen, weiter anbraten und anschließend mit dem Wein ablöschen. Deckel aufsetzen und ca. 15 Minuten schmoren. Danach die Pfanne wieder öffnen und die geschnittenen Mettwürstchen untermischen. Weiter garen, bis die Kartoffeln im Kern weich sind. Gegen Ende die Sahne zugeben. Mit gekörnter Brühe und Kümmel würzen und zum Schluss die gehackte Petersilie untermischen. Dazu passt ein bunter Gartensalat.

Schrottele

Zutaten:

2 kg Pellkartoffeln mit einigen Lorbeerblättern gekocht, 2 EL Mehl, 500 ml Gemüsebrühe, 2 Zwiebeln, Salz, Pfeffer, 100 ml Sahne, etwas Zitrone, 2-3 EL Butterschmalz, 1/2 Bund Petersilie

Zubereitung:

Die Zwiebeln fein hacken. Im Butterschmalz anschwitzen und sobald sie Farbe nehmen mit Mehl überstäuben. Eine Mehlschwitze anrühren und mit der Brühe auffüllen.

Anschließend würzen. Nun die ausgedampften, geschälten Pellkartoffeln in Scheiben hineingeben und in der sämigen Sauce wenden.

Mit Sahne angießen, gehackte Petersilie zugeben und mit etwas Zitrone abschmecken. Dazu passt ein grüner Salat und diverse Fleischbeilagen. Wer es lieber fleischlos mag, serviert Rührei dazu. Eine schmackhafte Abwandlung des Rezepts ist auch die Mischung von Kartoffeln und vorgegarten bissfesten Möhrenscheiben.

Dippekoche

Der Klassiker unter den herbstlichen Kartoffelgerichten zwischen Rhein und Westerwald. Jede Familie variiert ein wenig das Rezept, gibt hier noch einen Fleischwurstring hinein oder nimmt Mettwürstchen in den Teig. Probieren Sie es einfach selbst aus, was Ihnen am besten im Dippekoche schmeckt oder bleiben Sie ganz einfach bei der simplen aber richtig leckeren Dörrfleisch-Variante.

Zutaten:

3 Pfund geriebene rohe Kartoffeln, 2 gehackte Zwiebeln, 2 Eier, 1-2 in Milch eingeweichte altbackene Brötchen, 1 Pr. Muskat, Salz, Pfeffer, 200 g Dörrfleisch, Öl.

Zubereitung:

In einem gusseisernen Bräter 1-2 EL Öl rauchendheiß erhitzen. Zuvor aus den Kartoffeln, den Zwiebeln, ausgedrückten Brötchen, den Gewürzen und dem klein geschnittenen Dörrfleisch einen gut abgeschmeckten Kartoffelteig herstellen (nicht zu stark salzen, da das geräucherte Dörrfleisch auch noch Würze abgibt). Die Masse zügig in das heiße Fett geben, sodass es zischt. Dann den Topf in den vorgeheizten Backofen stellen und bei 200 – 220° C rund 90 Minuten ohne Deckel garen. Die Kruste soll schön braun und knusprig werden. Ggf. kann der Dippekoche sogar gestürzt werden, ansonsten schneidet man ihn in dem Topf. Gerne wird dazu Apfelkompott gereicht, das sich gut aus den frisch geernteten Herbstäpfeln kochen lässt.

Westerwälder Landpartien

TAFELFREUDEN TIPP

Jedes vorletzte Wochenende im September findet der Steimeler Kartoffelmarkt statt. Wer nicht gerade einen ganzen Ochsen lebend nach Hause treiben will, kann sich aber mit lebendem Geflügel oder Kleintieren eindecken. Natürlich lässt sich auch einfach nur ein Bummel über den Markt einplanen. Diverse Landprodukte incl. Kartoffeln, können auf dem Markt erworben werden. Und vielleicht ergibt sich sogar die Möglichkeit, den Dippekoche an diesem Wochenende in Steimel zu probieren.

Von feurigen Drachen und brennenden Tellern

Ein kulturhistorischer Tanz auf dem Vulkan

Langsam bricht die Dunkelheit über den Jahrmarkt herein. Die Buden erhalten plötzlich ihren Zauber, der durch Kerzen und Laternen in fast magischem Licht erstrahlt. Hier und da leuchten die Zelte geheimnisvoll in die blaue Nacht hinaus. Wie glühende Kohlen sehen sie aus, wenn man von weitem auf den Platz mit den Händlern und Artisten schaut.

Hier an dieser Ecke kommen frische Brote bald ins Feuer und das Maul des alten Ofens züngelt dem Bäcker jedes Mal entgegen, sobald er die Türe öffnet und die Holzscheite inspiziert bis die Funken sprühen. An anderer Stelle wippen die bunten Eisenlaternen im leichten Wind, der aus dem nahen Wald in Böen aufzieht und die abendliche Kühlung bringt. Da gibt es Gewürze und Kräuter, gedrehte Bonbons gegen jedes Zipperlein und säckeweise heilsam Gutes, welches das Böse vertreiben soll. Die Laternen werfen ihr Spiel aus Licht und Schatten auf Gesichter und Gewürze, an Decke und Wand des Zeltes aus dem Morgenland.

186

Während hier und da an offenem Feuer sich die ersten Reihen bilden, um den Geschichten des Erzählers zu lauschen, mischen sich andernorts Gaukler und Musiker unter das Volk. Der Anstand des Tages weicht nun der Ausgelassenheit des fahrenden Volkes und Tänze in bunten Kostümen wirken wie Funkenflug in Traumwelten, obwohl es immer noch das Kannenbäckerland ist, wo sich der Jahrmarkt heute aufhält. Am Ende der kleinen Strasse, die von Buden und Zelten links und rechts bevölkert wird, stellt sich jetzt ein Mann in Positur, dessen bunte Kleiderflecken am Leib wie loderndes Feuer wirken. In der einen Hand hält er eine Fackel, die sich hell leuchtend vom umgebenden Dunkel abhebt. Mit ihr spielt und jongliert er, als ob seine Hände das Feuer nicht fürchten und sie gar aus Eisen wären.

Dann plötzlich hält er sie vor seinen Mund und da schießt ihm auf einmal ein Feuerschweif, wie aus der Kehle eines Drachen aus dem Halse heraus. Ein feuriger Schein erhellt den Platz und ein „oooh" und „aaah" bahnt sich durch die Reihen. Man ist beeindruckt und tritt einen Schritt zurück. Die Angst und Attraktion vor dem Feuer ist so alt wie die Menschheit selbst und das weiß der Feuerspeier. Während er Groß und Klein in seinen Bann zieht, schleicht sein Kumpan durch die Reihen und nutzt die Gunst des Augenblicks. Hier ein Beutel Kreuzer und da ein kleines Säckchen voller Dukaten entledigen sich der Hose und dem Rock der Zuschauer. Noch ein feuriger Drachenstoß und die fingerfertige Arbeit ist getan. Schließlich sind beide Gesellen bis auf die Kleider, die sie tragen, ziemlich abgebrannt und jedes Schauspiel kostet eben seinen Obulus. „Was soll's", denken sich die beiden diebischen Elstern, bis man es Morgen merken wird, sind wir längst durchgebrannt!

187

landes, wie das Umland von Höhr-Grenzhausen seit langen Zeiten auch genannt wird. Ihre Herkunft liegt in Schlesien und so ist es nicht verwunderlich, dass sie auch die schlesische Töpfermetropole Bunzlau im heutigen Polen mit in ihre Beschreibungen miteinbeziehen. Gab es doch sogar eine enge Verbindung zwischen den beiden Städtchen durch die Existenz der keramischen Fachschulen, deren enger Austausch bis 1945 bestand.

Höhr-Grenzhausen brennt

Höhr-Grenzhausen ist das Zentrum des Kannenbäckerlandes und zwischen den vielen spitzen Giebeln der alten, teils schiefergedeckten Häuser, findet sich ein schmaler Weg, der zu einer privaten Sammlung von Keramikwaren aus vielen Jahrhunderten führt. Schon von außen zeigt sich, dass dies nicht ein musealer Ort ist, sondern die Verbindung von bestehender Keramikwerkstatt und außergewöhnlicher Sammlung. Die „Töpferei und das Keramikmuseum im Kannenofen" der Familie Peltner öffnet sich für uns und wir können nur staunen, wieviele hundert Krüge und Teller, Töpfe und Gefäße sich hier über Jahrzehnte der Sammlerleidenschaft zusammengetragen haben. Georg Peltner und seine Frau Steffi erzählen bei ihrer Arbeit an der surrenden Töpferscheibe oder beim Aufbringen des Dekors von der geschichtlichen und wirtschaftlichen Bedeutung des Kannenbäcker-

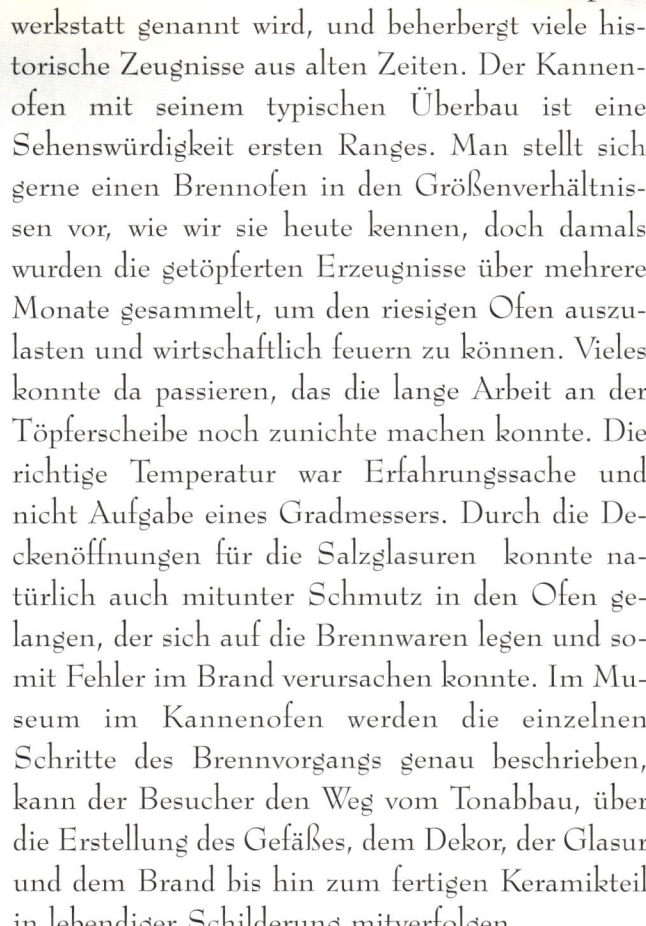

Ofengucker

Der Betrieb von Familie Peltner ist eine typische Westerwälder Eulerei, wie hier auch eine Töpferwerkstatt genannt wird, und beherbergt viele historische Zeugnisse aus alten Zeiten. Der Kannenofen mit seinem typischen Überbau ist eine Sehenswürdigkeit ersten Ranges. Man stellt sich gerne einen Brennofen in den Größenverhältnissen vor, wie wir sie heute kennen, doch damals wurden die getöpferten Erzeugnisse über mehrere Monate gesammelt, um den riesigen Ofen auszulasten und wirtschaftlich feuern zu können. Vieles konnte da passieren, das die lange Arbeit an der Töpferscheibe noch zunichte machen konnte. Die richtige Temperatur war Erfahrungssache und nicht Aufgabe eines Gradmessers. Durch die Deckenöffnungen für die Salzglasuren konnte natürlich auch mitunter Schmutz in den Ofen gelangen, der sich auf die Brennwaren legen und somit Fehler im Brand verursachen konnte. Im Museum im Kannenofen werden die einzelnen Schritte des Brennvorgangs genau beschrieben, kann der Besucher den Weg vom Tonabbau, über die Erstellung des Gefäßes, dem Dekor, der Glasur und dem Brand bis hin zum fertigen Keramikteil in lebendiger Schilderung mitverfolgen.

189

1001 Töpfe

In der angeschlossenen Sammlung offenbart sich eine unfassbare Fülle von Objekten aus allen Zeiten und Stilrichtungen, vom rheinischen salzglasierten Steinzeug und der Keramik des Kannenbäckerlandes bis hinüber ins schlesische Bunzlau, sowie nach Muskau und Naumburg. Hunderte von einzigartigen Gefäßen und Formen sind ausgestellt. Anders, als in den gewohnten Museen, sind hier die Objekte dicht an dicht, unkompliziert in der Präsentation und somit nahe am Besucher. Vielleicht ist es gerade diese ungewohn-

te Art der Ausstellung, die den Gast mit dem Objekt vertraut macht. So bewegt man sich zwischen Beispielen der Renaissance und des Barock, steht vor Objekten aus der Gründerzeit und den floralen Dekoren des Jugendstils. Das Ende einer Führung kann dann in der Werkstatt sein, wo noch heute die Traditionen der schlesischen Bunzlauer Keramikwaren lebendig gehalten werden. Draußen vor der Türe auf dem Nachhauseweg bleibt man beeindruckt von der Sammlung und den vielen unterschiedlichen Objekten, die man gesehen hat. Ein besonderes Stück Westerwälder Tradition bleibt so lebendig.

190

Gartenkräuteressig

Die Gartenkräuter lassen sich je nach Vorhandensein variieren. Achten sollte man auf die Ausgewogenheit der Aromen. Ein Keramiktopf ist für den Kräuteressigansatz ein gutes Hilfsmittel.

Zutaten:
1 l Apfelessig, ½ Bund Schnittlauch, ½ Bund Petersilie, 1 Zweig Liebstöckel, 2 Zweige Majoran, 2 Zweige Thymian, 1 Zweig Dill, etwas Salz

Zubereitung:
Die Kräuter kurz waschen, trocken tupfen und grob zerkleinern. Drei bis vier Wochen in einem Gefäß (z.B. Keramiktopf) mit dem Apfelessig und Salz ansetzen. Danach wird der Essig filtriert und abgefüllt. Zur Dekoration kann man wieder einige Stängel hinzufügen.

Zwetschgen süßsauer

Zutaten:
1 kg Zwetschgen, 500 ml Weißwein, 100 ml trockenen Rotwein, ½ Schnapsglas Essigessenz, Saft und Schale von zwei unbehandelten Zitronen, 50 g Ingwerknolle fein gehackt, 5 Gewürznelken, 750 g Zucker.

Zubereitung.
Zwetschgen waschen, trocknen und mit einem Holzspießchen rundum oft einstechen. In einen Steinguttopf füllen. Alle restlichen Zutaten aufkochen und kochendheiß über die Früchte geben.

Einen Tag ziehen lassen. Dann den Sud abgießen, wieder aufkochen und wie zuvor heiß über die Früchte gießen. Diesen Vorgang weitere 2 Tage lang alle 24 Stunden wiederholen. Danach sind sie fertig und passen sehr gut als süßsaure Beilage zu Wildgerichten oder zu Terrinen.

Himbeeressig

300 g gesäuberte frische Himbeeren (falls erhältlich sind Waldhimbeeren noch aromatischer) mit 5 EL Essig-Essenz und ¼ l Rieslingwein mischen. Die Himbeeren in einen Steinguttopf mindestens eine Woche ziehen lassen. Danach in eine Flasche füllen und zur Dekoration einige frische Himbeeren zugeben.

Lindenblütenessig

3 l Apfelessig aufkochen und heiß über eine gute Hand voll frische Lindenblüten geben. Rund 120 g guten Bienenhonig dazugeben und mit der Schale von drei ungespritzten Zitronen zusammen in einem Steinguttopf rund drei Wochen zugedeckt an einem dunklen kühlen Ort ziehen lassen. Danach filtern, in Flaschen füllen und verkorken.

Westerwälder Landpartien

TAFELFREUDEN TIPP

Das Museum im Kannenofen in der Kleinen Emser Strasse 4 in Höhr Grenzhausen ist absolut einen Besuch wert und kann täglich bis auf Sonntag (da nur nachmittags) besucht werden. Georg Peltner hat Archäologie und Kunstgeschichte studiert und leitet jetzt die Keramikwerkstatt, sowie das Museum und die Sammlung seines Vaters. Er führt mit Hintergrund und Wissen sehr anschaulich durch das Museum und an vielen Stellen wird man bei sich den „Aha-Effekt" bemerken, der wieder einmal mehr die Welt der Keramik in all ihren Facetten verständlich macht. Im Anschluss lässt es sich wunderbar durch die käuflichen Angebote stöbern, wo sich bestimmt ein schönes Keramikstück für Zuhause, zumeist in den Bunzlauer Dekoren, finden lässt. Übrigens sind diese Keramikgefäße geradezu ideal für Braten, Backen und Kochen. Aber das wird Ihnen Georg Peltner schon verraten ...

Eine gewichtige Persönlichkeit

Der Kürbis ist ein vielseitiges Fruchtgemüse, das ursprünglich aus Mexiko und Asien (Westindien) stammt, heute aber praktisch weltweit verbreitet ist. Unter dem Begriff Kürbis wird eine Gruppe verschiedenster Arten zusammengefasst.

Bei uns allgemein bekannt ist der gelbschalige Riesenkürbis oder Gelber Zentner. In den letzten Jahren hat das Angebot an unterschiedlichsten Kürbissen stark zugenommen. Man findet den melonenförmigen Spaghettikürbis, der aufgeschnitten und mit Butter bestrichen, im Backofen eine wunderbare Gemüsebeilage darstellt, den grünen oder gelben Hokkaido, dessen kartoffelähnliches Fleisch für Suppen, Püree und die Herstellung von Kürbisbrot verwendet werden kann. Muskatkürbisse mit einer hell- oder dunkelgrünen gerippten Schale haben ein aromatisches Fruchtfleisch, das zum Einkochen oder Herstellen von Marmelade geeignet ist. Die Butternuß sieht aus wie eine Birne und kann in feine Streifen geschnitten als Salat zubereitet werden. Auch das Fruchtfleisch von eigentlichen Zierkürbissen wie Turbankürbis oder Sweet Dumpling liefern ein schmackhaftes Inneres. Zucchinis oder Courgettes sind mit dem Kürbis verwandt und werden auch als Markkürbis bezeichnet. Als Gemüsebeilage oder aufgeschnitten und mit Hackfleisch gefüllt, vergrößern sie die Verwendungsmöglichkeiten der Kürbisgewächse. Zu den Zucchinigewächsen gehört auch der Ufo-Kürbis, der seinen Namen von der diskusförmigen Gestalt hat.

Im ausgereiftem Zustand geerntet – zu erkennen daran, dass der Stiel verholzt ist – lassen sich besonders Ufo-Kürbis und Hokkaido bis in den März hinein in kühlen und trockenen Räumen lagern. Am besten hängt er luftig in einem Netz.

Kürbis hat's in sich

Auch ernährungsphysiologisch sind Kürbisse sehr beachtenswert. Sie enthalten viel Provitamin A (Carotine) und Folsäure. Durch den hohen Wassergehalt sind sie kalorienarm. Sie wirken harntreibend und sind in der Gicht-Diät gut geeignet. Kürbiskerne werden in der Naturheilkunde bei Prostata- und Blasenerkrankungen eingesetzt. Kürbiskerne und -öl sollen das Bindegewebe und die Muskulatur kräftigen.

Die meisten Kürbisse schmecken jung geerntet am besten. Bei Kühlschranktemperaturen und einer Luftfeuchtigkeit von 90 % sind sie bis 2 Wochen lagerfähig. Winterkürbisse lassen sich je nach Schalenfestigkeit einige Monate lagern. Wichtig ist, dass die Früchte vollreif und gut ausgefärbt sind. Das Kürbisfleisch lässt sich sogar einfrieren.

Die schlauesten Bauern haben die leckersten Kartoffeln

LANDHOTEL FERNBLICK
HÜMMERICH

Kartoffel-Graukas-Suppe

Zutaten :
1 kg rohe Kartoffeln , 2 l Rindfleischbrühe, ca.
300 g Graukäse (gereifter Topfenkäse, scharfes
Aroma), 1 Zwiebel, 4 Scheiben Schwarzbrot, Salz,
Pfeffer, Öl.

Zubereitung :
Die Zwiebeln schälen, fein hacken und in heißer
Butter braun dünsten lassen. Nun die geschälten,
zerkleinerten Kartoffeln dazugeben, salzen, pfef-
fern und mit der Flüssigkeit ganz weich kochen.
In der Zwischenzeit den Graukas kleinwürflig
schneiden und zur Suppe geben. Diese wird aber-
mals aufgekocht und zwar solange, bis sich der
Käse aufgelöst hat. Das Brot entrinden, in kleine
Würfel schneiden und in etwas Butter anrösten.
Diese dann auf die pürierte Suppe geben und ser-
vieren.

Tipp: Beim Würzen der Suppe etwas Vorsicht, da
der Graukas intensive Wirkung hat.

194

Kartoffelpralinen mit Brennnesselfüllung

Zutaten:

Teig:

600 g gekochte, ausgedämpfte, mehlige Kartoffeln, 3 Eigelb, 50 g zerlassene Butter, 200 g Mehl, Salz und Pfeffer.

Fülle:

500 g Brennnessel, 250 g Quark, 150 g Gorgonzola, Salz und Pfeffer.

Zubereitung

Teig:

Die passierten, gut ausgedämpften Kartoffeln werden mit dem Eigelb, der zerlassenen Butter, Salz und Pfeffer verknetet. Zum Schluss arbeitet man noch vorsichtig das Mehl ein.

Fülle:

Die Brennnesselblätter bleiben in diesem Falle roh, werden jedoch mit heißem Wasser überbrüht, damit sie das Brennen verlieren. Nachdem die Blätter gut abgetropft sind, werden sie gewiegt und kleingehackt. Nun werden die Brennnesseln mit dem ebenfalls kleingehackten Käse und dem Quark verrührt und abgeschmeckt. Jetzt den Kartoffelteig nicht allzu dünn ausrollen. Mit einem runden Ausstecher den Pralinen die gewünschte Größe geben, anschließend die Fülle darauf setzen und kleine Knödel formen, die in Salzwasser gekocht werden. Sobald diese an die Wasseroberfläche kommen, werden sie vorsichtig abgeschöpft, mit zerlassener Butter und Reibkäse bestreut und serviert.

Kartoffel-Steinpilz-Parfait

Zutaten:

150 g gekochte, passierte Kartoffeln, 60 g zerlassene Butter, 150 g geputzte Steinpilze, etwas Butter zum Anschwitzen der Pilze, 100 ml geschlagene Sahne, 2 EL gehackter Schnittlauch, 1 Stange Lauch, Salz, Muskat, weißer Pfeffer.

Zubereitung:

In die noch warmen, gekochten und passierten Kartoffeln die zerlassene Butter einrühren, mit Salz und Muskat würzen und durch ein Haarsieb streichen. Die Steinpilze blättrig schneiden, in der Pfanne mit der Butter rasch anziehen, mit Salz und Pfeffer würzen, auf ein Sieb geben und auskühlen lassen. Die geschlagene Sahne, den Schnittlauch und die Steinpilze unter die leicht temperierte Kartoffelmasse heben. Vom Lauch die äußeren grünen Blätter verwenden, im Salzwasser weich kochen, im Eiswasser rasch abkühlen und auf einem Tuch gut abtrocknen. Nun eine Terrinenform mit Klarsichtfolie und dann mit dem Lauch auslegen, das Parfait einfüllen und mit dem überhängenden Lauch abdecken. Im Kühlschrank kaltstellen.

Anrichten:

Das Parfait stürzen, in 1,5 cm dicke Scheiben schneiden und auf die Tellermitte platzieren. Mit Blattsalaten garnieren.

Beim Kartoffelfeuer

Lustig brennt das Feuerlein
Auf der grünen Weide;
Und die Kinder, groß und klein,
stehn dabei voll Freude.

Die Kartoffeln hurtig bringt,
werft sie in die Kohlen;
und ihr andern lauft und springt,
frisches Kraut zu holen!

Ei, das ist ein gut Gericht,
ein Kartoffelbraten!
So was hat der Kaiser nicht,
wenn sie nur geraten!

Chr. Dieffenbach

Mit Schirm, Charme und Zitrone

NATTERMANNS
RESTAURANT & GÄSTEHAUS
VETTELSCHOSS-KALENBORN

Carpaccio von Steinpilzen

Zutaten:
100 g Steinpilze, 40 g Schalotten, 1 unbehandelte
Zitrone, 4 EL Olivenöl mit Zitrone, Saft einer
halben Zitrone, 50 ml Weißwein, Salz, Pfeffer,
1 rote Chilischote, 20 g glatte Petersilie, ½ Bd.
Schnittlauch, einige Blatt geputzten Blattsalat,
2 Zweige Kerbel.

Zubereitung:
Die Steinpilze sorgfältig putzen und längs in sehr
dünne Scheiben schneiden. Die Schalotten pellen
und in feine Würfel schneiden. Chilischoten längs
halbieren, Kerne entfernen und in feine Würfel
schneiden. Die Hälfte der Zitronenschale abreiben
und beiseite stellen.

Die restliche Schale bis auf das Fruchtfleisch
abschneiden. Die Zitronenfilets zwischen den
Trennhäuten herausschneiden und in ½ cm große
Würfel schneiden.

Die Steinpilzscheiben kreisförmig auf warmen,
flachen Tellern anrichten. Das Olivenöl erhitzen
und die Schalotten darin anschwitzen. Die Chili-
würfel zugeben und mit Zitronensaft und Weißwein auffüllen. Mit der abgeriebenen Zitronenschale, Salz und Pfeffer würzen. Zitronenfilet-
würfel zugeben und die heiße Marinade mit dem
Esslöffel dünn über den Pilzen verteilen.

Petersilienblätter abzupfen und fein hacken.
Schnittlauch in feine Röllchen schneiden. Pilze
mit den Kräutern bestreuen. Mit Blattsalat und
abgezupften Kerbelblättern garnieren. Dazu passt
Ciabatta-Brot.

Schmorfasan mit Steinpilzen, Kastanien und Speck

Zutaten:
2 ausgewachsene Fasane, Salz, frisch gemahlener Pfeffer, 50 g Butter, 5 EL Weinbrand, 12 gepellte Perlzwiebeln, 1 Stange Sellerie in Stücke geschnitten, 50 g gewürfeltes Dörrfleisch, 3 EL Mehl, 500 ml heiße Hühnerbrühe, 175 g geschälte Kastanien, 350 g frische, geputzte Steinpilze oder Maronenröhrlinge (oder 15 g getrocknete Pilze 20 Min. einweichen), 1 EL Zitronensaft, Brunnenkresse zum Garnieren.

Zubereitung:
Backofen auf 170° C vorheizen. Fasane pfeffern und salzen. Die Hälfte der Butter in einem Bräter zerlassen und die Fasane bei mäßiger Hitze von allen Seiten anbraten. Auf eine Platte legen und Bratfett abgießen. Bräter wieder auf die Herdplatte stellen und Fond anbräunen. Vorsichtig den Weinbrand angießen und flambieren (die Flammen fallen rasch wieder zusammen). Den Bratensatz mit einem Pfannenheber vom Boden lösen. Die Flüssigkeit über die Fasane gießen und beiseite stellen. Bräter auswischen und die restliche Butter zerlassen. Zwiebeln, Sellerie und Dörrfleisch hellbraun anbraten. Mehl einrühren und vom Herd nehmen. Die Hühnerbrühe nach und nach angießen und verrühren bis das Mehl sich vollständig aufgelöst hat. Kastanien, Pilze, Fasane und den Zitronensaft zugeben und zum Kochen bringen. Den Bräter zudecken, in den vorgeheizten Backofen geben und alles ca. 90 Min. schmoren lassen. Anschließend die Fasane und das Gemüse auf einer Platte anrichten. Sauce nochmals kurz aufkochen, mit Zitronensaft und Gewürzen abschmecken und in eine Sauciere füllen. Die Fasane mit Brunnenkresse garnieren.

Pfifferlings-Hamburger

Zutaten:
350 g roher Speck in dünnen Scheiben, 50 g Butter sowie zusätzliche Butter als Brotaufstrich, 120 g geputzte kleine oder halbierte Pfifferlinge, 60 ml Erdnussöl, 4 Eier, 4 Hamburger-Brötchen, Salz, frisch gemahlener schwarzer Pfeffer.

Zubereitung:
Die Speckscheiben in einer großen Pfanne ohne Fettzugabe knusprig braten. Auf einen Teller legen und zugedeckt warm stellen. Die Hälfte der Butter in der Pfanne zerlassen, die Pfifferlinge zugeben und bei milder Hitze weich dünsten, ohne das sie Farbe annehmen. Auf einem Teller zugedeckt warm halten. Die restliche Butter schmelzen, das Öl zugeben und auf mittlere Hitze bringen. Die Eier in die Pfanne schlagen und nach Geschmack braten, evtl. einmal wenden. Die Brötchen aufschneiden, rösten und buttern. Die untere Hälfte mit Speck, Pfifferlingen und einem Spiegelei belegen. Die obere Hälfte wieder darauf legen und servieren.

Im Walde

Hier an der Bergeshalde
Verstummet ganz der Wind;
Die Zweige hängen nieder;
Darunter sitzt das Kind.

Sie sitzt in Thymiane,
Sie sitzt in lauter Duft;
Die blauen Fliegen summen
Und blitzen durch die Luft.

Es steht der Wald so schweigend,
Sie schaut so klug darein;
Um ihre braunen Locken
Hinfließt der Sonnenschein.

Der Kuckuck lacht von ferne,
Es geht mir durch den Sinn:
Sie hat die goldnen Augen
Der Waldeskönigin.

Theodor Storm

Andernach aus den Leutesdorfern Weinbergen gesehen

Oktober

Der Herbst in Weinberg und Weinkeller

Oktober

Der Monat Oktober ist der Höhepunkt des Winzerjahres. In kurzen Abständen wird der Reifezustand der Trauben im Weinberg gemessen. Dies geschieht mit einem optischen Instrument namens Refraktometer. Es basiert auf dem System der Lichtbrechung und zeigt den natürlichen Zuckergehalt in der Traubenbeere an. Nach dem Ergebnis und dem Gesundheitszustand der Trauben richtet sich der Lesezeitpunkt. Alle Hände werden gebraucht. Aufgrund der schwierigen Topographie lassen sich im Steillagenanbau keine Maschinen zur Traubenernte einsetzen. Die Lese ist reine Handarbeit und körperlicher Schwersteinsatz. Eine große Mannschaft ist von Nöten. Trotz der harten Arbeit schwingt aber auch eine Art Gemütlichkeit, Gemeinschaftsgefühl und durchaus Romantik mit.

In der Regel werden die Erntehelfer gut bekocht und einige Flaschen Wein bleiben nicht verschont. Der goldene Oktober mit frühem Nebel, klaren Tagen und herrlichen Spätsommerstunden trägt sein Übriges dazu bei. Folgende Rebsorten werden am Mittelrhein in Leutesdorf gelesen: als Rotweine die Sorten Dornfelder und Spätburgunder, im Weißweinbereich die Sorten Rivaner, Grau- und Weißburgunder, Chardonnay und Kerner sowie die Königin des Mittelrheins, der Riesling. Diese spätreifende Rebsorte ist mit rund 80 % Anbaufläche die stärkste ihrer Art am Mittelrhein.

Sobald das Lesegut das Weingut erreicht, werden die frischen Trauben sofort verarbeitet. Sie kommen in die Presse und am späten Abend ist der frische Traubensaft zur Vorklärung schon im Keller. Während die roten Traubensorten zur Lösung des roten Farbstoffes einige Zeit auf der Maische verbleiben, werden die weißen Trauben direkt abgepresst. Roséweine geschehen durch die direkte Pressung roter Trauben, die dadurch nur sanfte Anteile des roten Farbstoffs mit sich führen. Die Maischedauer wie auch die Rebsorte bestimmen die Intensität der Farbe.

In Bezug auf die Weißweinbereitung wird der Most nach 24 Stunden in das Gärfass umgelagert. Damit trennen sich weitere Trubstoffe. Nach wenigen Tagen setzt die natürliche alkoholische Gärung ein.

November

Langsam wird es ruhiger im Weinberg. Die ersten Novembernebel tauchen die Weinberge in den Morgen- und Abendstunden in ein magisches, fast unwirkliches Licht. Trauben, die jetzt noch am Stock hängen sind ausschließlich für die hochwertigen Prädikatsweine vorgesehen.

Die nun einsetzende, durch den Botrytispilz verursachte Edelfäule, lässt die Beerenhaut porös und durchlässig werden, so dass Feuchtigkeit verdunstet und sich der Fruchtzuckergehalt und die Aromenstoffe konzentrieren. Ausgangsvoraussetzung für Auslese, Beerenauslese und noch höhere Qualitäten. Wer das Risiko der Eisweinbereitung eingehen will, schützt die Trauben nun durch eine Folie gegen Vogel- und Insektenfraß. Ein nicht kalkulierbares Unterfangen, denn zur Lese des Eisweins müssen im Weinberg −10° C erreicht werden, damit sie im gefrorenen Zustand abgepresst werden können. Der Frost bewirkt eine weitere Konzentration der Inhaltsstoffe und verringert die Mostausbeute um weitere 75 %. Er gehört in der Region Mittelrhein zu den ganz besonderen Spezialitäten und Raritäten.

Im Keller ist mittlerweile die Gärung voll im Gange und es ist unerlässlich, täglich jedes Fass zu probieren. In dieser Zeit entwickelt sich der Wein und damit das Jahreskapital des Winzers. Fehltöne oder falsche Geschmacksentwicklungen sollen dadurch verhindert bzw. in der Anfangsphase aufgespürt und behoben werden. Parallel dazu ist der Verkauf eine weitere Hauptbeschäftigung des Winzers. Der November ist bei fast allen Winzern der umsatzstärkste Monat. Weihnachten steht mit seinen Geschenken und Festen und Tafelfreuden vor der Türe. Viele Kilometer verbringt der Winzer auf der Strasse, wenn er jetzt in besonders starker Häufigkeit die heimischen Weinspezialitäten zwischen Hamburg und München an seine Kunden liefert.

Dezember

Weihnachtsvorfreude im Winzerhof und vielleicht sogar erste Schneeflocken über den Hängen des Rheintals. Der Rebstock wirft spätestens jetzt sein gefärbtes Laub ab und zeigt sich wieder als knorriges Holz. Die Winterruhe beginnt und die einstmals grünen Triebe verholzen. Im Weingut laufen dagegen die Präsentverpackungen und Versendungen auf Hochtouren. Wein ist ein ideales Geschenk, dass auch gerade unter dem Weihnachtsbaum viele Liebhaber findet. Das Fest kommt schneller als gedacht und Weinstock wie Winzer dürfen sich auf Weihnachten freuen.

Von Kelten, Kürbis, Tod und Teufel

Die Kürbisse stehen gut in diesem Jahr. Noch des Nächtens leuchten sie im fahlen Mondlicht auf dem großen Feld hinter dem Hof des Bauern. Die meisten scheinen zu schlafen, haben sich in das grüne Dickicht des rankenden Blattwerks eingerollt und seufzen ein wenig wie Trauerweiden oder das Schilf am moorigen Wiesengrund, wenn der Wind durch die Blätter fährt. Das angrenzende Maisfeld liegt dunkel und undurchdringlich, wie ein wogendes Meer voller Kolbengeschöpfe, die mit wirren braunen Haarschopf und Reihen maisgelber Zähne bedrohlich aus dem Blätterwald schauen. Während ein Käuzchenruf den wolkenzertriebenen Himmel durchdringt, lodert es plötzlich hell auf und wie ein feuriger Blitz schießen glühende Fratzen durch die Luft. Lückenhaftes Grinsen und funkelnde Augen gehören diesen Gesichtern und es sind mittlerweile drei Kürbisse, die leuchtend in kreisendem Aufwind sind. Sie gehören zu der gedrungenen Gestalt, die mit den feurigen Grimassen jongliert, sie hopp, hopp, hopp, im Kreis wirbeln lässt. Dann und wann fällt ein Schein auf ihr sonst in Dunkelheit gehülltes Gesicht und man erkennt den Gärtnersohn, der mit ernster Konzentration den runden Kürbisfackeln folgt. Für manche mag es einen Schauer über den Rücken jagen, denn die fliegenden feurigen Fratzen scheinen im Dunkel der Nacht ein Eigenleben zu entwickeln, wie von unsichtbarer Hand gelenkt. Den Gärtnersohn kann das jedoch nicht schrecken, denn es ist nicht mehr lange, bis der Jahrmarkt in sein Dorf kommen wird und bis dahin muss seine Vorstellung sitzen.

Schließlich erwartet man auch den Zirkus, der wie im letzten Jahr sein buntes Zelt aufschlagen wird. Und dann wird er auch seine Seiltänzerin wieder sehen, der er mit seinen Kunststücken imponieren will. Während er noch so in Gedanken träumt, schwinden den Kürbissen die feurigen Augen. Langsam erlischt ihr Grinsen, die Kerzen verlöschen und aus den magischen Köpfen wird wieder ein ganz normaler Kürbis. „Zeit zum Schlafen gehen", denkt sich der Gärtnersohn, nimmt die drei Kürbisse in seine Arme und verlässt seinen verschwiegenen Trainingsplatz. Das Kürbisfeld taucht wieder in das fahle Mondlicht. Alles versinkt in der nächtlichen Stille, nur ein paar große Feueraugen eines besonders dicken orangefarbenen Kürbis blitzen plötzlich auf und zwinkern dem Käuzchen oben auf den Tannen vielsagend zu.

Ein Heiden Spaß

Auch wenn Halloween sich so gar nicht nach Westerwälder Mundart anhört und auch nicht im Westerwald seine Wurzeln besitzt, so hat sich doch auch hier dieser alte Brauch, wie überall in Deutschland, in den letzten Jahren immer stärker verbreitet. Halloween, ein amerikanischer Einwanderer – so ist man sich auf den ersten Blick sicher, denn von dort haben wir die Traditionen und heutigen Partyideen übernommen. Gräbt man jedoch tiefer in der alten Friedhofserde, dann offenbaren sich die wahren Anfänge, die echten Wurzeln des Festes zwischen Sommer und Winter, zwischen Leben und Tod.

Es ist ein ungemütlicher Herbsttag in den tiefen Wäldern der Kelten auf den irischen Inseln. Es ist Jahreswechsel im keltischen Kalender und in dieser Nacht vom 31. Oktober auf den 1. November verabschieden sich die Druiden von der Göttin, die den Sommer bedeutet und begrüßen Samhain, den Herrscher des Winters. Für ein halbes Jahr wird der Sommer sein Leben an den Tod, den Winter, abgeben – so glauben es die Kelten und feiern den Moment, wo die Grenzen zwischen den Lebenden und den Toten besonders transparent und dünnwandig erscheinen. Mit den Ahnen kann man zu diesem Zeitpunkt wohl am einfachsten in Kontakt treten. Sie werden verehrt und zu ihren Ehren geschehen Lagerfeuer, finden Leckereien und Festmahl statt, um sie zu dieser Nacht zur Rückkehr zur Erde zu bewegen. Das neue Jahr wird durch Meditation erfragt, über Ernten und Krankheit, Krieg und Frieden will man genaueres erfahren.

Von Halloween zu Allerheiligen

Das heidnische Fest bleibt trotz der späteren Christianisierung im Volksglauben der Menschen die ersten Jahrhunderte tief verwurzelt. Die neue Religion weiß sich zu helfen und verbindet heidnische Feiertage mit den kirchlichen Festtagen des Christentums. So verfügt im Jahre 837 Papst Gregor IV, das heidnische Fest Samhain zur Ehrung der Toten auch im christlichen Jahreslauf zu verankern. Der 1. November wird nun zu Allerheiligen und der 2. November zu Allerseelen. Einfach in der Akzeptanz der Menschen und auch erfolgreich für die Kirche, die damit die heidnischen Bräuche unter Kontrolle bringen kann. Das heidnische Jahreswechselfest hielt sich in seinem Gedankengut gegenüber anderen Feiertagen im keltischen Raum besonders lange und wurde im 16. Jahrhundert zu Halloween, das sich sinngetreu auf den Namen all hallowe evening zurückführen lässt. Der Abend also, wo alle Geister geehrt wurden. Die endgültige Verbindung zwischen heidnischem Ursprung und christlichem Festtag war vollzogen. Mit den irischen und englischen Auswanderern nach Nordamerika wurde auch dieses Brauchtum mit in die neue Welt genommen. Gerade in Irland wurde das ehemals heidnische Keltenfest so verändert, dass man sich durch Maskierung und Schrecksymbole in der Nacht zwischen Leben und Tod, der Geister und Toten erwehren wollte, die da unterwegs sein sollten. Sie sollten vorüberziehen ohne die Lebenden erkennen zu können oder am besten gleich ganz und gar abgeschreckt werden.

Jack O-Lantern

In dieser Zeit kam auch der Brauch der Rübenlaternen mit in die New England Staaten der Ostküste Amerikas. Die Geschichte um den bösen Taugenichts und Betrüger Jack O. erzählt man sich seit langer Zeit und in Irland soll sie wohl stattgefunden haben. Jack O. fürchtete weder Tod noch Teufel und so lockte er denn den Luzifer selbst durch eine List auf einen Baum, ritzte darunter ein Kreuz in den Baumstamm, so dass er nicht mehr hinabsteigen konnte. Jack ließ ihn erst wieder ziehen, nachdem ihm der Teufel hoch und heilig versprochen hatte, ihn nicht eines Tages mit in sein Reich zu nehmen. Doch auch Jack O.´s Tage waren irgendwann gezählt und da konnte er weder in den Himmel aufgrund seiner Schlechtigkeit auf Erden aber auch nicht in die Hölle. Ein wenig Erbarmen zeigte dann der Teufel und gab ihm einen Funken glühende Kohle, die in einer ausgehöhlten Rübe ihm auf dem dunklen Weg zwischen Himmel und Hölle dienen sollte. So kam das Licht in die Rübe und später in Amerika auch in den Kürbis, der hier gut gedieh und aufgrund seiner Form und Größe noch besser als Laterne zu nutzen war. Die Kürbisse wurden ausgehöhlt und mit Fratzengesichtern versehen, außen vor Tore und auf Fensterbänke gestellt, um die bösen Geister abzuwehren. Der Brauch der Verkleidung blühte weiter und bediente sich der Geschöpfe der Nacht wie Hexen, Dämonen, Eulen, Fledermäuse, Vampire und Teufelsgestalten. Eben alle Gestalten, die einem Angst und Bange machen können, und nicht nur Geister schrecken.

Bonbonhexen und Partyschrecks

Während die Kürbistradition jedes Jahr ein wenig mehr in die Gärten und Küchen in Deutschland Einzug hält und damit auch das Fest um Halloween, haben sich der Spruch „trick or treat" aus Kindermund noch nicht am Abend des 31. Oktober vor deutschen Haustüren etablieren können. Trick or treat, was soviel bedeutet wie „entweder Süßigkeiten her oder es setzt einen bösen Streich", heißt das Motto der Kinder, die verkleidet von Tür zu Tür ziehen, während die Erwachsenen sich auf Kostümparties und Tanzfesten den angenehmen Halloween-Schauer über den Rücken laufen lassen. Der „Raubzug" nach Süßigkeiten hat, wenn auch nur in seinem Kern, ebenfalls seine Tradition in der lange zurück liegenden Geschichte. Frühe Christen erbettelten im 9. Jahrhundert immer am 2. November , also dem Allerseelenfest, den sogenannten Seelenkuchen. Für die milde Gabe wurde dem Spender ein extra Gebet zuteil, das ihm wiederum den Weg in den Himmel vereinfachen sollte.

Bohnensuppe
„Urbacher Landfrauen"

Suppengemüse wie Karotte, Lauch, Selleriewurzel und Zwiebel klein würfeln, sodass es eine gute Tasse voll ergibt. Das Gemüse in etwas Fett anschwitzen und einen Zweig Bohnenkraut (ersatzweise 1 TL getrocknetes Bohnenkraut) dazugeben. Im Anschluss rund 300 g geräucherter Bauchspeck oder mageres Dörrfleisch in feine Streifen schneiden und ebenfalls dazugeben. Danach rund 300g dicke Bohnen (über Nacht in Wasser eingeweicht) zufügen. Mit Wasser aufgießen und mit Salz (vorsichtig) und Pfeffer würzen. Für 90 Minuten auf dem Herd köcheln lassen. Nach 60 Minuten vier bis fünf Kartoffeln schälen und kleinwürfeln, mit in die Suppe geben. Kurz vor Ende der Garzeit eine leichte Mehlschwitze herstellen. Dazu ein Stück Butter zerlassen und eine fein gehackte Zwiebel darin leicht anbräunen. Mit Mehl überstäuben und ebenfalls kurz anschwitzen. Mit etwas Suppenfond aufgießen, verrühren und der Suppe zufügen, damit sie noch etwas sämiger wird. Ggf. noch etwas heißes Wasser zugeben, falls der Bohneneintopf zu dickflüssig ist. Letztmalig abschmecken.

Kürbiskonfitüre mit Orangen

Zutaten:
500 g Kürbisfleisch, 500 ml frisch gepressten Orangensaft, 1 kg Gelierzucker 1:1, 2 P. Vanillezucker, Saft von 1 Zitrone.

Zubereitung:
Kürbisfleisch in kleine Würfel schneiden, mit Orangen- und Zitronensaft mischen, Vanille- und Gelierzucker zufügen und alles gut verrühren. Erhitzen und rund 4 Minuten sprudelnd kochen. Heiß in Twist-Off-Gläser füllen, fest verschließen und für einige Minuten auf den Kopf stellen.

Kürbiskuchen

Zutaten:
2-3 Eier, 200 g Zucker, ½ Tasse Öl, 200 g Mehl, 100 g Kartoffelstärke, 1 Pr. Salz, 2 TL Backpulver, ½ TL Zimt, 100 g geriebene Nüsse, 2 Tassen Kürbispüree.

Zubereitung:
Eier, Zucker und Öl schaumig schlagen. Gesiebtes Mehl mit dem Backpulver und der Stärke mischen, Zimt dazugeben und untermischen. Nüsse und Kürbispüree unterheben, in eine Kastenform geben. Bei 180° C gut 60 Minuten backen.

Urbacher Landfrauen im Kürbisfieber

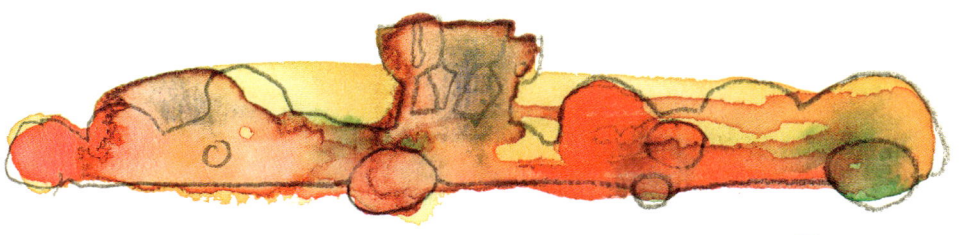

Kürbisbowle

Zutaten:

250 g Kürbiskugeln, 1 Zitrone (unbehandelt), 1 Fl. trockener Rheinwein, 2 Fl. Winzersekt, etliche Zweige Zitronenmelisse und Minze, Zitronen- oder Cassislikör zum Abschmecken, 1 EL Puderzucker.

Zubereitung:

Kürbiskugeln, dünne Zitronenscheiben, fein gehackte Melisse und Minze mit dem Zucker in einer Schüssel vermischen. Mit Weißwein aufgießen, bis die Mischung bedeckt ist, zugedeckt einige Stunden kühl stellen. In eine Schale, oder einen großen ausgehöhlten Kürbis umfüllen, Restwein und Sekt zugießen, mit Likör abschmecken, mit Minze- und Melissezweigen dekorieren.

Kürbispuffer mit Räucherlachs

Zutaten:

350 g Kartoffeln, 350 g Kürbisfleisch, Salz, Pfeffer, Muskat, 2 Eier, 2 EL Paniermehl, 4-5 EL Haferflocken, 2 EL frische gehackte Kräuter nach Belieben, Öl zum Ausbacken, Räucherlachs in Scheiben, 1/2 Becher Kräuter-Crème fraîche, 1/2 Becher Naturjoghurt, frischen Dill.

Zubereitung:

Kartoffeln und Kürbisfleisch grob raspeln, Eier, Gewürze, gehackte Kräuter, Paniermehl und Haferflocken unterrühren. Öl in einer Pfanne erhitzen und mit einem Esslöffel portionsweise die Masse hineingeben und etwas platt drücken. Von beiden Seiten goldbraun backen. Crème fraîche, Joghurt und gehackten Dill verrühren, etwas salzen und pfeffern und mit dem Räucherlachs und den Kürbispuffern zusammen anrichten.

Kürbisquiche

Zutaten:
1 Packung TK-Blätterteig oder einen vorgefertigten runden Blätterteig, ca. 50 g z. T. gehackte und ganze geröstete Kürbiskerne (kurz in der Pfanne trocken angeröstet), Kürbiskernöl nach Belieben vor dem Anrichten.

Füllung:
4 EL Rapsöl, 1 Zwiebel, 2 Knoblauchzehen, 600 g vorbereitetes Kürbisfleisch, 2 EL frische oder getr. Kräuter wie Thymian, Rosmarin und Petersilie, Salz, Pfeffer.

Guss:
200 ml Kräuter-Crème Fraîche, 100 ml süße Sahne, 3 Eier, Salz, Pfeffer, Muskat.

Zubereitung:
Teigplatten ausrollen oder direkt runde Platte in eine mittlere Springform auslegen. Mit gerösteten Kernen bestreuen. Kürbisfleisch grob raspeln, mit gehacktem Knoblauch und Zwiebel sowie den Kräutern im Rapsöl einige Minuten anschwitzen. Backofen auf 200° C vorheizen, Guss aus den vorgenanten Zutaten herstellen, gut verrühren, würzen und abschmecken. Kürbismasse auf dem Teig verteilen, Guss darüber gießen und mit einigen Kürbiskernen bestreuen. Im Ofen ca. 30 Minuten goldbraun backen. Wer möchte, gibt sogar vor dem Anrichten noch ein paar Tropfen Kürbiskernöl darüber

Kürbiscreme-Suppe

Zutaten:
600 g Kürbis, 2 kleine Zwiebeln, 1 EL Butter, 1 EL Zitronensaft, 100 ml Weißwein, 100 ml süße Sahne, Salz, weißer Pfeffer, 1 TL Paprikapulver, 750 ml Gemüsebrühe.

Zubereitung:
Kürbis schälen, von Kernen und inneren Fasern befreien, das Fruchtfleisch in Würfel schneiden. Zwiebeln schälen, fein würfeln, mit dem Kürbis in der heißen Butter einige Minuten anschwitzen. Zitronensaft, Salz, Pfeffer und Paprikapulver dazugeben, die Brühe angießen und die Suppe ca. 30 Minuten schwach köcheln lassen. Anschließend mit dem Mixstab pürieren, den Wein angießen und nochmals aufkochen lassen. Sahne halb steif schlagen, in die Mitte einen Klecks Sahne geben, mit der Gabel leicht unterziehen und mit einem Minzeblatt verzieren.

So leuchtet der Oktober

Dreifelder's Fritz fischt frische Fische

Karpfen, Schleie, Dill und Schmand – wer hat die schönsten Fische im ganzen Land

Ein wenig im Trüben fischt der Besucher schon, will er den genauen Termin für das traditionelle Abfischen an der Westerwälder Seenplatte erfahren. Die Zeit kündigt sich zwar schon etwa drei Wochen im voraus an, doch der genaue Tag bleibt vielen Neugierigen verborgen. Mit ein wenig Glück trifft man dann doch eines Morgens geschäftige Männer in wasserabweisenden Anglerhosen oder Ostfriesennerzen an, die sich um den tiefsten Punkt am Rand des Dreifelder Weihers scharen. Die Wied nährt diesen wie auch sechs weitere Weiher, die sich alle um die Orte Dreifelden, Freilingen, Steinen und Wölferlingen ziehen. Zwischen 400 und 420 m ü. NN liegen sie und sind durch Kanäle miteinander verbunden. Der Haidenweiher, Hofmannsweiher, Dreifelder Weiher, Hausweiher, Brückenweiher, Postweiher und der Wölferlinger Weiher gehören dazu.

Still ruht der See

Es muss unglaubliche Knochenarbeit gewesen sein für die Mönche des 12. und 13. Jahrhunderts, die diese Weiher zur Fischzucht in das Westerwälder Land gruben. Drei Zuflüsse speisen seitdem die Seenlandschaft, wobei die Wied den bedeutendsten Zu- und Abfluss darstellt. Seit alter Zeit gehört diese Gegend dem Geschlecht derer zu Wied und das Fischrecht daran übt der Fürst noch heute aus. Einmal im Jahr, genauer gesagt Anfang Oktober, werden die Seen zum Abfischen abgelassen. Dies geschieht langsam und zieht sich über einige Wochen hin. Das Wasser nimmt seinen Lauf und zurück bleibt eine Leere, die fast an eine Wattlandschaft an der Küste erinnert. Besondere Stimmung verbreitet sie dann, wenn der herbstliche Nebel über den feuchten Grund des trockenen Weihers zieht und blattlose Äste wie Treibgut auf dem Boden zurückbleiben. Da vermischt sich der wolkenverhangene Himmel mit dem Grau der Erde und nur das Zappeln der Fischleiber in den letzten wasserhaltigen Ecken, kurz vor dem Auffangbecken zeigt an, wo sich die Elemente trennen.

210

Von dem Fischer und seiner Schau

Karpfen, Schleien, Forellen, Aale und sogar ab und an Hechte gehören zu den Bewohnern der Seen und sind das Objekt der Begierde, die an dem besagten Oktobermorgen zu spüren ist. Schon früh werden die Vorbereitungen für das Abfischen getroffen. Gegen 10 oder 11 Uhr morgens geht dann das Schauspiel los. Das Auffangbecken ist bereits seit Wochen für die große Menge an Wasser, die es in kurzer Zeit verarbeiten muss, vorbereitet worden. Der *Mönch*, seines Zeichens der Name für die Hochschleuse, steht fest gemauert am tiefsten Punkt des Dreifelder Weihers und erwartet Wasser und Fische gleichermaßen. Dort sammeln sich die Tiere und gelangen über den Schleusenkanal in das Vorfangbecken. Hier geschieht bereits die Sortierung der Arten. Karpfen zu Karpfen und Forellen zu Forellen. Mit Köchern wird Neptuns Ernte dann eingeholt, in große Bottiche geladen und alsbald in vorbereitete Containertanks umgefüllt. Die Männer arbeiten hart und so ist in einigen Stunden der Großteil des Abfischens geschehen. Karpfen, Forellen und alle anderen Seebewohner werden von dort weitertransportiert und zum späteren Verkauf oder der Weiterverarbeitung gebracht. Am nächsten Tag ist dann der ganze Spuk wieder vorbei. Still ruhen nun die Seen und die Herbstnebel können wieder ungestört von den nun trockenen Weihern Besitz ergreifen.

Karpfensuppe

Zutaten:

1 küchenfertiger Karpfen (ca. 1 kg), 300 g Suppengrün, 6 Zwiebeln, Salz, 500 g Kartoffeln, 2 grüne Paprikaschoten, 4 Tomaten, 2 Knoblauchzehen, 2 EL Butter, Pfeffer, Paprikapulver, Sellerieblätter, 150 g saure Sahne.

Zubereitung:

Küchenfertigen Karpfen filetieren. Suppengemüse putzen, waschen und in grobe Stücke schneiden, Zwiebeln in Würfel schneiden. Kopf, Gräten, die Hälfte der Zwiebelwürfel und Suppengrün in zwei Liter Salzwasser ca. 30 Min. kochen lassen. In der Zwischenzeit Kartoffeln waschen, schälen, würfeln, Paprikaschoten putzen, waschen, halbieren, entkernen und in Streifen schneiden. Tomaten mit heißem Wasser überbrühen, enthäuten und achteln. Knoblauchzehen abziehen und zerdrücken. Butter in einem Topf schmelzen, Karpfenstücke mit Kartoffelwürfeln, Paprikastreifen, Tomatenachteln und restlichen Zwiebelwürfeln hinzugeben und andünsten. Mit der abgeseihten Karpfenbrühe auffüllen, mit Salz, Pfeffer, Paprikapulver und zerdrücktem Knoblauch würzen und ca. 40 Min. langsam köcheln lassen. Suppe mit Pfeffer und Salz abschmecken, in Teller füllen und mit Sellerieblättchen (vom Suppengrün) und einem Klecks saurer Sahne garniert servieren.

Forelle unter der Kartoffelkruste

Zutaten:

Pro Person eine küchenfertige Forelle, 300 g geschälte und gewürfelte Kartoffeln, 250 ml Milch, 3 Knoblauchzehen, 2 Schalotten, je 1 EL Schnittlauch und Petersilie, je ein TL Rosmarin und Thymian, 80 g Butter, 2 Eidotter, 3 EL fein gehackte Walnüsse oder Pinienkerne, Öl, Salz und Pfeffer.

Zubereitung:

Kartoffelwürfel in der heißen Milch mit den zerdrückten Knoblauchzehen und Salz garen. Überschüssige Milch abgießen und anschließend die gekochten Kartoffeln grob zerstampfen. Schalotten mit den Walnüssen oder Pinienkernen in der Pfanne mit den Kräutern kurz anrösten und ebenfalls zu der Kartoffelmasse geben. Weiterhin Eidotter und weiche Butter zufügen. Mit Salz und Pfeffer würzen. Forellen ebenfalls salzen und pfeffern und in Butter von beiden Seiten anbraten. Fische aus der Pfanne nehmen, in eine Auflaufform setzen, mit der Kartoffelmasse die Oberseite bestreichen und im Backofen bei 200° C ca. 5 Minuten übergrillen. Mit der restlichen Kartoffelmasse im heißen Fett kleine runde Taler abbacken und zu dem Forellen servieren. Dazu passt ein grüner Salat und ein Riesling.

212

Forelle in Shrimps-Weißwein-Ragout

Zutaten:

4 Forellen, Salz, Pfeffer, Öl, 40 g Mehl, etwas geriebenen Parmesan, 200 g Shrimps, 50 g Schalottenwürfel, 200 ml Fischfond, frische Kräuter wie Dill, Petersilie, Kerbel, Schnittlauch, 200 g Champignons, 150 ml Sahne, 50 ml Weißwein, Saft einer Zitrone, 2 Toastscheiben ohne Rinde.

Zubereitung:

Forellen entweder bereits filetiert kaufen oder aber selbst filetieren. Dabei die Köpfe und Gräten aufbewahren und daraus mit gehacktem Wurzelgemüse, Pfefferkörnern, Weißwein Salz und Wasser einen Fischfond auf leichter Flamme zubereiten.

Forellenfilets mit Salz und Pfeffer würzen, kurz in Mehl wenden, abklopfen und von beiden Seiten in Butter anbraten, aus der Pfanne nehmen und warmstellen.

Schalotten kurz in Öl anschwitzen, Champignons und Shrimps hinzufügen, mit Sahne und Fischfond auffüllen und leicht köcheln lassen. Gegen Ende den Weißwein zufügen, mit Salz, Pfeffer und Zitronensaft abschmecken. Toast fein reiben und damit die Sauce etwas abbinden. Die kleingeschnittenen Kräuter erst kurz vor dem Anrichten an das Ragout geben. Forelle mit Shrimpsragout bedecken, Parmesan darüber reiben und im Backofen kurz bei guter Oberhitze überbacken. Dazu passen feine Bandnudeln in Butter geschwenkt und ein spritziger Kerner Weißwein.

Westerwälder Landpartien

TAFELFREUDEN TIPP

Vielleicht haben Sie Glück und erfahren, wann dieser alte Brauch des Abfischens stattfindet. Informationen über den See und diese alte Tradition erhält man im Haus am See bei Familie Schneider. Am Tag des Abfischens lassen sich nicht nur die Fische beobachten, die mit Köchern ausgehoben werden, sondern es lassen sich auch Fische für Zuhause an einem Fischstand erwerben. Wer sich jedoch nicht damit in der eigenen Küche beschäftigen will, findet um dieses Datum auch heimische Gasthäuser, die nun eine größere Auswahl an Fischgerichten anbieten. Dazu gehört u. a. das Hotel Ludwigshöh in Freilingen, Hotel Simon in Steinebach und die Gaststätte zum Seeweiher in Dreifelden.

Der Hexenritt über den Regenbogen

Die drei Spinnerinnen

NACH GEBRÜDER GRIMM

Es war einmal ein faules Mädchen, das nicht spinnen wollte. Die Mutter konnte noch soviel sagen und tun, aber es rührte keine Spindel an. Da wurde die Mutter einmal zornig und ihr rutschte die Hand aus. Das Mädchen fing an zu heulen und just in diesem Moment kam die Königin in der Kutsche vorbeigefahren. Sie hielt an und fragte warum das Mädchen denn weine. „Sie will unbedingt spinnen" antwortete die Mutter, die wegen der faulen Tochter verlegen war.

„Aber wir sind arm und können soviel Flachs gar nicht herbeischaffen", erzählte sie der Königin weiter. „Na dann kommt sie mit auf das Schloss, denn ich höre nichts lieber, als wenn das Spinnrad sich dreht. Dort haben wir genügend Flachs zur Spinnerei und es soll ihr gut gehen bei mir", entgegnete die Königin. So geschah es und die Tochter fand sich in einem Zimmer wieder, das bis oben mit dem feinsten Flachs versehen war. „Spinn mir dieses Flachs zu feinen Leinen. Wenn du das schaffst, sollst du meinen ältesten Sohn zum Manne bekommen.

Da kamen sie herauf und sprachen „Wenn du uns zu deiner Hochzeit einladen willst und dich unser nicht schämst, wir als deine Tanten gelten und mit dir an deinem Tisch sitzen und mit dir essen dürfen, so werden wir dir den Flachs zum feinsten Leinen spinnen". Das Mädchen willigte ein und die drei Alten begannen mit der Arbeit. Die eine zog den Faden und trat mit dem breiten Fuß das Rad, die zweite netzte den Faden mit ihrer dicken Lippe und die dritte drehte ihn und schlug mit dem Finger auf den Tisch, und sooft sie schlug, fiel eine Zahl Garn zur Erde, und das war aufs Feinste gesponnen.

Als die Königin wieder kam, glaubte sie ihren Augen nicht und war hoch erfreut über den Fleiß des Mädchens. Von den drei Frauen erzählte es natürlich nichts und so ward bald die Hochzeit angesagt. Der Königsohn freute sich über eine geschickte, fleißige Frau und war überglücklich. Als die Feier stattfinden sollte, gab ihm seine baldige Frau zu verstehen, dass sie doch auch ihre drei Tanten gerne dabei habe, die sie nicht vergessen wolle über ihr Glück. Der Königsohn hatte nichts einzuwenden, als er aber die drei Alten in ihrem wunderlichen Aussehen bemerkte, grauste es ihn ein wenig vor dieser garstigen Verwandtschaft. So fragte er die erste „Warum habt ihr so einen dicken breiten Fuß?" „Vom Treten" antwortete sie.

Die zweite fragte er aus „und wieso habt ihr so eine herunterhängende Lippe?" „vom Lecken" gab sie als Antwort zurück. Die dritte erklärte dann ihren dicken Daumen vom Faden drehen. Der Königssohn erschrak und sagte zu seiner Frau. „Du wirst mir keinen einzigen Flachs mehr spinnen, denn du sollst mir eine schöne Braut sein und nicht enden wie deine alten Tanten". Da freute sich das Mädchen, denn somit war sie die Braut des Königssohns und gleichzeitig das ihr zuwider gehende Flachsspinnen ein für alle Mal los!

Auch wenn du arm bist, so sehe ich deinen Fleiß als eine wertvolle Kunst, der sich ein Königssohn nicht schämen muss", gab ihr die Königin zu verstehen und ließ die Tochter im Zimmer alleine zurück. Das Mädchen erschrak, denn es konnte den Flachs nicht spinnen, auch wenn sie eine Ewigkeit Zeit dazu gehabt hätte. So saß sie vor der Arbeit, weinte und rührte keine Hand. Nach drei Tagen kam die Königin zu ihr und wunderte sich, dass noch kein Faden gesponnen war. „Die Betrübnis, dass ich von zu Hause entfernt bin", gab die Tochter als Ausrede. Das ließ die Königin gelten, wollte aber doch nun die Arbeit gerne begonnen sehen.

Das Mädchen wusste sich nicht zu helfen und trat voller Verzweiflung ans Fenster, wo sie plötzlich drei alte Frauen daher kommen sah. Die eine mit einem breiten Platschfuß, die zweite mit einer hässlichen großen Unterlippe und die dritte mit einem großen breiten Daumen. Sie blieben am Fenster stehen, fragten das Mädchen, warum es weine und es erzählte den drei Frauen die ganze Geschichte.

Sabine Ringenberg ist keine Hexe, auch wenn sich ihr Wissen und ihre Leidenschaft um Pulver und Beizen, Alaun und Färberwaid drehen. Keine schwarze Katze, sondern ein treublickender Hund begleiten sie auf ihrem Weg von Freilingen in der Nähe des Dreifelder Weihers, zu historischen Mittelaltermärkten, Schulen und Museen, wo sie von ihrer alten Handwerkskunst erzählt und so mancher Zuschauer dabei wortwörtlich sein blaues Wunder erlebt. Vielleicht doch Hexerei im Spiel? Wir gehen dem Färben von Wolle durch Ingredienzen der Natur auf den Grund des Kupferkessels...

216

Die spinnen, die Wäller

Ihre Wurzeln hat Sabine Ringenberg nicht im Wester- sondern im Odenwald. Genauer gesagt ist Michelstadt ihre Heimat, wo traditionell auch das Kunsthandwerk gepflegt wird. Dort wächst sie auf und erlernt schon früh durch ihre Großeltern die Kräuterkunde. Ihre Urgroßmutter, so weiß ihre Großmutter zu erzählen, war Hebamme im hessischen Friedberg und weit über die Grenzen hinaus bekannt. Zudem war sie eine Meisterin am Spinnrad, eine Kunst, die ihr ihre Großmutter in Anfängen beibringt, sie als Vierzehnjährige aber durch einen speziellen Spinnkurs vervollständigt. Seitdem sind etliche Jahre vergangen und mit einem Schmunzeln spricht Sabine Ringenberg von ihrem 20jährigen Radjubiläum, das sie in diesem Jahr feiert. Die Erzählungen über ihre Urgroßmutter haben sie damals geprägt und nachhaltig in den Bann gezogen.

Sie erinnert sich an Märchen und Mythen, die mit dem Spinnhandwerk einher gingen und ihr noch heute von Dornröschen oder Rumpelstilzchen in den Ohren klingen. „Die Spinnerei hat eine mythologische Bedeutung, wie sie die drei Nornen verkörpern.

Die eine als junges Mädchen spinnt, die zweite als reife Frau webt und die dritte als altes Weib schneidet den Faden. So spinnt sich auch der Lebenslauf…" Auch ihre Lebensphilosophie findet sie in diesem alten Handwerk „Ist einmal der Faden gesponnen, lässt er sich nicht wieder auftrennen. So ist es im Leben auch, es spinnt sich das Leben und so wie es gesponnen ist, muss man auch fortfahren. Was vorbei ist, ist vergangen und Entscheidungen lassen sich nur vom jetzigen Stand der Dinge treffen."

Mit dieser Überzeugung hat sie sich am Spinnrad wie im Leben versucht und in der Verarbeitung von naturfarbener Wolle geübt. Braun, Braunmelange und Wollweiß sind die Farben der naturbelassenen Wolle, die ihr irgendwann nicht mehr ausreichen und sie sich mit der Färbung auseinandersetzt. Auch da kommt ihr das Wissen ihrer Großmutter zugute, aus deren Färberrezepten sie sich bedient. Die bäuerliche Heimfärbung war die gebräuchlichste Methode, wie sie durch traditionelle Bauernrezepturen relativ einfach und oft ohne erforderliche Beize der Wolle durchgeführt werden konnte. Ein Sud aus Baumrinden, Walnussschalen, Blättern und Kräutern färbte die Wolle in gelbe, grüne, braune und graue Farbtöne.

Nach Erlernung dieser Färbetechniken, packt Sabine Ringenberg der Ehrgeiz und ihr Interesse gilt nun den leuchtenderen Farben, wie sie sich in den Originalrezepturen mittelalterlicher Farbgebung zeigen. Cochenille war das sogenannte „Armenpurpur", gewonnen aus der Purpurlaus und nicht aus der weit kostbareren Purpurschnecke, welche die Stoffe von Königen und Kaisern färbte. Diese Laus wird von Kakteen gesammelt, auf Tüchern aufgestrichen und getrocknet. Ihre Verarbeitung liefert ein stark färbendes Pulver von leuchtend rot bis dunkellila. Die zweite rötliche Alternative liegt in den Farbpigmenten der Färberröte, auch „Krapp" genannt. Diese unscheinbare Waldpflanze liefert aus ihren Wurzeln das feingemahlene Pulver für die prächtigsten Rottöne.

Wo Rot seinen warmen Charakter zeigt, öffnet Blau die Sicht auf kühle Horizonte und offenbart sich in den natürlichen Pflanzenstoffen von Indigo und Färberwaid. In der Renaissance wurde das Indigo zum gern genutzten Blaufarbstoff. Zur gleichen Familie wie Färberwaid gehörend, ergibt die Indigopflanze einen wesentlich ergiebigeren Blaufarbstoff. Mit der stärkeren Verbreitung ermöglichte Indigo endlich auch den bürgerlichen Schichten des 18. und 19. Jahrhunderts ein dunkles Blau als Kleiderfarbe. Die traditionelle Westerwälder Tracht zeugt noch heute von diesem Fortschritt in der Färberkunst. Der Färberwaid färbt ein helles Blau, dass jedoch von Mal zu Mal intensiver wird, je nachdem wie häufig man den Färbevorgang wiederholt. Einher geht damit die magische Transformation, beginnend in einer gelblichgrünen Blauküppe, der Färbebrühe, worin die Wolle sich färbt und anschließend durch Oxidation an der Luft, sich in wunderbares Blau wan-

Stadtluft macht bunt

Faszinierend findet Sabine Ringenberg die Tatsache, dass im 13. Jahrhundert das Mittelalter plötzlich von gedeckten Farbgebungen der Kleidung in durchaus grellbunte Hemden und Beinkleider wechselte. Der Grund, so erfahren wir von ihr, lag in der vermehrten Nutzung von Alaun, einem Erdsalz, das man in großen Vorkommen fand und wie Schieferton abgebaut aus Italien importierte. Vor der Färbung der Wolle musste diese durch Beize erst für die Farbaufnahme vorbereitet werden. Eine Technik, die lange das Eichenloh (Rinde) übernahm, dadurch aber schon eine erste Tönung der Wolle verabreichte. Dies lieferte auch beim späteren Farbbad gedeckte Töne,

die sich erst durch die neue Nutzung des Alaun in leuchtendere Farbspektren änderten. Mit dieser Neuerung ging auch die Schaffung von Färberzünften einher, übrigens die letzte der mittelalterlichen Handwerkszünfte, die sich formierten.

Die traditionelle Hausfärbung, die eng mit der Hausweberei und Spinnerei verbunden war, hatte über lange Zeit eine starke Durchdringung des mittelalterlichen Alltags und so wurden erst langsam im aufkeimenden städtischen Wohlstand des Mittelalters Tuchfärber zum gewohnten Erscheinungsbild. Während die Wolle im Heimverfahren weiterhin gefärbt wurde, erhielten Tuche und wertvolle Garne die Färbung durch die Tuchfärberzunft.

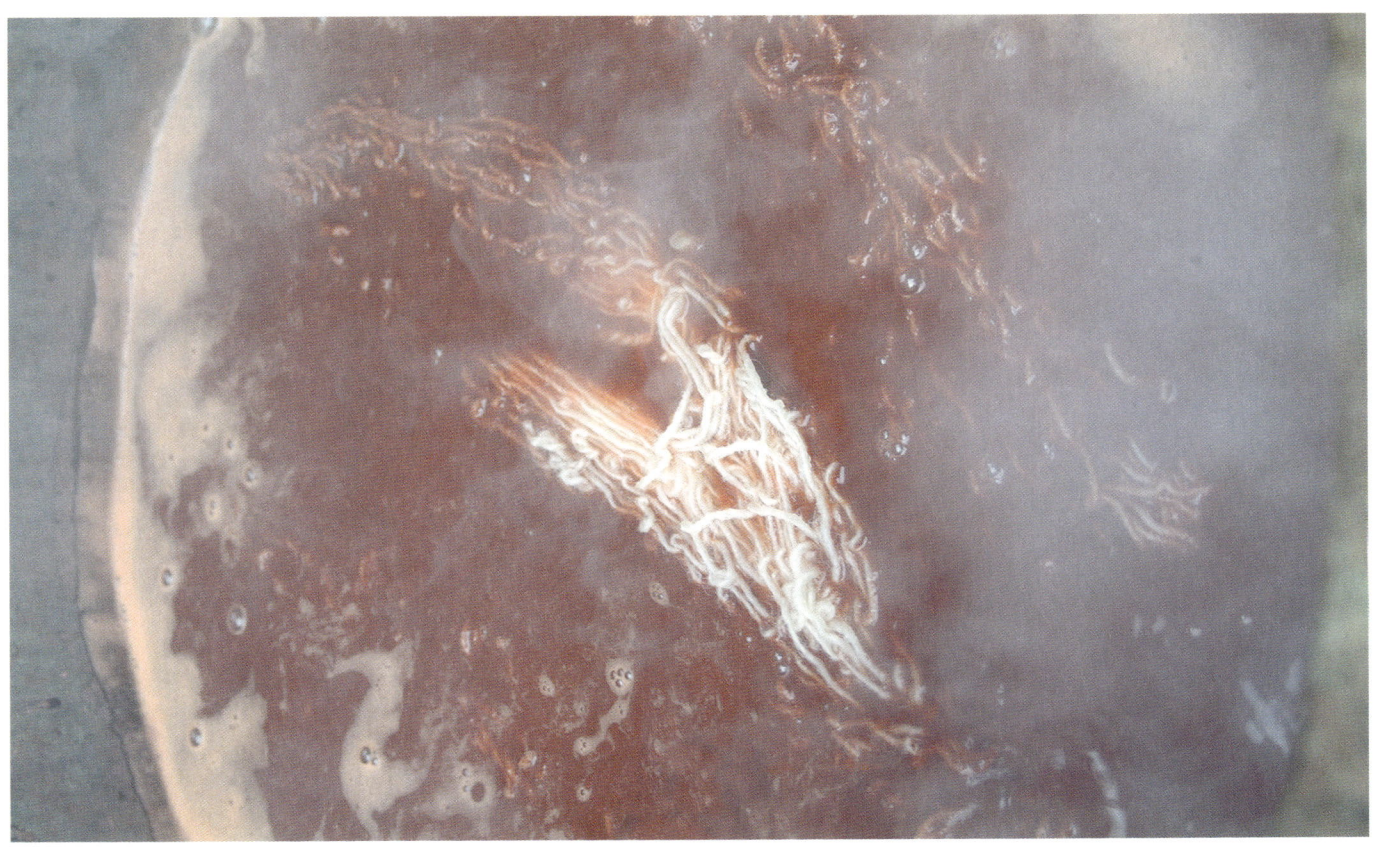

Während wir gespannt Sabine Ringenberg folgen, zeigt sie uns ihre Stränge selbst gefärbter Wolle, die in allen Farben des Regenbogens leuchten. Während die Schafwolle ziemlich robust erscheint, ist sie in gestricktem Zustand wesentlich empfindlicher. Es empfiehlt sich Handwäsche und ein Lanolinbad, dass ein bis zweimal im Jahr angewandt, die Fasern geschmeidig hält. Die Vorteile natürlich gefärbter Wolle liegen für Sabine Ringenberg auf der Hand oder besser auf der Haut. Die Hautverträglichkeit ist bei Pflanzenfarbstoffen höher und sollte wirklich einmal eine Kontaktallergie vorliegen, so lässt sich der Grund in den bekannten Pflanzenfarben schnell und eindeutig ausfindig machen. Zudem fasziniert sie die Leuchtkraft und Beständigkeit der Farben, die man heute in den konventionell gefärbten Kleidungsstücken kaum mehr vorfindet. „Waschen Sie heute ein paar mal ein T-shirt und schauen Sie dann, wie es mit jedem Waschvorgang ein wenig mehr verblasst." – So spricht keine Hexe, sondern eine sehr kluge und engagierte junge Frau – sagen wir uns nach diesem Treffen und fühlen uns ein wenig wie nach einem höchst interessanten Ritt über den farbigen Regenbogen.

Westerwälder Landpartien

TAFELFREUDEN TIPP

Nach telefonischer Voranmeldung (Telefon 01 71-8 95 84 76) kann Sabine Ringenbergs Färber- und Spinnwerkstatt besucht, sowie ihre naturgefärbte Wolle erstanden werden. In Lohnspinnerei spinnt sie für Kunden Hundehaare und besondere Wollsorten zur Weiterverarbeitung. Im Winter bietet sie Spinnkurse auf Anfrage. Auch auf historischen Märkten oder Museumsfesten ist sie mitunter anzutreffen. Genaueres sowie Termine finden sich auf ihrer homepage
www.wollschmiede.de

Flachswickel

Traditionelles Ostaragebäck
(Kuchen zum keltischen Fruchtbarkeitsfest)
aus dem keltischen Odenwald.

Zutaten:
750 g Mehl, 250 g Butter, 250 ml handwarme Milch, 1 Würfel frische Hefe (40 g), 3 Eier (Klasse M), 2 EL Honig, 1 Pr. Salz.

Zubereitung:
Aus Mehl, Hefe, Honig und Milch einen Vorteig bereiten. Zerlassene Butter und Eier miteinander verquirlen und zu dem Vorteig geben. Mit restlichem Mehl und einer Prise Salz zu einem glatten Teig verarbeiten. Nochmals gehen lassen. Den Teig zu einer Rolle formen und ihn in 32 gleiche Teile schneiden. Je zwei davon zu fingerdicken Würstchen formen und miteinander verdrehen. Anfang und Ende einschlagen, auf ein mit Backpapier belegtes Blech legen und nochmals 20 Minuten gehen lassen. Mit Dosenmilch bestreichen. Bei 190° C im Elektroherd 15-20 Minuten backen.

Zwergenkuchen

Ein Kuchen für große UND kleine Zwerge

Zutaten:
100 g zimmerwarme Butter, 100 g Zucker, 100 g Mehl, 2 Eier, 1 Msp. Backpulver, 1 P. Vanillezucker, 1 EL Honig, 2 Msp. Lebkuchengewürz, 1 Msp. Kreuzkümmel.

Als geheime Zutat im Teig kommen in Frage: Johannisbeeren, Heidelbeeren, Kirschen, Rosinen, Nüsse und alles was Zwerge gerne mögen außer Pilze und Käse!

Zubereitung:
Butter und Zucker schaumig rühren. Eier zugeben und weiterrühren. In das gesiebte Mehl, Backpulver und Vanillezucker unterrühren, Gewürze zugeben und zusammen mit dem Honig unter den Teig rühren. Zuletzt die geheimen Zutaten unterheben. In 12 große Papierförmchen (Papierförmchen doppelt nehmen) oder in ein gut gefettetes Muffinblech geben (evtl. mit Paniermehl zusätzlich bemehlen, damit sie sich später besser lösen.) Im vorgeheizten Elektroherd bei 180° C 10-15 Minuten backen (15 Minuten im Umluftherd bei 150° C). Mit Puderzucker bestäuben oder mit Schokolade oder Zuckerguss glasieren.

Backe, backe Kuche

WEINGUT GOTTHARD EMMERICH
LEUTESDORF

Maria's Zwiebel-Speck-Kuchen

Zutaten:

Teig:

250 g Mehl, 1/8 l Milch lauwarm, 20 g Hefe zer-
bröselt (oder 1 P. Trockenhefe), 1/2 TL Zucker, 75 g
flüssige Butter , 1 Pr. Salz, Butter zum Einfetten.

Belag:

1 kg Zwiebeln, 100 g magerer Speck, 4 EL Öl,
2 Becher saure Sahne (je 150 g), 2-3 Eier, 1-2 TL
Kümmel, Salz, schwarzer Pfeffer.

Zubereitung:

Mehl in eine Schüssel geben und eine Mulde hin-
eindrücken. Milch hineingießen, Hefe einbröckeln, Zucker zufügen und mit etwas Mehl vom
Rand verrühren. An einem warmen Ort ca. 15 Min.
gehen lassen.

Hat sich der Vorteig verdoppelt, die zerlassene,
aber nicht zu heiße Butter und Salz zugeben. Alles
zu einem Teig verarbeiten und solange schlagen,
bis der Teig Blasen wirft. Weitere 15 Min. gehen
lassen. Dann auf ein gefettetes Backblech ausrollen und noch etwas gehen lassen.

Inzwischen Zwiebel schälen und grob hacken.
Speck in Würfel schneiden und in heißem Öl
auslassen. Zwiebelwürfel hinzufügen und glasig
dünsten. Vom Herd nehmen und etwas abkühlen
lassen. Saure Sahne und Eier miteinander verquirlen und unter die Zwiebel-Speck-Masse mischen. Mit Kümmel, Salz und Pfeffer würzen und
auf dem Teig verteilen. Etwa 45 Min. im auf 200 °C
vorgeheizten Backofen auf der Mittelschiene backen.

Rustikale Lauchtorte

Zutaten:

Teig:

15 g Hefe, 100 ml lauwarme Milch, $\frac{1}{2}$ TL Zucker, 100 g Weizenmehl, 100 g Roggenmehl, 60 g weiche Butter.

Belag:

1 Pr. Salz, 1 Msp. gemahlener Kümmel, 200 g Cabanossi, 1 EL Öl, 1 kg Lauch, 6 EL Emmerich´s Riesling, 3 Eier, 1 Eigelb, $\frac{1}{2}$ l saure Sahne, Salz, gemahlener Piment, schwarzer Pfeffer, 1 Eigelb zum Bestreichen.

Zubereitung:

Hefe in die lauwarme Milch bröseln, Zucker und etwa 2 EL vom Weizenmehl unterrühren. Roggen- und Weizenmehl in einer Schüssel vermischen. Backofen auf 40 °C vorheizen und die Vorteigschüssel wie auch die Mehlschüssel hineinstellen. Nach ca. 15 Min. hat sich der Vorteig verdoppelt und wird zusammen mit 40 g der weichen Butter, Salz und gemahlenem Kümmel dem Mehl zugegeben.

Alle Zutaten nun zu einem glatten Teig verarbeiten und 1 Stunde an einem warmen Ort gehen lassen. Eine Springform (Durchmesser 26 cm) einfetten. Den Hefeteig nochmals durchkneten, ausrollen und die Form damit so auskleiden, dass der Teig etwa 3 cm über den Rand steht. Während der Teig geht, die Füllung zubereiten. Dazu die Cabanossi in 1 cm breite Scheiben schneiden. Die restliche Butter mit dem Öl erhitzen und die Wurstscheiben darin scharf anbraten. Lauch putzen, waschen und in Ringe schneiden. Zur Wurst geben und ebenfalls anbraten. Mit dem Riesling ablöschen und zugedeckt 10 Minuten dünsten. Dann leicht abkühlen lassen. Eier, Eigelb und saure Sahne verquirlen und unterziehen. Mit Salz, Pfeffer und Piment abschmecken. Die Masse in die ausgelegte Form füllen. Den überstehenden Teig etwas einschneiden und locker über den Rand der Füllung nach innen klappen. Den Rand mit verquirltem Eigelb dünn bestreichen und nochmals 10 Minuten gehen lassen. Im auf 220° C vorgeheizten Backofen 40-50 Minuten auf der zweiten Schiene von unten backen. Mit zerstoßenem Pfeffer bestreuen.

Waldgespräch

Es ist schon spät, es wird schon kalt,
Was reitst du einsam durch den Wald?
Der Wald ist lang, du bist allein,
Du schöne Braut! Ich führ dich heim!

Groß ist der Männer Trug und List,
Vor Schmerz mein Herz gebrochen ist,
Wohl irrt das Waldhorn her und hin,
O flieh! Du weißt nicht, wer ich bin.

So reich geschmückt ist Ross und Weib,
So wunderschön der junge Leib,
Jetzt kenn ich dich – Gott steh mir bei!
Du bist die Hexe Lorelei.

Du kennst mich wohl – von hohem Stein
Schaut still mein Schloss tief in den Rhein.
Es ist schon spät,
Es wird schon kalt,
Kommst nimmermehr aus diesem Wald!

Joseph von Eichendorff

Wegekreuz bei Hartenfels

224

November

Ein hartes Brot

Von Kannen– und Pfeifenbäckern im Westerwald

Ton und Feuer sind bereits weit vor der Zeit, zu der der Mensch sesshaft wurde, dessen bevorzugtes Material in Kult und Alltag gewesen. Überall auf der Welt finden sich Tone, vor allem rote und beigefarbene, die sich zur Anfertigung von Keramiken eignen. Doch nur dort, wo ergiebige Tonlagerstätten vorlagen, konnte sich ein Zentrum der Keramikproduktion entwickeln. Ein solches Zentrum ist der Westerwald. Seine Tonvorkommen sind an Umfang und Qualität in Europa einzigartig.

Sie bilden in dem holz- und wasserreichen Kannenbäckerland optimale Voraussetzungen für die Herstellung des seit Ende des 16. Jahrhunderts gefertigten, in der ganzen Welt bekannten graublauen salzglasierten Westerwälder Steinzeugs. Dicht und physikalisch belastbar setzt dieses Steinzeug, das bei etwa 1.280° C in einem Brennofen reduzierend gebrannt wurde, auch heute noch Maßstäbe.

Ton total

Kein Wunder, dass das Keramikmuseum Westerwald mit seiner Sammlung und Präsentation historischer und zeitgenössischer Keramik einen Ruf weit über die Region hinaus auch auf internationaler Ebene genießt. Zunächst in einer Schule in Höhr-Grenzhausen untergebracht, fand die Keramiksammlung im Jahre 1982 in einem Museumsneubau den endgültigen Standort. Ankäufe, Leihgaben und Stiftungen erweitern das Sammlungskontingent stetig.

Durch die in der Architektur des Hauses angelegten 4 großen und mit Licht durchfluteten Ebenen bietet es sich für Besucher an, einen Rundgang unten beginnend und chronologisch vom Ton und der Tongewinnung bis hin zu zeitgenössischen keramischen Arbeiten zu gehen. Die didaktische Abteilung zeigt prähistorische Stücke und Zusammenhänge in der Keramik: vom Roh-Ton über den Tonabbau bis zur High-Tech-Keramik für Haushalt, Technik und Medizin. Prunkgefäße, dekoratives Schreibgerät und figürliche Plastiken zeigen den anerkannten Wert künstlerischer Produkte auf.

Der Stolz von Witwe Bolte

Und die Schüsseln, Schalen, Becher und Krüge stehen für den hohen Nutzwert der Keramik in Haushalt und in der Zubereitung der Speisen. Vom Senftöpfchen, das es im Museum groß und klein in vielerlei Ausführungen und Farben gibt, bis zum Vorratsgefäß für Kraut und andere Nahrungsmittel, die vor der Existenz unserer heutigen Kühlschränke zur Haltbarmachung der Speisen dienten und in die „eingelegt" wurde, ist so manches noch aus Großmutters und Urgroßmutters Bestand vorhanden und vertraut. An das gute, selbst gemachte Sauerkraut kann sich fast jeder noch erinnern und aus den Seefahrergeschichten weiß man, dass es einstmals ein wichtiges Lebensmittel auch auf Fernreisen war.

Sauerkraut selbst einlegen

Einen großen Steintopf mit einer Bürste sauber auswaschen. Mit kochendem Wasser ausschwenken und an der Luft trocknen lassen. Nun nimmt man zarte, weiße, feste Weißkrautköpfe, entfernt die losen äußeren Blätter, schneidet die Köpfe mitten durch und die dicken Strünke heraus. Dann wird das Kraut auf einem Krauthobel oder mit einem Messer fein geschnitten und mit Salz vermischt. Auf ein Kilo Kraut wird ca. 15 g Salz gerechnet. Der Topf wird nun mit den abgestreiften Krautblättern am Boden ausgelegt und das geschnittene Kraut in dünnen Lagen hineingestreut, wobei jede Lage mit einem Holzstampfer fest eingestampft wird. So bildet sich viel Saft, der das Kraut bedeckt. Als Gewürz können zwischen die Lagen Wacholderbeeren und Pfefferkörner, kleine ganze ungeschälte Äpfel oder unreife Weinbeeren gegeben werden. Zum Schluss bedeckt man das Kraut mit Kohlblättern, deckt ein Stück sauberes Leinen darüber und legt einen Holzdeckel auf, den man mit einem schweren, sauberen Stein beschwert. Der Steintopf bleibt nun drei Wochen an einem wärmeren Ort stehen und wird anschließend in den Keller gestellt. Nach ungefähr sechs Wochen ist die Gärung vorüber. Nun werden Stein, Deckel und Leinen herausgenommen, gesäubert und wieder eingesetzt.

Küche & Keramik

Weit gereist sind auch Gewürze wie Zimt und Pfeffer. Reich und angesehen waren deren Händler und durch die steigende Nachfrage für Aufbewahrungsgefäße profitierten die Töpfer, die passende, dicht schließende Deckelgefäße lieferten, sodass das Aroma lange haltbar war. Noch heute riecht man den Duft der Nelken, wenn man den Deckel des alten Topfes öffnet.

Es fehlt also im Museum in den Vitrinen und im Magazin nicht an Backformen und Römertöpfen und auch an Humpen und Kannen für Bier und Wein ist kein Mangel. Formen für Eierkäs, Butterfässchen und Fässchen für Hochprozentiges findet der Besucher ebenso in den Vitrinen, wie die bereits erwähnten Gewürzboxen mit Deckel, Apothekergefäße, Tintenfässer und gar den nützlichen „Pot du Chambre".

Westerwälder Eierkäs

10 Eier verquirlen und etwas ruhen lassen. Dann 500 ml Milch hinzufügen, sowie etwas Salz und 1 TL Zucker. Die Masse kommt nun in den Topf über einem Wasserbad und wird solange erhitzt, bis sie stockt. Dann kommt die Masse in die steinerne Eierkäsform, wo die Masse am besten über Nacht abtropft.

Der Eierkäs wird gestürzt und zu Weißbrot oder Hefezopf mit Butter, Zimt und Zucker gereicht.

Auf einer traditionellen Westerwälder Kaffeetafel darf er nicht fehlen und so einfach er auch ist, weiß jede Frau eine andere Variante „ihres" Westerwälder Eierkäses.

Die Liebe zu üppigen Formen

Nicht zuletzt ist die Sammlung wunderbarer Jugendstilbowlen für die damals so beliebten Mixgetränke in unterschiedlichsten Farben und Dekors eine echte Rarität und Attraktion des Hauses. Im Magazin sind mehr als 100 wirklich außergewöhnliche Exponate versammelt. Mit Burgen und Schlössern, mit Wappen und Ornamenten verziert, stellen sie einen Schwerpunkt der Sammlung des Keramikmuseums Westerwald dar.

Schauen sie sich in Muße die Service und Becher, Teller und Humpen, graublau und in Salzglasurtechnik im Holzfeuer gebrannt an, die von großem handwerklichem und technischem Geschick zeugen. Es lohnt sich auch, einen Blick auf das Handwerkszeug der Pfeifenbäcker mit ihren Pressen und Formen, auf die Fußdrehscheibe, den Modellofen des für die Region typischen Kannenofens zu werfen und die für die Fertigung und Dekoration des Westerwälder Steinzeugs erforderlichen Werkzeuge einmal in der Hand zu halten.

Eine schöne Dokumentation alltäglichen keramischen Handwerks ist in Foto und Video festgehalten. Anwendungen technischer Keramik in der Raumfahrt, in Industrie, Haushalt, Autotechnik und der Medizin informieren umfassend über ein Material, dessen Möglichkeiten künstlerisch und technisch noch längst nicht ausgeschöpft sind.

Himbeerbowle

Bowle mit 500 g Himbeeren 2 EL Zucker und ½ Flasche Weißwein ansetzen. 1-2 Stunden an einem kühlen Ort ziehen lassen. Nach Belieben dann 2 Schnapsgläser Rum oder Weinbrand zugeben und mit 1 ½ Flaschen Weißwein und 1 Flasche gekühltem Sekt auffüllen und bald servieren.

Multimedial und Kreativ

Im Rahmen der Museumspädagogik können Gruppen oder Schulklassen im Museum kreativ mit Ton arbeiten. Gerne wird auch das Angebot genutzt, mit unseren Museumspädagogen Kindergeburtstage einmal ganz anders zu feiern, und in der Töpferei des Museums kann der Besucher bei der Keramikmeisterin zuschauen und handgefertigte Keramik erwerben.

Wechselnde Sonderausstellungen zeitgenössischer Keramik, nationaler und internationaler Keramiker sowie thematische Ausstellungen und die Wettbewerbe, wie etwa der international ausgeschriebene Westerwaldpreis, werden auf der Ebene D gezeigt. Im Vortragssaal finden kleinere Ausstellungen in raschem Wechsel sowie Kolloquien und Vorträge statt und in der kleinen Galerie gibt es aktuelle Ausstellungen sowie spezielle Veranstaltungen wie Workshops.

In einer Vitrine im Eingangsbereich präsentiert die Keramiker-Innung Rheinland-Pfalz ihre Produkte und der Museumsshop des Keramikmuseums bietet ausgesuchte Exponate im Bereich Kunst und Kunsthandwerk, keramische Einzelstücke, hochwertige Becher und Tassen sowie Repliken. Hier kann man auch Messer mit keramischer Klinge, Schreibgeräte, Pfeifen, Terracotta-Bausteine, Schmuck und vieles mehr kaufen. Ein umfangreiches Angebot an Katalogen, Zeitschriften und Büchern zum Thema Keramik vervollständigen das Angebot.

Und sollten Sie als Besucher hungrig oder müde werden: das Museumscafe lädt Sie vor oder nach Ihrem Rundgang ein zu Speis und Trank - bei gutem Wetter hat der Besucher zudem draußen auf der Terrasse des Cafes einen weiten Blick über das schöne, hügelige Land.

Monika Gass
Museumsleiterin

TAFELFREUDEN TIPP

Höhr-Grenzhausen und Ransbach-Baum-
bach bilden das Zentrum des produzierenden
Kannenbäckerlandes. Die meisten Töpfereien
bieten ihre Ware auch zum Verkauf vor Ort
an und manche lassen sich sogar bei der Arbeit über die Schulter schauen. In beiden
Städten finden jährlich große Keramikmärkte
statt, wo nicht nur das Kannenbäckerland
ausstellt, sondern auch Keramikbetriebe aus
dem In- und Ausland anwesend sind. Rans-
bach-Baumbach bietet diese Attraktion immer am 1. Wochenende im Oktober, Höhr-
Grenzhausen immer am 1. Wochenende im
Juni. Weiterhin öffnen unter dem Titel
„Höhr-Grenzhausen brennt"
Keramikateliers am 1. Wochenende im April
ihre Pforten und bieten Aktionen rund um
das „getöpferte Gold des Westerwaldes".
Genaue Informationen gibt die
Tourist Information Höhr-Grenzhausen,
Telefon:
            0 26 24-1 94 33.
Informationen über das Keramikmuseum
sind über
            www.keramikmuseum.de

Westerwälder Scherben bringen Glück

231

Dem Genuss auf der Fährte

Mit Hubertus und Diana unterwegs im Wildenburger Land

Eine Burganlage wie im Bilderbuch. Da weist ein gotischer Torbogen aus Bruchstein in die sogenannte „Freiheit", den Vorburgbereich mit ehemaligen Wirtschaftsgebäuden in feinstem Fachwerk. Das Kopfsteinpflaster führt hinauf zur Hauptburg, vorbei an alten großen Laubbäumen, die den Blick auf das alte Gemäuer nur ungern freigeben. Schloss Schönstein steht trutzig und wehrhaft auf einem Felssporn unweit der Mündung des Elbbachs in die Sieg und findet urkundlich schon im Jahre 1255 Erwähnung. Viele Schlossherren hat sie kommen und gehen sehen und ist heute Wohn-und Geschäftssitz der Familie Hatzfeldt-Wildenburg. Auf dem Weg zur Hauptburg fällt linkerhand die Aufschrift Wildkammer auf, die über einer Tür des Fachwerkhauses angebracht wurde. Hier wird also angeboten, wonach wir suchen. Wir befinden uns im Wildenburger Land und was liegt da näher, die waldreiche Gegend auch mit Wildreichtum in Verbindung zu bringen. Die Fährte ist aufgenommen und es ist kein Jägerlatein: In den Forsten von Schloss Schönstein wird auch heute noch zur Jagd geblasen. Nicht mehr so feudal wie in früheren Zeiten, sondern nach zeitgemäßer, forstwirtschaftlicher und wildpflegerischer Manier. Der Qualität kommt das zugute, wovon heute nicht mehr der Schlossherr alleine profitiert, sondern jeder, der gerne Wildgerichte auf die Tafel bringt. Folgen wir also dem Halali auf den guten Geschmack!

In Harmonie zu Wald und Wild

Rund 7.500 ha Wald teilen sich in fünf Reviere auf, in dem sich klassischerweise Reh- und Schwarzwild bewegen. Rotwild ist hier im Wildenburger Land kaum anzutreffen. Man ist stolz auf die Tatsache, dass es sich hier um kein Gatterwild wie an manch anderen Stellen handelt. Wegen den begrenzten Ressourcen wird dort häufig zugefüttert. Auch ist im Gatter aus Gründen der Wirtschaftlichkeit die Dichte des Wildes zumeist höher. Hier in den Wäldern der Hatzfeldt-Wildenburg'schen Verwaltung werden pro Jahr lediglich 300 Rehe und rund 80 Wildschweine erlegt. Eine Zahl, die in Gatterhaltung auf wesentlich kleinerem Terrain gehalten werden könnte. Die Wildwirtschaft ist hier aus der Forstwirtschaft resultiert, denn Wild und Wald stehen heute nicht mehr von selbst in einem harmonischen Verhältnis. Forstpflege und Wildhege gehören da eng zusammen und bedeuten für die Wildkammer auf

Schloss Schönstein den sinnvollen Abschluss zur Beibehaltung des Gleichgewichts von Wild und Wald. Man ist Mitglied im ökologischen Jagdverband, was diese Einstellung unterstreicht.

233

Wo Reh und Wildsau
Waidmannsheil wünschen

Die Jagd beginnt hier am 1. Mai und endet am 15. Januar, wobei in den Sommermonaten eine Jagdruhe zum Schutze des Wildnachwuchs eingehalten wird. Mit der Einzeljagd starten die fünf Revierleiter und ihr Stamm von Jagdmitarbeitern, wobei der Hochsitz den klassischen Standort zur Erlegung von Reh- und Schwarzwild darstellt. Nach dem Schuss wird das Wild vor Ort versorgt und anschließend in die Kühlung der Schönsteiner Wildkammer gebracht. Dort verbleibt das Tier ausgeweidet aber im Fell ein bis zwei Tage, bis es anschließend in den Zerwirkraum kommt. Zuletzt wird es als Keule, Rücken und Gulasch portioniert und tief gefroren. Der Rest der Fleischteile gelangt in die Wildwurstwaren, die ebenfalls hergestellt werden. Da die Tiere nicht auf Bestellung, sondern nach forstpflegerischer Notwendigkeit geschossen werden, ergibt sich kein Frischfleischverkauf. Vakuumiert und tiefgekühlt hält sich das Fleisch aufgrund seines geringen Fettanteils ohne Qualitätsverlust über etliche Monate.

Sind es zu Beginn der Jagdsaison die Einzeljagden, beginnt ab dem 10. Oktober die Stöberjagd, wo mehrere Jäger gemeinsam die Wälder durchstreifen, das Wild in Richtung weiterer Jagdteilnehmer treiben. Die einstigen Feudaljagden der Landesherren oder Grundbesitzer gehören hier der Vergangenheit an. Das Verhältnis von 40-50 Jägern auf rund 10 erlegte Tiere ernüchtern jegliche Jägerfantasie auf wilde Treibjagden und (Un)Mengen erlegten Wildes. Auch hier zeigt sich, dass nicht nur die See bekannterweise, sondern auch der Wald der Hatzfeldt-Wildenburg'schen Verwaltung keine Balken hat, die sich als Gatter dem freien Wildwechsel entgegenstellen könnten. Da bleiben weder zu viele Tiere, noch seltene Bäume und Sträucher des Waldes auf der Strecke, ganz zu Schweigen vom Genuss für den Verbraucher.

Wildschweinpfeffer mit würzig fruchtig gefüllten Äpfeln

Zutaten:
Ca. 1,2 kg Wildschweinnacken oder Gulasch, 1 herzhafter Apfel (z. B. Boskoop), 2 Zwiebeln, 50 ml Rotwein, 40 ml Wild- oder Kalbsfond, 200 ml Sahne, Öl zum Braten, 1 EL Butter, 2 TL Rosmarin, 8 Wacholderbeeren, 1 Lorbeerblatt, Salz, Pfeffer.

Für die Äpfel: p.P ½ Apfel, 4 TL Johannisbeerkompott, 50 ml Calvados, 1 EL Zucker, 4 Gewürznelken, Saft einer ½ Zitrone.

Zubereitung:
Wildschweinnacken in grobe Stücke schneiden. Eine Zwiebel in kleine Würfel schneiden. Fleischstücke im heißen Fett unter ständigem Rühren anbraten, bis das Fleisch Farbe nimmt. Die Zwiebeln zugeben und sobald sie glasig sind, mit Rotwein und Fond ablöschen. Mit Wasser auffüllen bis das Fleisch bedeckt ist.

Nun Rosmarin, zerdrückte Wacholderbeeren, Lorbeerblatt, Salz und Pfeffer zugeben und alles zwei Stunden auf kleiner Flamme im zugedeckten Topf köcheln lassen. Verkochte Flüssigkeit mit Wasser und etwas Rotwein auffüllen. Zum Ende der Garzeit das Fleisch aus dem Schmorfond herausnehmen, Sahne zufügen und um ein Drittel einreduzieren lassen. Den geschälten und vom Kerngehäuse befreiten Apfel und die zweite gepellte Zwiebel in Würfel schneiden. Beides in heißer Butter schmoren, dann den reduzierten Sahnefond durch ein Sieb dazugießen. Fleisch hineingeben und mit Salz und Pfeffer abschmecken.

Die gut gewaschenen Äpfel halbieren und vom Kerngehäuse befreien. Schnittfläche mit Zitronensaft beträufeln. 500 ml Wasser mit Calvados, Zucker, Nelken und restlichem Zitronensaft zum Kochen bringen. Apfelhälften darin 5-10 Minuten auf kleinster Flamme ziehen lassen. Danach Äpfel herausnehmen, abtropfen lassen und mit jeweils einem Teelöffel Kompott füllen.

235

Rehpfanne

Zutaten:

600 g Rehschulter, 200 g Spätzle, 2 Zwiebeln, 2 Möhren, 1 große Stange Lauch, Öl zum Braten, 2 EL Butter, 1 TL Thymian, 1 TL Rosmarin, Pfeffer, Salz.

Zubereitung:

Rehschulter in Würfel schneiden, dabei alle Sehnen und Häute entfernen. Zwiebel halbieren und mit Möhren und Lauch quer in Scheiben schneiden. Spätzle nicht ganz gar abkochen, unter fließendem Wasser abspülen und abtropfen lassen. Fleischwürfel in Öl anbraten. Sobald die Würfel rundum braun gebraten sind, das überschüssige Öl abgießen und die Butter zufügen. Sobald die Butter aufschäumt, Möhrenscheiben zugeben und alles weiter schmoren, bis die Möhren am Rand bräunen. Nun Lauch und Zwiebel zufügen. Alles mit Salz, Pfeffer und Gewürzen abschmecken. Alles weiterschmoren lassen, bis die Zwiebeln glasig sind. Immer wieder rühren. Zum Schluss die gegarten Spätzle unterheben und alles noch ein paar Minuten durchziehen lassen. Ein herbstlicher Blattsalat passt dazu.

TAFELFREUDEN TIPP

Die Wildkammer Schloss Schönstein bei Wissen an der Sieg ist Garant für bestes Wildfleisch aus heimischen Wäldern, aufgewachsen unter optimalen Bedingungen. Das sieht und schmeckt man, denn die Fleischsorten sind fertig portioniert und bieten so gut wie keine weiteren Abschnitte. Über das Angebot von Frischfleisch gibt es auch eine gute Auswahl von Wildwurst, Schinken und selbst hergestellten Liqueurs und Edelbränden.

Einen ganz besonderen Höhepunkt des Jahres stellt der Weihnachtsmarkt auf Schloss Schönstein dar. Immer am Wochenende des 3. Advent ab 12.00 Uhr wechselt der untere Schlosshof in einen stimmungsgeladenen Markt voller ursprünglicher Prägung und authentischen Angeboten in Ständen, Buden und Zelten. Es wird bewusst auf die kunststofflichen Errungenschaften heutiger Zeit verzichtet, dafür aber mit Fackeln, Laternen und Schwedenfeuern Atmosphäre zwischen altem Fachwerk und krummen Kopfsteinpflaster geschaffen, wo besonders guter Glühwein, leckere Wildgerichte und jede Menge altes Handwerk und Musik auf den Besucher warten. Ursprünglicher Adventszauber, wie wir ihn in unserer Fantasie tragen und fast verloren glaubten.

Wildschweinrücken „Wildenburger Land"

Zutaten:

1,2 kg Wildschweinrücken mit Knochen, 100 g fetter Speck in Streifen, 30 ml Wildfond, 150 g Crème fraîche, 500 ml Rotwein, 20 ml Cognac, 1 Zwiebel, 1 Möhre, 1 Lorbeerblatt, 6 Wacholderbeeren, 1 TL Thymian, Öl zum Braten, 1 TL Kartoffelstärke, Salz, Pfeffer.

Zubereitung:

Wildschweinrücken mit Salz, Pfeffer und Thymian einreiben und über Nacht mit der klein geschnittenen Möhre, gepellter und in Scheiben geschnittener Zwiebel, Lorbeerblatt und Wacholderbeeren in Rotwein marinieren. Am nächsten Tag den Rücken herausnehmen, gut trocken reiben und mit den Speckscheiben spicken. In einem flachen Bräter auf der Fleischseite in Öl anbraten und danach umdrehen. Nun Marinade angießen, den Cognac zugeben und bei 190° C rund 35 Minuten im vorgeheizten Backofen garen. Dabei den Rücken immer wieder mit der Marinade übergießen. Im ausgeschalteten Backofen warm stellen. Bratfond durch ein Sieb gießen, in einem Topf auffangen, Wildfond hinzugeben und alles auf ein Drittel reduzieren lassen. Crème fraîche zufügen, alles nochmals aufkochen, Sauce mit der aufgelösten Kartoffelstärke binden, zuletzt mit Salz und Pfeffer abschmecken. Zum Servieren das Fleisch vom Knochen lösen und in Scheiben schneiden. Ggf. wieder auf den Knochen setzen und im Ganzen servieren. Dazu passen Rotkohl und Semmelklöße.

Alte Ölmühle von Oberdreis

Wenn die Blätter fallen

*Kehr ein mein Herz und suche Freud' in
Büchern der Novemberzeit*

Bonjour Tristesse

Das ist der Titel eines Romans von Françoise Sagan und mancher möchte das auch als Motto über den November schreiben. Allein der Name hat schon einen Hauch von Melancholie. Molltöne begleiten den Monat und uns. Der Sommer scheint Ewigkeiten her. Die herbstliche Farbenpracht des Oktobers ist mit den ersten Regentagen verschwunden. Das Laub ist nicht mehr rot und golden, die letzten Rosen im Garten sind Opfer der ersten Frostnächte geworden. In vielen Gedichten zum Herbst ist die Trauer um den Verlust von Licht und Farben zu erspüren. In seinem Gedicht Hälfte des Lebens klagt Hölderlin:

> *Weh mir, wo nehm' ich, wenn*
> *Es Winter ist, die Blumen, und wo*
> *Den Sonnenschein,*
> *Und Schatten der Erde?*

Nebel hüllt uns ein und dämpft die Geräusche des Tages. Die Sonne wärmt nicht mehr. Wir wissen es, das Jahr neigt sich seinem Ende entgegen. Die Gedenktage des Monats – Allerheiligen, Allerseelen, Volkstrauertag und Ewigkeitssonntag – erinnern uns an die Endlichkeit unseres eigenen Lebens.

Rainer Maria Rilke beginnt sein Gedicht „Herbsttag" mit den Zeilen:

> *Herr: es ist Zeit. Der Sommer war sehr groß.*
> *Leg deinen Schatten auf die Sonnenuhren,*
> *und auf den Fluren laß die Winde los.*

und weiter:

> *Wer jetzt kein Haus hat, baut sich keines mehr.*
> *Wer jetzt allein ist, wird es lange bleiben,*
> *wird wachen, lesen, lange Briefe schreiben*
> *und wird in den Alleen hin und her*
> *unruhig wandern, wenn die Blätter treiben.*

Aber bei Hilde Domin heißt es kurz und verheißungsvoll:

> *Es knospt unter den Blättern*
> *das nennen sie Herbst.*

Die Natur kommt zur Ruhe und bereitet sich auf einen neuen Frühling vor.

> *Befiehl den letzten Früchten voll zu sein*

... heißt es auch in Rilkes Herbsttag.

Einen Sommer lang schenkte uns die Natur ihre Fülle an Farben, Früchten, Licht und Wärme.

Nun ist die Ernte eingebracht, die Sommerfrüchte zu Gelees, Marmeladen und Säften verarbeitet. Mit jedem Glas, das wir im Winter öffnen, kommt der Sommer ein bischen zu uns zurück. Die letzten Nüsse, die der Herbststurm vom Baum geschüttelt hat, sind aufgelesen. In der Küche mischt sich der Duft der getrockneten Kräuter mit dem herben Duft der Quitten, die noch ein wenig nachreifen können, bevor sie verarbeitet werden. Eine ganz besondere Delikatesse ist das Quittenbrot.

Quittenbrot

Dazu werden die Quitten gewaschen, geviertelt, das Kerngehäuse wird entfernt und mit Wasser weichgekocht. Dann wie Apfelmus durch ein Sieb streichen. Das Quittenmus pro kg mit 1 kg Gelierzucker (nach Anweisung auf der Packung) aufkochen und warm auf ein mit Backpapier ausgelegtes Backblech etwa 1 cm dick aufstreichen. An einen kühlen, trockenen Ort stellen und ca. 2 – 3 Wochen trocknen lassen. Danach in kleine Rechtecke oder Rauten schneiden, kurz in Streuzucker wälzen und in Blechdosen verpacken. So hält es sich bis in den Januar hinein und ist eine leckere, fruchtige Ergänzung zu den weihnachtlichen Leckereien.

Bei uns zuhause, in meiner Kindheit, trocknete das Quittenbrot auf dem Schrank im Schlafzimmer, mit einem Leinentuch abgedeckt, in guter Nachbarschaft mit den Winteräpfeln. Dort wurden dann auch die Dosen mit den Weihnachtsplätzchen versteckt.

Schon im November fange ich an Rezepte zu studieren, Zutaten einzukaufen und Ausstechformen zu sortieren. Ist alles da, kann es mit dem Backen losgehen. Butterplätzchen, Heidesand, Spritzgebäck, Kokosplätzchen, Karlsbader, Königsberger Marzipan und Opa Hoppes Honig-Lebkuchen, deren Geschmack ich, während ich das erzähle, auf der Zunge spüre. Hier ist das Rezept:

Opa Hoppes Honig-Pfefferkuchen

1.500 g Mehl, 500 g Zucker, 1.000 g Honig, 4 Eier, 500 g Butter, 200 g Kakao, 3 P. Backpulver, 2 P. Pfefferkuchengewürz

Zucker und Eier schaumig rühren, Honig und Gewürze erwärmen, Butter in die Eiermasse einrühren, die übrigen Zutaten dazugeben und zu einem glatten Teig verarbeiten. Der Teig kann 2 – 5 Tage kaltgestellt werden. Den Teig ausrollen (ca. ½ cm), Herzen und Sterne ausstechen, abbacken und nach dem Backen mit Schokoladenguss bestreichen.

Novembe-Blues

Ich mag den November.
Mit Rose Ausländer kann ich sagen: November:
Mein Monat!

Ich mag das Dämmerlicht. Wie gemütlich ist so
ein Kaffeestündchen, der Zimtkaffee duftet, Ker-
zenflammen zucken im leisen Windhauch und
werfen flackernde Schatten an die Wände. Im
Zimmer ist es schummrig und es ist als bliebe die
Zeit stehen. Ruhe und Muße haben können, das
ist für mich November. Ruhe und Zeit zu haben
zum Lesen. Es ist so vieles im Bücherschrank wieder zu entdecken. Karl-Heinrich Waggerls Heiter-
es Herbarium versteckt sich zwischen dicken,
gewichtigen Büchern. Ich nehme es heraus, blät-
tere darin und Kindheitserinnerungen werden wach:
Barfußlaufen auf sonnenwarmen Wiesen, der Geruch der abgemähten Felder, das Summen der
Bienen rufen glückliche, unbeschwerte Sommer-
ferien zurück. Meinen Lieblingsvers daraus lese ich
mir laut vor:

Das Zittergras

Warum am lichten Sommertag
das Zittergras wohl zittern mag.
In Erden fühlt's den Höllenwurm,
in Lüften Gottes Atemsturm.
Du Mensch mit deinem Hirngewicht
Du spürst das nicht.

Marcel Pagnols Kindheit in der Provence erinnert
an einen anderen Sommer, an Ferien in Südfrankreich. Bilder steigen auf: weite Lavendelfel-
der unter flirrender Hitze, heiß brennende südliche Sonne an einem wolkenlosen blauen Himmel.
Mit den Bildern kommt auch der Duft des Lavendel und des wilden Thymians zurück. Weiter geht
der Blick die Bücherregale entlang. Ganz unten
steht eine besonders schöne Ausgabe der Novellen
von Theodor Storm. Suchend geht mein Blick
übers Inhaltsverzeichnis, da sind sie beide, die ich
suchte: Der Schimmelreiter, die schaurige, trauri-
ge Geschichte des Deichgrafen an der sturmge-
peitschten nordfriesischen Küste. Und Beim Vetter
Christian, eine ruhige und beschauliche Geschichte von Menschen und einem Haus zum Wohlfühlen.

Ach, welch Genuss, sich an den langen Novem-
berabenden gemütlich in einen Sessel zu kuscheln
und lesen – lesen – lesen!

Bei Jean Paul fand ich den Satz: Bücher lesen
heißt wandern in ferne Welten, aus den Stuben,
über die Sterne. So bequem können Weltreisen sein!

Und wenn dann noch ein heißer Teepunsch und
vielleicht schon erste selbstgebackene Plätzchen
unsere Reise begleiten, kann es nicht schöner sein.

Und hier ein Rezept für einen Holunder-Tee-
punsch:

Holunder Teepunsch

Schwarzen Tee mit heißem Holundersaft ($^2/_3$ zu
$^1/_3$) mischen. Eventuell, wer's mag, etwas Glüh-
weingewürz mitziehen lassen und mit Honig süß-
en. Damit tut man gleich seiner Gesundheit etwas
Gutes und beugt Erkältungen vor.

Und nun – Wohl bekomm's !

Christine Raillard

Westerwälder Landpartien

BÜCHERHERBST BEI KEHREIN
IN NEUWIED

Die Buchmesse im Oktober ist das Erntedankfest des Buchhändlers! Wenn die Tage kürzer werden und die Abende länger, gehört ganz besonders ein gutes Buch zu Sessel oder Sofa. Für Bücher gibt es keine In- oder Unzeit, sondern lediglich ein eigens reserviertes Mehr an Freizeit. Dazu gehört das Stöbern in der Buchhandlung wie der Gang über den Wochenmarkt, als Vorfreude auf kommende Küchengeschichten. Genussmenschen sind beide, Buchliebhaber und Küchenfreund. Kehrein´s Bücherherbst in Neuwied ist da wie ein bibliophiler Gang über den Markt der Ohren-, Augen- und Gaumenfreuden gleichermaßen. Das bedeutet neue Trends entdecken, aber auch Altvertrautes wieder finden. Regionale Kostbarkeiten – Ausgewählte Stiche und Drucke – Kochbücher aus Großmutter´s Zeiten – Antiquarische Besonderheiten – Literatur vergangener Tage ... auf das der Vorrat an guten Novemberbüchern nie versiegt! Wie recht hat da Klabund, der folgendes schrieb:

Lest Bücher Menschen, lest die Bücher eurer Dichter und ihr werdet glücklicher und manchmal glücklich werden. Und nun entlasse ich meinen willigen Leser.

Gehe er nun hin, lese und kaufe er vor allem die guten und schönen Bücher.

Gans lecker, Gans frisch

RESTAURANT
LANDHAUS ARIENHELLER
RHEINBROHL

Martinsgans

Die Frühmastgans von etwa 4 kg bildet im allgemeinen die Spezialität unter den Gänsebraten. Sie wird meist gefüllt in der mit etwas Wasser angereicherten Fettpfanne im Backofen ca. 2 ½ Stunden gebraten. Der Trick um saftiges Gänsefleisch zu bekommen ist folgender: man brate die Gans nicht auf dem Rücken liegend, sondern auf der Seite. Nach einer Stunde wenden. Zum Schluss nochmals 30-40 Min. auf dem Rücken braten, damit die Brust schön knusprig wird. Dazu diese mit etwas Salzwasser bestreichen. Die Gans nebenbei immer wieder mit dem ausgebratenen Saft beträufeln.

Zutaten:

1 bratfertige Gans ca. 4 kg schwer, Salz, Pfeffer, 500 g Äpfel, 40 g Butter, 40 g Rosinen, 40 g Korinthen, 200 g geschälte, gekochte Maronen (oder frische), 2 EL Zucker, Butter, Salz, 250 ml Hühnerbrühe.

Zubereitung:

Die Äpfel schälen, entkernen, vierteln und in Scheiben schneiden. In der Butter anbraten. Rosinen und Korinthen zugeben und damit die Gans füllen. Mit etwas Wasser in die Fettpfanne des Backofens geben. Auf einer Seite bei ca. 190 °C rund eine Stunde braten, umdrehen, eine weitere Stunde braten, auf den Rücken legen und nochmals 30-40 Min. braten. Immer wieder begießen.

Rotkohl

Zutaten:

1 mittlerer Kopf Rotkraut, 100 g Brombeer- oder Johannisbeermarmelade, 2 saure Äpfel, 1 große Zwiebel, Zimt, Nelken, Lorbeerblatt, Balsamessig, 2 EL Schweineschmalz (nichts anderes!), $\frac{1}{8}$ l Gemüsebrühe.

Zubereitung:

Den Strunk aus dem Rotkraut entfernen, anschließend in feine Streifen schneiden, Zwiebel schälen und in Ringe schneiden. Zwiebel im Schmalz anbraten, die Marmelade dazugeben und schön karamellisieren lassen. Mit dem Essig ablöschen. Gewürze und den klein geschnittenen Apfel zugeben und mit ca. $\frac{1}{8}$ l Gemüsebrühe oder Hühnerbrühe auffüllen. Kraut dazugeben und bei geringer Hitze in ca. 1 Stunde weich köcheln. Wichtig ist, dass das Kraut eine angenehme Süße hat.

Kartoffelknödel

Zutaten:

1 kg mehlig kochende Kartoffeln, 1 Ei, 1 Eigelb, 100 g Kartoffelmehl, $\frac{1}{2}$ Bund Petersilie, Salz, Muskat, 10 Scheiben Toastbrot, 5 EL Butter.

Zubereitung:

Die Kartoffeln am Vortag abkochen, schälen und am besten zweimal durch die Presse drücken. Mit einem Tuch bedeckt über Nacht ruhen lassen, damit sie schön ausziehen. Das Toastbrot in Würfel schneiden und diese in viel Butter goldbraun rösten. Alle Zutaten vermengen, Knödelmasse abstechen, in der Hand eine Mulde formen, Brotwürfel in die Mitte geben, kleine Klöße formen, in Salzwasser gar ziehen.

November

Solchen Monat muss man loben:
Keiner kann wie dieser toben,
Keiner so verdrießlich sein
Und so ohne Sonnenschein!

Keiner so in Wolken maulen,
Keiner so mit Sturmwind graulen!
Und wie nass er alles macht!
Ja, es ist ne wahre Pracht.

Seht das schöne Schlackerwetter!
Und die armen welken Blätter,
Wie sie tanzen in dem Wind
Und so ganz verloren sind!

Wie der Sturm sie jagt und zwirbelt
Und sie durcheinanderwirbelt
Und sie hetzt ohn Unterlass:
Ja, das ist Novemberspaß!

Oh, wie ist der Mann zu loben,
Der solch unvernünftges Toben
Schon im Voraus hat bedacht
Und die Häuser hohl gemacht!

So, dass wir im Trocknen hausen
Und mit stillvergnügtem Grausen
Und in wohlgeborgner Ruh
Solchem Greuel schauen zu!

Heinrich Seidel

Weißes Land

Grüner Zweig im Winter

Glücksbringer und Schmarotzer zugleich – die Mistel

Die Mistel gilt als Glücksbringer! In vielen Regionen wird sie als Schmuck in der Advents- und Weihnachtszeit verwendet – und der Kuss unter dem Mistelzweig ist für Paare Pflicht.

Was hat es mit dieser sehr heimischen „Pflanze" auf sich, die schon im Altertum vielen Völkern heilig war und Verwendung in der Volksmedizin fand? Die Mistel ist wirklich ungewöhnlich und faszinierend!

Sie ist nämlich keine eigenständige Pflanze, sondern ein sog. „Halbschmarotzer", d. h. sie ernährt sich von dem Saft der Bäume, auf denen sie sich ansiedelt. Sie benötigt einen „Wirt" mit weicher Rinde, wie z. B. Pappel oder Weißdorn. Auch auf alten Streuobstwiesen fühlt sie sich wohl. Im Gegensatz zu den echten oder Voll-Schmarotzern baut die Mistel jedoch ihre Kohlenhydrate selber auf, sie entnimmt lediglich das Wasser und die darin gelösten Nährstoffe ihrer Wirtspflanze.

Immergrün und kugelig

Die Blätter sind immergrün und daher vor allem im Winter sehr gut auf den Bäumen zu sehen. Sie erreichen ein Alter von einem Jahr. Sobald die neuen Blätter über Sommer herangewachsen sind, werden die vorjährigen abgeworfen. So erscheint die Mistel stets als immergrüner Strauch. Die Mistel wächst im Schneckentempo. Große, kugelige Gebilde sind mindestens 10 Jahre alt. Die Verbreitung der Mistelsamen übernehmen die Vögel: Von November bis Februar entwickeln sich klebrige weiße Beeren, die von Vögeln gefressen werden. Nach der Ausscheidung sind sie immer noch klebrig, so dass die Samen an den Ästen der Bäume kleben bleiben und nicht zu Boden fallen.

Medizin und Mythos

Schon Hippokrates schätzte die Heilwirkung der Mistelblätter gegen Epilepsie und Schwindel. Das hängt mit der blutdrucksenkenden Wirkung zusammen. Auch heute finden sich Mistelextrakte in einer Vielzahl von Medikamenten wieder. Verschiedene der Inhaltsstoffe wirken gefäßerweiternd und blutdrucksenkend; andere stärken die Abwehrkräfte. Die anthroposophische Heilrichtung hat den Einfluss auf das Tumorwachstum untersucht und festgestellt, dass die Mistel bei bestimmten Krebsarten hemmend wirken kann. Auch viele Legenden ranken sich um die Misteln. Im Altertum wurde ihnen eine das Böse abwendende Kraft zugeschrieben. Misteln über der Haustür sollten vor Donner, Blitz und Hexen schützen und heißen daher auch „Hexenbesen". Und wie war das mit dem Zaubertrank bei Asterix und Obelix? Besonders den keltischen Druiden war die Pflanze das Allerheiligste.

Am sechsten Tag nach dem ersten Vollmond musste sie mit einer goldenen Sichel geschnitten werden und der aus der Mistel bereitete Zaubertrank galt als Allheilmittel.

Eine große Zeit der Misteldekore im europäischen Kunsthandwerk ist die Phase des Jugendstiles, vor allem Linie und Fläche betonende Ornamentik wurde gebraucht.

Zur Erneuerung der Motive bediente man sich in Deutschland besonders der Naturbeobachtung. Dass gerade die Mistel in ganz Europa als Ornament häufig gebraucht wird, hängt sicher mit der Neubelebung der mythischen und legendären Bedeutung dieser Pflanze zusammen, für die man in dieser Zeit sehr aufgeschlossen war. Die Mistel ist also weit mehr als ein weihnachtliches Glückssymbol. Hoch oben in den Baumkronen verbringt sie ihr Leben. Eine Pflanze, die dort wächst, scheinbar ohne Wurzeln und immergrün, muss einfach von den Göttern gesandt sein.

Knusper, knusper Knäuschen

WIE DUFTET'S VON DORTEN, O SCHAU NUR DIESE PRACHT!
VON KUCHEN UND TORTEN EIN HÄUSLEIN GEMACHT,
MIT FLADEN UND TORTEN IST'S HOCH ÜBERDACHT,
DIE FENSTER WAHRHAFTIG WIE ZUCKER SO BLANK,
ROSINEN GAR SAFTIG DEN GIEBEL ENTLANG,
UND TRAUN! RINGS ZU SCHAU'N
GAR EIN LEBKUCHENZAUN!

Libretto 3. Akt aus Hänsel und Gretel v. Engelbert Humperdinck

248

Ein Ort, wo die Kirche noch im Dorf steht. Leise zieht der Rauch in feinen Windungen aus den Schornsteinen nach oben und zeigt genau die Stellen an, wo die Zentralheizung zwar schon längst Einzug gehalten hat, hier und da aber noch ein Kohleofen und sogar einzelne Backhäuschen gefeuert werden. In früheren Zeiten ein ganz gewohntes Bild, was sich da in jedem Dorf als Rauchzeichen abzeichnete. Es gab Gemeindebackhäuser oder aber auch viele private Backplätze wie in Urbach, wo sich je drei bis vier Familien einen Backes teilten. Während unter der Woche das Brot in den von heißer Glut erhitzten Steinofen geschossen wurde und sich danach noch in milderer Hitze der Datschert oder Dippekuchen mit der braunen Kartoffelkruste seinen Weg bahnte, war der Samstag für Kuchenbacken reserviert. Schließlich verging kein Sonntag ohne ein Stück Blechkuchen, ganz gleich ob mit Streusel oder Obst belegt. Vor Weihnachten kamen dann die Bleche mit den Plätzchen in das Ofenrohr, die voller Vanille, Zimt und Anis dufteten. Wohl eine der schönsten, heimeligsten und gemütlichsten Seiten des Backes im Jahreslauf.

Die Zeiten sind aber hier in Urbach wie in allen anderen kleinen Westerwaldgemeinden nicht stehen geblieben und so gerieten fast alle Backeshäuser in Vergessenheit, wurden nicht mehr genutzt und verfielen zusehends. Einem privaten Backhaus in Urbach drohte das gleiche Los, wurde es doch schon seit langer Zeit als Futterküche eines Bauernhofs genutzt. Der langsame Verfall hatte bereits eingesetzt und so besann sich die Gemeinde nebst dem Verkehrs- und Verschönerungsvereins das Kleinod zu retten. 1987 wurde es gekauft und in über einjähriger Renovierungsarbeit wieder in den alten Glanz versetzt, den die eiserne Ofentüre einstmals besaß. Altes wurmstichiges Fachwerk wurde durch altes aber intaktes Eichenholz ersetzt. Das Dach erhielt dem alten Brauchtum folgend originale Schottelpannen, die sich im Altenkirchener Raum auftreiben ließen und der Eingang von einst wurde an neue Stelle versetzt. Geweißelt und gestrichen konnte es dann zum ersten Backesfest im Jahre 1988 wiedereröffnet werden. Seitdem kümmern sich Verein und Gemeinde um die Nutzung des Backes aus dem Jahre 1927, wie uns die alte Ofentüre verrät.

Heute backen die Urbacher Landfrauen wieder ihr Brot, kommt der Kartoffel-Datschert im Herbst und Winter zum Einsatz und duften die Advents- und Weihnachtsplätzchen nebst anderem Kuchenteig, den Jahreszeiten entsprechend, um die Wette. Zu feiern gibt es immer etwas in Urbach, wo frisches Brot und Kuchen gerne gesehen und geschmeckt werden. Die Backestüre hat sich sogar schon für Schulklassen oder aber interessierte Besucher geöffnet, die mit einem Tafelfreuden-Wochenende im benachbarten Hümmerich gleichfalls auch ein gemeinsames Backen mit den Backesfrauen buchen können. So bleibt das Brauchtum nicht nur in den Köpfen, sondern auch auf der Zunge. Und wer schon einmal die Atmosphäre eines mit Holz geheizten Backeshauses mit dem Duft des Frischgebackenen kennen gelernt hat, weiß, wie sehr sich Kopf und Gaumen gleichermaßen eine Wiederholung wünschen!

Gefüllte Aprikosenringe

Zutaten:
400 g Mehl, 125 g Zucker, 250 g Butter, 1 Pr. Salz, abgeriebene Schale einer Zitrone, 2 EL Aprikosenlikör, 1 Eigelb, Mehl zum Ausrollen. Außerdem: Puderzucker, 1 Glas Aprikosengelee, 1 EL Aprikosenlikör.

Zubereitung:
Mehl, Zucker, Salz in eine Schüssel mischen. In die Mitte eine Mulde drücken. Zitronenschale, Likör und Eigelb hineingeben, leicht verrühren, Butter in Flöckchen auf den Mehlrand geben und alles zu einem Mürbeteig verkneten.

In Folie 90 Minuten im Kühlschrank ruhen lassen. Teig dünn ausrollen, gleich viele runde Plätzchen und Ringe in ca. 4-6 cm Breite ausstechen, auf Backpapier in dem vorgeheizten Backofen bei 175° C (155° C Umluft) ca. 10 Minuten backen. Ringe anschließend mit Puderzucker bestäuben. Runde Plätzchen mit Aprikosengelee-Likörmischung bestreichen, Ringe auflegen, restliche Aprikosenmasse erwärmen, in die Ringe füllen und trocknen.

Schwarz – Weiß Gebäck

Zutaten:
250 g Mehl, 125 g Margarine, 80 g feinster Zucker, 1 Ei, abger. Schale einer Zitrone. Für den dunklen Teig: 2 EL Kakao, 2 EL Milch, 1 EL Zucker.

Zubereitung:
Mehl, Margarine, Zucker, Ei und Zitronenschale schnell zu einem Teig kneten, die eine Hälfte zusätzlich mit Kakao, Milch und Zucker verkneten. Je einen Teil des dunklen und hellen Teigs dünn ausrollen, dann beide Teigplatten aufeinanderlegen und fest zusammenrollen. Ca. 45 Minuten in den Kühlschrank stellen. Restlichen hellen und dunklen Teig je $\frac{1}{2}$ cm dick ausrollen, in 3 cm breite Streifen schneiden und 4 Teigschichten abwechselnd übereinander legen. Diesen Teigblock mit dem dunklen Teig umhüllen und kalt stellen. Teig rollen und dann den Teigblock anschließend in $\frac{1}{2}$ cm dicke Scheiben schneiden und bei 175-200° C ca. 10-12 Minuten backen.

Mandelplätzchen

Zutaten:
500 g Mehl, 2 TL Backpulver, 150 g Zucker, 4 Eigelb, 250 g Butter.

Diese Zutaten zusammen verkneten, ausrollen, mit einem kleinen Gläschen ausstechen, auf Backpapier setzen.

Makronenmasse:
In 4 steif geschlagene Eiweiß 160 g Zucker einstreuen, 8 Tropfen Bittermandelaroma zufügen, 250 g Mandeln je zur Hälfte gemahlen und gehackt zufügen und mit dem Spachtel unterheben. Die Makronenmasse auf die vorbereiteten runden Teigplätzchen setzen und bei 200° C hellgelb backen.

Haferflockenplätzchen ohne Backofen

Zutaten:
2 Tassen Zucker, 2 EL Milch, 2 EL Kakao, 65 g Butter, 2 Tassen Haferflocken, 1 Fl. Rumaroma.

Zubereitung:
Butter schmelzen, Zucker, Milch und Kakao dazugeben und kurz aufkochen. Haferflocken und Rum unterheben. Mit Teelöffeln kleine Häufchen aufs Blech setzen und über Nacht trocknen lassen.

Schäffer-Plätzchen

Zutaten:
250 g Mehl, 70 g Zucker, 250 g Butter, 1 Eigelb, 200 g Mandelstifte, Puderzucker zum Bestreuen.

Zubereitung:
Mehl, Zucker, Butter und Eigelb zu einem glatten Teig verkneten, zuletzt Mandelstifte zufügen. Von dem Teig kleine Häufchen auf ein mit Backpapier ausgelegtes Backblech setzen und hellgelb bei 150-170° C backen.

Haferflockenplätzchen

Zutaten:
125 g grobe Haferflocken, 80 g Butter, 80 g Zucker, ½ P. Vanillezucker, 3 Tropfen Bittermandelaroma, 1 Ei, 50 g Mehl, ½ TL Backpulver.

Zubereitung:
Die Haferflocken werden leicht in einem Topf gebräunt und mit der Butter und einem Esslöffel Zucker anschließend schaumig geschlagen. Dann nach und nach den Zucker, Vanillezucker und Bittermandelaroma hinzugeben und solange rühren, bis eine cremige Masse entsteht. Das mit Backpulver vermischte Mehl unter die völlig abgekühlten Haferflocken rühren. Schließlich mit zwei Teelöffeln walnussgroße Häufchen auf ein gefettetes Backblech setzen und bei Mittelhitze etwa 20-25 Minuten backen.

Vanillekipferl

Zutaten:
500 g Mehl, 250 g Butter, 125 g feinster Zucker, 2 Eidotter, 45 g fein gehackte Mandeln.

Zubereitung:
Mehl sieben, mit Butter, Zucker und Eidotter zu einem festen Teig verkneten. Die Mandeln ebenfalls unterkneten. Eine Rolle formen und ca. 2 Stunden kühl stellen. Von der Rolle portionsweise Teig abschneiden (den Rest immer wieder im Kühlschrank lagern). Eine lange Rolle mit beiden Händen rollen, in kleine Portionen schneiden und jede Portion zuerst zur Kugel und dann zwischen den Fingern der Hände zu einem länglichen Hörnchen drehen. Auf einem mit Backpapier ausgelegten Backblech etwa 10 Minuten bei 175-200° C hell backen. Nach dem Backen wälzt man die noch warmen Kipferl in gesiebten, mit Vanillezucker vermischten Puderzucker.

Heidesand

(aus einem Rezeptbuch des Jahres 1880)

Zutaten:
250 g Butter, 300 g feinster Zucker, 1 P. Vanillezucker, 375 g Mehl, 1 gestr. TL Backpulver.

Zubereitung:
Die Butter wird schwach gebräunt und zum Erstarren kalt gestellt. Man fügt Zucker und Vanillezucker hinzu und rührt die Masse, bis sie cremig wird. Die Butter-Zuckermasse möglichst wieder hart werden lassen, ehe man das mit Backpulver gemischte und gesiebte Mehl unterarbeitet. Den Teig formt man zu talerdicken Rollen und lässt ihn über Nacht ruhen. Am nächsten Tag schneidet man die Rollen in ½ cm dicke Scheiben und backt sie auf einem gefetteten und bemehlten Blech bei schwacher Hitze 20 bis 30 Minuten.

Schokoladen Röschen

Zutaten:
200 g Mehl, 50 g Gustin, 180 g Butter, Saft von 1 Zitrone, 3 EL Zucker, 1 Pr. Salz, 1 Ei.

Für die Röschen: 200 g gemahlene Nüsse, 200 g Zucker, 2 Eiweiß, Schokoladenkuvertüre für die Ränder.

Zubereitung:
Einen Teig aus o. g. Zutaten herstellen und kalt stellen. Später ausrollen und runde Plätzchen ausstechen. Eiweiß steif schlagen, Zucker und Nüsse einrieseln lassen. Kleine Mengen auf die Plätz-chen setzen. Bei guter Mittelhitze backen bis sie goldgelb sind, anschließend abkühlen lassen. Die Ränder zum Schluss mit Schokoladenkuvertüre bestreichen.

Berliner Brott

Zutaten:

2 Eier, 2 EL warmes Wasser, 250 g brauner Zucker, 65 g Zuckerrübensirup, 1 Fl. Rumaroma, 1 Msp. gemahlene Nelken, 1 EL Zimt, 65 g gemahlene Schokolade, 250 g Mehl, 125 g gehackte Nüsse, 35 g gewiegtes Zitronat.

Zubereitung:

Eier und Wasser schaumig schlagen, Zucker esslöffelweise zugeben, bis die Masse cremig ist. Restliche Zutaten unterrühren. Den Teig auf ein mit Backpapier ausgelegtes Backblech streichen und 20 Minuten bei 190° C backen. Aus Puderzucker und Wasser einen Zuckerguss herstellen. Das Brot nach dem Erkalten damit bestreichen und in kleine Rauten schneiden.

Butterherzen

Zutaten:

250 g Mehl, 1 knapp gestr. TL Backpulver, 125 g feinster Zucker, 2 Eigelb, 1 EL Rum, 125 g Butter, 100 g fein gemahlene Mandeln, etwas Dosenmilch, 1-2 P. Vanillezucker.

Zubereitung:

Alle Zutaten zu einem Teig verkneten und mindestens 1 Std. kalt stellen. Den Teig dünn ausrollen, Herzen ausstechen, mit Dosenmilch bestreichen und mit Vanillezucker bestreuen. Bei 160° C hellgelb backen.

Butterplätzchen

Zutaten:

375 g Weizenmehl, 150 g brauner Rohrzucker, 1 P. Vanillezucker, 250 g weiche Butter.

Zubereitung:

Mehl in eine Rührschüssel sieben, Zucker, Vanillezucker und Butter hinzufügen, mit einem Handrührgerät mit Knethaken gut durcharbeiten. Anschließend auf einer Arbeitsfläche zu einem glatten Teig verkneten, 2 - 2 $\frac{1}{2}$ cm dicke Rollen formen und so lange kalt stellen, bis sie hart geworden sind. Die Rollen in etwa $\frac{1}{2}$ cm dicke Scheiben schneiden, auf ein Backblech setzen und bei 180-200° C in ca. 10 Minuten hellbraun backen.

Spritzgebäck

Zutaten:

250 g Butter, 250 g Zucker, 2 P. Vanillezucker, 3 Eigelb, abger. Schale einer Zitrone oder Apfelsine, 500 g Mehl, 2 gestr. TL Backpulver.

Zubereitung:

Die Zutaten der Reihenfolge nach mit $\frac{2}{3}$ des Mehl-Backpulver-Gemisches zu einem Rührteig verarbeiten. Den Mehlrest leicht darunter kneten. Den Teig am besten über Nacht ruhen lassen. Dann den Teig durch den Fleischwolf mit dem Spritzgebäckvorsatz drehen, in gewünschter Länge auf ein Backblech legen und etwa 15 Minuten bei guter Mittelhitze hellgelb backen.

Über dem Berge da wehet der Wind

In Waldbreitbach gibt es viel Krippenherberge für Josef, Maria und ihr wiegendes Kind.

Es duftet, als hätte eine Karawane einen Sack mit Gewürzen verloren, der nun offen seine aromatischen Geheimnisse auf den Markt trägt. Aus aller Herren Länder findet sich etwas Kostbares, fein säuberlich in Töpfchen, Säcken und Körben gestapelt und zu Pyramiden aufgebaut, die einen mehr an Ägypten, als an den Westerwald oder den Rhein erinnern lassen. Da bauen sich Gewürze wie erdfarbene Dünen vor dem Auge des Betrachter auf. Pulvrig gemahlen wie der feinste Sand der Wüste. Zimt aus Ceylon liegt da in kleinen Bündeln und Nelken und Muskatnuss aus den Tropen. Ingwer leuchtet heller als Kardamom, der wiederum einen stärkeren Duft in die Nase treibt.

Den Safran hütet der Händler wie einen Schatz und gibt ihn nur dann heraus, wenn eine Kundin ihren Kuchen besonders lecker und sonnengelb gebacken haben möchte. Neben dem Anis hat er sogar schon das fertige Backwerk im Verkauf. Runde und herzförmige Springerle schichten sich wie weiße Miniaturkissen übereinander und zeigen die schönsten Eindrücke alter Holzmodelformen. Zu den Gewürzen gesellen sich die Teesorten aus Garten, Wald und Wiese. Die getrocknete Kraft eines ganzen Sommers liegt da in den Waagschalen – jedes Gramm ein Stück Gesundheit versprechend. Jetzt im Winter braucht der Körper etwas wärmendes – vielleicht eine weiche wollene Decke, einen heißen Punsch oder Kräutertee, auch ein paar Streicheleinheiten strahlen angenehme Sonne in der kalten Jahreszeit aus. Der würzige Stand hält für die langen Abende am kuscheligen Kamin oder in der Umarmung des weichen Ohrensessels die richtigen Rezepturen bereit. Glühwein dampft im Kessel in säuselnden Schwaden in die kalte Winterluft, durchzogen mit den Aromen, die hier am Stand so vortrefflich lagern. Jetzt ist Advents- und damit auch Lebkuchenzeit. Gewürze aus dem Morgenland kommen da mit den drei Weisen über die Berge gezogen. Wo treffen sich Orient und Abendland in innigerer Weise? – In ihren Gewürzen zur Weihnachtszeit und in ihren Krippendarstellungen der heiligen Familie, den drei Königen und dem Stall in Bethlehem.

Hüttenabend

Die Aufstellung der Krippe ist nach alter Tradition an die Weihnachtszeit gebunden. Der Brauch entwickelte sich aus einem Krippenspiel, das Franz von Assisi im Wald von Greccio in Umbrien aufführte und wo er die Geburtsgeschichte Jesu mit Menschen, Ochs und Esel als Akteuren nachspielte. Die Verwendung von Krippenfiguren zur Darstellung der Geburt Christi ist seit dem 15. Jh. bezeugt, die Krippe als eigenständiger Typus tritt seit der Mitte des 16. Jh. zuerst in italienischen und spanischen, bald danach in süddeutschen Kirchen und Tirol auf. Seit dem 18. Jh. bildete die Krippe den Mittelpunkt der Weihnachtsfeier, sei es im kirchlichen wie im häuslichen Brauchtum. Vielerlei Einzelheiten wurden mit der Zeit in das Bildgeschehen einbezogen, so die Herberge (als Hinweis auf die Maria und Josef verweigerte Gastlichkeit), der Jahrmarkt des Volkslebens, Handwerker und Bauersleute, Schäfer und Tiere.

Alice im Wunderland

In Waldbreitbach im Wiedtal ist diese Tradition besonders gut spürbar und der ganze Ort samt angrenzendem Umland scheint sich in den Wochen vor und nach Weihnachten der Magie des Christfests verschrieben zu haben. Ein Spaziergang durch Waldbreitbach führt da vorbei am übergroßen Adventskalender, der sich über ein hübsches altes Fachwerkhaus erstreckt. Jeden Tag öffnet sich ein Türchen zwischen Giebel und Fenstersims. Folgt man dem Weg weiter, so begegnet man lebensgroßen Holzfiguren, die nicht von ungefähr an Weihnachtsträume aus dem Erzgebirge erinnern. Bergmann, Lichterengel und Räuchermann haben den Weg und ihre Tradition aus dem Osten Deutschlands an die Wied genommen und strahlen da wie die acht Meter hohe Weihnachtspyramide um die Wette. Wer das imposante Meisterwerk eines heimischen Schlossers verlässt, wird dann auch irgendwann dem Jamännchen gegenüberstehen.

Dieses Waldbreitbacher Original erinnert an die Zeit um die Jahrhundertwende unserer Großeltern, wo er als hausierender Händler die Dörfer mit Knöpfen, Hemden, Schürzen und Garn versorgte. Weil keiner seinen richtigen Namen kannte wurde er halt einfach das Garnmännchen genannt. Diese und noch viele Stationen mehr sind auf dem kleinen wie großen Krippenrundwanderweg zu entdecken. Bis zu 50 Krippen unterschiedlichster Art, Größe und Bauweise laden da in und um Waldbreitbach zum Besuch ein. Eine schöne Tradition lebt in dem Schauen der Krippen wieder auf. Ganz dem Aufruf entsprechend „mir jon Kreppche gucke", besuchten sich Familien, Freunde und Verwandte in der Zeit nach Weihnachten und dem Tag der Heiligen Drei Könige, um die Weihnachtskrippen zu bewundern, die in jedem Haus standen. Nach dieser „Wallfahrt" versammelte sich die gesamte Familie zum gemütlichen Beisammensein in der guten Stube. Die Vielzahl der heutigen Krippendarstellungen ist in Waldbreitbach schon rekordverdächtig. Den Eintrag in das Guiness Buch der Rekorde aber hält die größte Naturwurzelkrippe der Welt in der Pfarrkirche des Ortes. Es ist das Werk von Gustav Hertling und zeigt auf einer Grundfläche von rund 92m² die Geburt Christi, eingebettet in eine grandiose Naturlandschaft aus über 1200 Wurzeln, über 40 Figuren, 85 Tieren und mehr als 80 lebenden Pflanzen. Die Krippe mit ihren zum Teil über 100 Jahren alten Figuren ist das unbestrittene Prunkstück im Weihnachtsdorf.

Eine wirklich schöne Bescherung

Über die Vielzahl der sehenswerten adventlichen Raststationen wird es dämmrig und dann beginnt der „leuchtende Stern von Bethlehem" am Berghang aufzugehen. Tausende Lichter schmücken den wanderbaren Kometen, der weithin sichtbar den nächtlichen Himmel über Waldbreitbach erhellt. Wer ihn nicht erlaufen mag, kann ihn von der gegenüberliegenden Wiedtalseite wunderbar erblicken.

Bei soviel Weihnachtlichem Zauber gehören natürlich der Christkindchenmarkt mit seinem bunten Budenzauber und jede Menge gemütliche Stunden in Gaststuben dazu. Krippenmusik, Adventssingen und festliche Konzerte umrahmen den Reigen, wie eine klingende Girlande aus grünen Tannenzweigen und roten Bändern und Schleifen. Karl-Heinrich Waggerl, der große österreichische Heimatdichter und Begründer des Salzburger Adventssingens hat einmal den Advent die stillste Zeit im Jahr genannt. Um diese Besinnlichkeit und Muße muss der Mensch von heute sich schon selbst sorgen. Waldbreitbach macht es aber dem, der sich für den Reiz der Weihnacht empfänglich zeigt, leicht. Der Weihnachtsmann mag wohl in Finnland oder Schweden zu Hause sein, aber hier im Wiedtal wärmt er sich gerne auf.

Westerwälder Landpartien

TAFELFREUDEN TIPP
Am 4. Dezember ist Barbaratag. Schneiden Sie an diesem Tag Kirschzweige mit dicken Knospen. Die Zweige für einige Stunden in lauwarmes Wasser legen, danach in eine mit Wasser gefüllte Vase stellen. In einem warmen, aber nicht zu trockenen Raum blühen die Zweige bis zum 24. Dezember auf.

Mandelreis

Ein schönes Weihnachtsdessert, zumal einer am Tisch einen Wunsch frei hat!

Zutaten:

750 ml Milch, 5 EL Zucker, 1 Vanillestange, 200 g Milchreis, 5 Eigelb und 5 Eiweiß, 200 g gemahlene Mandeln, 4 Blatt Gelatine, 250 ml Sahne, 4 EL Zucker, 1 ganze Mandel, 100 g Mandelblättchen, 200 g Zucker, 500 g TK Himbeeren, 200 g Puderzucker, 3 EL Himbeergeist.

Zubereitung:

Milch erhitzen, 5 EL Zucker und die aufgeschlitzte Vanillestange dazugeben. Reis zufügen und 35 Minuten bei kleiner Hitze garen. Vanilleschote entfernen, auskratzen und Mark zum Reis geben. Gelatine in kaltem Wasser einweichen. Eigelb verquirlen und mit den gemahlenen Mandeln unter den warmen Reis geben. Gelatine ausdrücken und ebenfalls unter den warmen Reis mischen. Sahne steif schlagen. Eiweiß steif schlagen. 4 EL Zucker in den Eischnee einrieseln lassen. Weiter schlagen, bis der Zucker gelöst ist. Geschlagene Sahne unter den Reis heben und das geschlagene Eiweiß mit der ganzen Mandel unterheben. Reis in Timbale-Förmchen oder Tassen einfüllen. 4 Stunden kalt stellen. Für den Mandelkrokant die 200 g Zucker hellbraun karamellisieren und die Mandelblättchen zugeben. Masse heiß auf ein geöltes Backblech oder eine Marmorplatte gießen. Erstarren lassen und in große Stücke brechen. Himbeeren in einer Schüssel auftauen lassen, mit Puderzucker vermischen und pürieren. Himbeergeist unterrühren. Reisförmchen kurz in heißes Wasser tauchen und auf Teller stürzen. Mit Himbeersauce umgießen und mit Mandelkrokant anrichten. Wer die ganze Mandel findet darf sich etwas wünschen.

Schlummertrunk für schöne Träume

Pro Person eine Tasse Milch erhitzen und dabei mit dem Schneebesen aufschäumen. 1-2 EL Honig unterrühren, etwas Zimt, Muskatnuss und Orangenschale darüber reiben. Wer es mag, würzt mit einem Schuss Wiedtaler Hirtentrunk.

Walnuss Stollen

Die Masse ergibt zwei Stollen. Den einen kann man ja auch verschenken, es sei denn, er wird nicht doch zuvor noch verspeist (weil er so gut schmeckt).

Zutaten:

220 ml Milch, 50 g frische Hefe, 750 g Mehl, 320 g Butter, 120 g Zucker, 120 g Rohmarzipan, 1 Fl. Bittermandelöl, je 1 Prise Kardamom und Muskatblüte, 10 g Salz, 1 P. Vanillezucker, abger. Schale ½ Zitrone, 20 g Orangeat, 150 g geschälte grob gehackte Walnüsse, 50 ml Rum. Zum Bestreichen rund 100 g geklärte Butter, Puderzucker.

Zubereitung:

Hefe in die angewärmte Milch einbröckeln und auflösen. 400 g Mehl und 20 g Zucker zugeben und den Teig an einem warmen zugfreien Ort ca. ½ Stunde gehen lassen. Restliches Mehl mit dem restlichen Zucker und der Butter verkneten. Gewürze und Vanillezucker rasch unterkneten. Diesen Teig mit dem Hefeteig verkneten. Orangeat mit Walnüssen, auf der Reibe geriebenem Marzipan und Rum mischen und etwas ziehen lassen. Dann unter den Teig kneten und nochmals rund 20 Minuten ruhen lassen. Teig in zwei gleich große Teile schneiden, dick ausrollen, so dass die beiden Enden wulstartig dick bleiben.

Dann übereinander schlagen und etwas andrücken. Mit den Händen in die Stollenform bringen. Direkt danach bei 200°C im vorgeheizten Backofen rund 50 Minuten backen. Zu beginn der Backzeit ein Gefäß mit Wasser auf den Boden des Backofens stellen, damit Feuchtigkeit im Ofen entsteht. Stollen nach dem Backen abkühlen lassen, mit der zerlassenen und geklärten Butter bestreichen und mit Puderzucker bestäuben.

Westerwälder Landpartien

TAFELFREUDEN TIPP

Advent und Weihnachten in Waldbreitbach – da wird das ganze Dorf zum schimmernden Lebkuchenhaus, zum überdimensionalen Adventskalender, der fast hinter jeder Türe mit einer Krippe, einem Konzert, einer gastlichen Herberge oder einfach mit stimmungsvollen Stunden aufwartet. Das umfangreiche Programm geht von Anfang Dezember bis Ende Januar und ist in einer handlichen Broschüre mit Bildern und interessanten Hintergründen zusammengefasst. Erhältlich ist sie an vielen Orten in Waldbreitbach oder aber im Büro des Touristikverbands Waldbreitbach. Gustav Hertling ist darüber hinaus Fachmann in Sachen Krippenbau, hält eine der größten Krippensammlungen überhaupt und bietet sogar Krippenbaukurse an. Der Christkindchenmarkt findet jedes 3. Adventswochenende statt. Als schönes Mitbringsel eignet sich eine echte Wiedtaler Spezialität, der Wiedtaler Hirtentrunk. Dieser hochprozentige Brand besteht aus einer Mischung von Westerwälder Kümmel und echtem Jamaika Rum. Erhältlich in der Tourist Information.

Eine Muh, eine Mäh, eine Täterätä

ROMANTIKHOTEL
ALTE VOGTEI
HAMM

Ententerrine mit Quittenconfit an Salatbouquet

Zutaten :
Ententerrine :
1 ganz frische Ente mit Innereien, Butterschmalz, Salz, Pfeffer, Majoran, Kardamom, 70 g
Pistazien, 70 g Dörrpflaumen, 400 ml Sahne.

Zubereitung:
Ente auslösen, Knochen sauber putzen und diese
mit kaltem Wasser und etwas Majoran aufsetzen
und auf kleiner Flamme ca. eine Stunde köcheln.
Innereien aus der Ente nehmen, Magen und Herz
mit dem Entenfond ca. 90 Minuten gar köcheln.
Das Entenfleisch durch die feine Scheibe des
Fleischwolfs drehen, mit den Gewürzen abschmecken. Nun nach und nach die Sahne zufügen und
eine homogene cremige Masse herstellen.

Die Farce mit Pistazien und gehackten Dörrpflaumen mischen und die Hälfte in eine kleine
Terrinenform von ca. 25 cm Länge und 8 cm
Durchmesser streichen. Die Innereien klein
schneiden und in die Mitte geben.

Dann die restliche Farce darauf streichen. Terrinenform schließen und im Ofen bei 150° C im
Wasserbad 50–60 Min. pochieren. Über Nacht
auskühlen lassen.

Für das Quittenconfit 2 Quitten schälen, entkernen und klein schneiden. Mit 100 g Gelierzucker
2:1 aufkochen. Abkühlen lassen und zur Ententerrine reichen. Mit kleinem Salatbouquet anrichten.

Rehmedaillons auf Holunder-Ebereschen-Sauce und Apfel-Zwetschgen-Gratin

Zutaten:

Rehmedaillons:
300 g ausgelöster Rehrücken, Butterschmalz, 2 EL Holunder, Zucker, 125 ml Wasser, 2 EL Ebereschen, Salz, Pfeffer, 125 ml Spätburgunder.

Sauce:
2 kg Rehknochen, 1 Möhre und 1 Zwiebel in Würfel geschnitten, Öl, 1 EL Tomatenmark, 8 Wacholderbeeren, 3 Lorbeerblätter, 5 Nelken, Salz, Pfeffer, Preiselbeerkonfitüre, 50 g eiskalte Butter.

Gratin:
4 Äpfel, 16 Zwetschgen, 3 Eier, 200 ml Sahne, 1 Apfel mit Preiselbeermarmelade als Garnitur.

Zubereitung:
Aus dem Rehrücken 12 Medaillons schneiden, würzen und in Butterschmalz braten. Die Ebereschen mit dem Wasser ca. 10 Min. köcheln, vom Feuer nehmen und die Holunderbeeren zugeben. Nun für die Sauce rund 1 kg Rehknochen mit 2 l Wasser zum Kochen bringen und 2 Std. leicht köcheln lassen. Fond auffangen. Die restlichen 1 kg Rehknochen klein hacken, in Öl langsam braun anbraten, die Möhre und die Zwiebel zugeben und weiter bräunen. Tomatenmark ebenfalls anbraten. Jetzt die Gewürze zugeben und mit dem Rehfond ablöschen. Rund 90 Minuten köcheln lassen. Den Sud durch ein feines Sieb passieren, mit Rotwein auffüllen und auf ½ einkochen. Mit Salz, Pfeffer und Preiselbeeren abschmecken. Die Butter nach und nach einrühren. Kurz vor dem Anrichten das Holunder-Ebereschenkompott dazugeben. Für das Gratin die Äpfel schälen und entkernen. Ebenso die Zwetschgen entkernen. In Spalten schneiden und fächerförmig in Gratinschalen arrangieren. Die Eier mit der Sahne verquirlen und darüber geben. Bei 170° C im Backofen ca. 20 Min. stocken lassen. Medaillons mit der Sauce anrichten, Gratin dazureichen und mit Schupfnudeln servieren.

Griesgewürzsoufflé mit Orangenspalten und Krokanteis

Zutaten und Zubereitung Soufflé:
500 ml Milch, 30 g Butter, Mark von 1 Vanilleschote, abger. Schale von 1 Zitrone und 1 Orange, 10 g Lebkuchengewürz zusammen aufkochen. 100 g Grieß zugeben und quellen lassen. 4 Eigelb nach und nach unterrühren. 4 Eiweiß und 30 g Zucker zu steifem Schnee schlagen und unter die nicht mehr zu heiße Masse geben. Das Soufflé in gebutterte und gezuckerte Förmchen füllen und im Wasserbad 20 Min. bei 150° C backen. Den Ofen während dieser Zeit nicht öffnen, da das Soufflé sonst zusammenfällt.

Zutaten und Zubereitung Krokanteis:
500 ml Milch mit ½ aufgeritzten Vanillestange aufkochen. 3 Eigelb und 1 ganzes Ei mit 125 g Zucker weißcremig aufschlagen und die heiße Vanillemilch dazuschütten. Vanilleschote vorher entfernen und Mark auskratzen. Zur Masse geben. In einem Topf die Ei-Zucker-Milch-Mischung nun bei mittlerer Flamme mit einem Holzlöffel rühren. Nicht kochen lassen. Wenn die Masse nicht mehr in flüssigen Tropfen vom Löffelrücken rinnt, ist die Vanillesauce fertig. Nun abkühlen lassen. Jetzt 80 g Zucker in einem Topf schmelzen lassen, bis er hellbraun ist. 3 EL gehackte Mandeln zugeben, durchrühren und auf einem gefetteten Backblech erkalten lassen. Die Vanillesauce nun in einer Schüssel ins Eisfach stellen und alle 30 Minuten durchrühren, bis sie anfängt zu frieren. Jetzt den Krokant unterheben und fertig frieren.

Teller mit filetierten Orangenspalten, dem Soufflé und dem Krokanteis sofort servieren. Mit Minze garnieren.

Wild auf Wild

Damhirsch–Sauerbraten

Zutaten:

1 kg Damhirschfleisch von Schulter oder Keule, 1 Karotte, 100 g Sellerie, 2 Zwiebeln, 1 Flasche Spätburgunder, 100 ml Rotweinessig, 1 EL schwarze Pfefferkörner, 1 EL Senfkörner, 1 EL Wacholderbeeren, 2 Lorbeerblätter, 1 Nelke, 1 Zweig Thymian, 2 Knoblauchzehen, 1 EL Tomatenmark, 2 EL Rübenkraut und 2 EL Apfelkraut (z. B. Grafschafter), 2 Scheiben Schwarzbrot, 1 TL Kartoffelstärke, Salz, Pfeffer, Öl.

Zubereitung:

Das Damhirschfleisch und die gewürfelten Gemüse mit der Marinade übergießen und sieben Tage einlegen. Danach das Fleisch trocken tupfen, mit Salz und Pfeffer würzen. Die Marinade absieben und für die Sauce verwahren. Das Fleisch in Öl anbraten. Gemüse und Gewürze zugeben und alles gut Farbe nehmen lassen. Tomatenmark, Apfel- und Rübenkraut und Schwarzbrot zugeben und nach und nach mit der Marinade ablöschen. Ca. 1 $\frac{1}{2}$ - 2 Stunden schmoren lassen. Fleisch aus dem Topf herausnehmen und die Sauce evtl. noch etwas einkochen lassen.

Zum Schluss abschmecken, mit der Stärke abbinden und durch ein feines Sieb schütten. Den Damhirschsauerbraten geschnitten auf Tellern anrichten, mit Kartoffelklößen und Wirsing servieren.

Mit Wildschwein gefüllter Wirsingkopf mit Specksauce

Zutaten:

1 Wirsingkopf, 1,5 kg Wildschweinfleisch (halb Schulter, halb Bauch), 3 Eier, Salz, Pfeffer, Muskat, 100 g Waldpilze, 100 g Butter, 20 g Mehl, 50 g Speckwürfel, 250 g Sahne, Kümmel, Zitronensaft.

Zubereitung:

Vom Wirsing den Strunk entfernen und in Salzwasser mit Kümmel kochen, herausnehmen und in Eiswasser abschrecken. Dann die Blätter einzeln abnehmen. Das Wildschweinfleisch durch den Fleischwolf drehen und mit Eiern, Salz, Pfeffer, Muskat und den in Butter gebratenen Pilzen vermischen. Einen Topf mit Butter auspinseln und mit Wirsingblättern auslegen. Die Fleischmasse abwechselnd mit den restlichen Wirsingblättern einschichten und im Wasserbad ca. 2 Stunden garen.

Für die Specksauce aus Butter, Speckwürfeln und Mehl eine Mehlschwitze herstellen und mit dem heraustretenden Fond von Kohl und Fleisch auffüllen. Sahne zugeben und 20 Minuten kochen. Mit Salz, Pfeffer, Muskat und Zitronensaft abschmecken. Dazu reichen.

Damhirsch-Kotelette in Schokoladensauce

Zutaten:

1 Damhirschrücken, 100 g Möhren, 100 g Sellerie, 100 g Zwiebeln, 100 g Lauch, Öl, 1 l Rotwein, Salz, Pfeffer, Wacholderbeeren, Lorbeerblätter, getrockneter Estragon, 5 EL guter Aceto Balsamico, 50 g Bitterschokolade, 1 EL Tomatenmark.

Zubereitung:

Aus dem Damhirschrücken 12 Koteletts schneiden, so dass an jedem Kotelett noch ein schöner Rippenknochen ist. Die Sehnen, Häute und die restlichen Knochen in heißem Öl anbraten, das gewürfelte Gemüse zugeben und mitrösten. Wenn alles gebräunt ist, mit Aceto Balsamico, Tomatenmark und Rotwein ablöschen und auf ca. 1/3 reduzieren. Abpassieren und den Fond würzen. Mit der geraspelten Schokolade aufmixen. Die Damhirschkoteletts würzen, in Mehl wenden und in heißem Öl braten, so dass sie innen noch schön rosa sind. Pro Person 3 Koteletts auf dem Teller anrichten, mit der Schokoladensauce anrichten. Als Beilage eignen sich Mohnschupfnudeln und glasierte Möhren.

Verse zum Advent

Noch ist Herbst nicht ganz entflohn,
Aber als Knecht Ruprecht schon
Kommt der Winter hergeschritten,
Und alsbald aus Schnees Mitten
Klingt des Schlittenglöckleins Ton.

Und was jüngst noch, fern und nah,
Bunt auf uns herniedersah,
Weiß sind Türme, Dächer, Zweige,
Und das Jahr geht auf die Neige,
Und das schönste Fest ist da.

Tag du der Geburt des Herrn,
Heute bist du uns noch fern,
Aber Tannen, Engel, Fahnen
Lassen uns den Tag schon ahnen,
Und wir sehen schon den Stern.

Theodor Fontane

REZEPTREGISTER

FISCH & MEERESFRÜCHTE

Bachsaibling mit Thymiankruste	47
Bratheringe im Gemüsesud	45
Bismarckhering mit roten Zwiebeln	45
Dorade mit Zitronen	44
Forelle unter der Kartoffelkruste	210
Forelle in Shrimps-Weisswein-Ragout	211
Gebackene Austern auf kalter Currysauce	49
Gegrillter Lachs mit Himbeer-Vinaigrette	146
Miesmuscheln in Kräuterpanade	45
Matjes mit Bohnensauce	110
Petersfisch im eigenen Sud	46
Sahniger Endiviensalat mit Matjes	110
Schillerlockensalat	45
Terrine von Lachsforelle und Forelle	47

KANINCHEN, WILD & GEFLÜGEL

Damhirsch-Kotelette in Schokoladensauce	259
Damhirsch-Sauerbraten	258
Ententerrine mit Quittenconfit	256
Gesülztes Kaninchen mit Tomatenconfit	86
Geschmorte Wildschweinkeule	123
Gefüllte Trüffelpoularde	84
Martinsgans	240
Rehschulter in Wacholderrahmsauce	63
Rehpfanne	85
Ravioli mit Taubenfüllung	85
Safranrisotto mit Geflügelleber	195
Schmorfasan mit Steinpilzen, Kastanien und Speck	195
Wildschweinpfeffer mit würzig-fruchtig gefüllten Äpfeln	233
Wildschweinrücken „Wildenburger Land"	234
Wildschwein gefüllter Wirsingkopf mit Specksauce	259
Rehmedaillons auf Holunder-Erdbeeren-Sauce	257

LAMM, SCHWEIN & RIND

Bauernleberwurst	19
Gefüllte Milchlammschulter auf Rosmarinjus	87
Gepökelter Schweinebraten aus der Schulter	28
Heubraten vom Lamm	29
Hof Meerheck´s Kürbis-Lammgulasch	79
Imkerbraten	24
Kohlpfanne	78
Lammrollbraten mit Rhabarbersauce	78
Lammkeule mit Butterbohnen	79
Lammbraten „Burg Reichenstein"	131
Markklößchen nach Oma Ilse	19
Pfifferling-Hamburger	195
Rheinischer Sauerbraten	29
Schweinerippchen Ersfelder Art	24
Schwartenmagen	18
Spargeltöpfchen	98
Westerwälder Ischel	18
Westerwälder Pfannkuchen mit Hausmacher Wurst	18
Westerwälder Krüstchen	157

SALATE

Bohnensalat mit Pfifferlingen und Speck	175
Erdbeer-Spargel-Salat mit Hähnchenbrust	99
Grüner Salat mit 7 Kräutern	145
Kapuziner-Blütensalat	145
Kartoffelsalat	18
Sahniger Endiviensalat mit Matjes	110
Salat à la Fridolin	141
Salat Knolli	141
Salat von Topinambur und Zuckerschoten mit gebackenem Kalbskopf	30
Schillerlockensalat	45
Warmer Kartoffelsalat mit Honig	24
Wildkräutersalat	64

GEMÜSE, AUFLAUF & GEBACKENES

Antipasti vom weißen Spargel	105
Brennesselnudeln	64
Bohnengratin	175
Carpaccio von Steinpilzen	194
Dippekoche	183
Gebackener Kürbis	24
Gerolltes Spargelcrêpe mit Rauchlachs	104
Gemüsepfanne	149
Gemüsepuffer mit Spinatfüllung	140
Gemüseauflauf	148
Gemüsewaffeln	140
Kartoffelpralinen mit Brennnesselfüllung	193
Kartoffelknödel	241
Kartoffelomelette	72
Kartoffel-Steinpilz-Parfait	193
Kartoffel-Steinpilz-Klöße	171
Knoblauchkartoffeln	78
Kartoffelbrot	40
Kohlrabi mit Schinken	140
Kürbispuffer mit Räucherlachs	205
Kürbisquiche	206
Marias Zwiebel-Speckkuchen	220
Munster im Strudelblatt	49
Omelette mit Wiesenkräutern	72
Omelette mit Blattspinat und Schmelzkäse	72
Risotto mit gemischten Pilzen	171
Rheinischer Debbekooche	31
Rotkraut „Ritter Rotbart"	102
Rotkohl	241
Romanescoauflauf	148
Rustikale Lauchtorte	221
Salbeignocchi	87
Sauerkraut	225
Schrottele	183
Tomaten-Basilikum-Quiche	172
Überbackene Zwiebeln	140
Weinkartoffeln	183
Ziegenweichkäse mit Weingelee	59
Ziegenfrischkäse mit Kräutern und Pellkartoffeln	59

SUPPEN

Bohnensuppe „Urbacher Landfrauen"	204
Karpfensuppe	210
Kartoffel-Lauchsuppe	67
Kartoffel-Graukas-Suppe	192
Kerbelsuppe aus dem Bauerngarten	157
Kürbiscreme-Suppe	206
Maronencremesuppe	66
Ochsenschwanzsuppe	67
Rheinische Handkässuppe	157
Rieslingsuppe nach Art des Willi Gabrich	157
Samtsüppchen von Wurzelgemüse mit gebratener Blutwurst und Croutons	31
Schreihexen´s Kräutersüppchen	102
Spargelcremesuppe mit Nordseekrabben	99
Tomaten-Steinpilz-Suppe	170

SÜSSES, KUCHEN & DESSERT

Apfel-Zwetschgen-Gratin	257
Aprikosenringe	249
Berliner	41
Berliner Brot	251
Bohnentörtchen	174
Butterplätzchen	251
Butterherzen	251
Erdbeer-Rhabarber-Kompott	81
Erdbeer-Waldmeistersorbet mit Winzersekt	81
Erdbeertörtchen	125
Flachswickel	219
Gebackene Apfelringe	25
Goethe-Trüffel	106
Gold-Silber-Kuchen	163
Griesgewürzsoufflé mit Orangenspalten und Krokanteis	257
Haferflockenplätzchen ohne Backofen	249
Haferflockenplätzchen	250
Heidesand	250
Hobelspäne	48
Honig-Spargelmousse mit Rhabarberkompott	99
Käsekuchen	163
Kirsch-Streuselkuchen	163
Kürbiskuchen	204
Mandelplätzchen	249
Mandelreis	255
Marmorkuchen	163
Muzenmandeln	40
Neuwieder-Riesling-Torte	107
Opa Hoppes Honig-Pfefferkuchen	237
Power Frühstück	25
Quittenbrot	237
Rheinische Muzen	41
Savarin-Torte	107
Schäffer-Plätzchen	249
Schokoladen-Röschen	251
Schwarz-Weiss-Gebäck	249
Spritzgebäck	250
Vanilleparfait mit warmem Sauerkirschragout	123
Vanillekipferl	250
Waldmeister Buttermilchmousse	81
Waldmeister-Prafait	81
Walnuss-Stollen	255
Westerwälder Eierkäs	226
Winzersektsüppchen mit Johannisbeeren	147
Ziegenquarksoufflé mit Gewürzzwetschgen	59
Zwergenkuchen	219

SAUCEN, DIPS UND DRESSINGS

Beerensauce mit Thymian	147
Honig-Dressing	25
Rohe Tomatensauce	173
Sauce Hollandaise	105
Sauce Béarnaise	105
Sauce Choron	105
Tomatensauce-Grundrezept	173

SAURES, CHUTNEY & KONFITÜREN

Angelikas Himbeermarmelade	120
Bärlauchpaste	65
Eingelegte Steinpilze	170
Gartenkräuteressig	189
Himbeeressig	189
Himbeerbowle	227
Holunder-Teepunsch	238
Johannisbeerchutney	147
Kürbis-süß-sauer	120
Kürbiskonfitüre mit Orangen	204
Kürbisbowle	205
Lindenblütenessig	189
Morgendlicher Gesundheitstrunk	25
Sauerkirsch-Orangenkonfitüre	122
Sauerkirsch-Schalotten-Relish mit Portwein	122
Schlummertrunk für schöne Träume	255
Spargelkonfitüre mit Vanille	98
Tannenschößlingessig	65
Zwetschgen süßsauer	189

Gasthof zur Post

Asbacher Strasse 1
53567 Buchholz
Telefon: 0 26 83-65 00
Telefax: 0 26 83-64 26
zurpost.buchholz@t-online.de

Im nördlichen Teil des rheinischen Westerwaldes, fast schon an der Grenze zwischen Rheinland-Pfalz und Nordrhein-Westfalen, liegt Buchholz.

Kulinarische Entdeckungen unter besonderer Berücksichtigung regionaler Gerichte finden sich gleich zweimal im Gasthof zur Post. Danilo Cantoni, Küchenchef des Hauses verleugnet nicht seine norditalienischen Wurzeln, verbindet aber in der Küche sowohl lombardische Spezialitäten mit Gerichten aus dem Buchholzer Land.

Vielleicht ist es gerade diese glückliche Verbindung von der schmackhaft aromatischen Küche Norditaliens mit den frischen Erzeugnissen aus der heimischen Region, welche die Küche des Gasthofs zur Post so interessant erscheinen lassen.

2

Romantikhotel Alte Vogtei

Lindenallee 3
57577 Hamm/Sieg
Telefon: 0 26 82-2 59
Telefax: 026 82-89 56
www.romantikhotels.com/hamm

Die Blicke werden von dem wunderschönen Fachwerkanwesen von 1753 geradezu magisch angezogen. Eine Attraktion des Auges, die sich durch den Besuch des gastlichen Hauses auf alle Sinne ausweitet. In der fünften Generation steht für Familie Wortelkamp das Wohl der Besucher im Mittelpunkt. Markus Wortelkamp ist der Chef der Küche und baut auf eine Ausbildung in einem der besten Häuser der Provence auf. Kulinarisches Leben wie Gott in Frankreich ist damit verlockende Gewissheit, die sich im Glas und auf dem Teller widerspiegelt. Individuell eingerichtete Zimmer, darunter zwei exklusiv ausgestattete Wellnesszimmer mit eigener Sauna, Erlebnisdusche und Re-

laxmöbeln unterstreichen den Anspruch des Romantikhotels, und wer weiß, vielleicht nächtigen Sie sogar in dem Zimmer, in dem Friedrich Wilhelm Raiffeisen, der Begründer des landwirtschaftlichen Genossenschaftswesens 1818 geboren wurde.

Hotel-Restaurant Peter Hilger

Hardtweg 5
57629 Limbach/b. Hachenburg
Telefon: 0 26 62-71 06
Telefax: 026 62-93 92 31
www.restarant-peter-hilger.de

Oase für Feinschmecker, die sich als kulinarische Überraschung zwischen Hachenburg und Altenkirchen inmitten schöner Natur präsentiert. Peter Hilger und seine Frau Silvia sind perfekte Gastgeber und was Küche und Service an kulinarischen Leckerbissen zu bieten haben, lohnen selbst weite Wege. Die Küche ist sowohl regional wie international ausgerichtet, immer frisch und von ausgezeichnetem Geschmack. Dafür sorgt unter anderem die lange Erfahrung des Küchenchefs in den ersten Häusern im In- und Ausland. Wer sich für hochwertige Cateringideen interessiert, ist gleichfalls bei Peter Hilger mehr als gut aufgehoben. Keine Buffets von der Stange, sondern individuell mit den Gästen besprochene Ideen sind Garanten für den späteren Erfolg. Einige einfach gehaltene Zimmer runden den Aufenthalt im Restaurant ab, so dass man geneigt ist, gerne ein Glas Wein mehr zu trinken und den Besuch ohne Zeitdruck zu genießen. Die Naturschönheit der Kroppacher Schweiz liegt vor der Haustüre und somit ist Limbach ein ideales Ziel für Wanderer und Naturliebhaber mit Feinschmeckeranspruch.

Hotel-Restaurant Röttger

Hauptstrasse 50
56477 Rennerod
Telefon: 0 26 64-9 93 60
Telefax: 0 26 64-9 04 53
www.hotel-roettger.de

Hotel-Restaurant Röttger ist eine der ersten Adressen im Westerwald und sicher eine lukullische Überraschung, die es in Rennerod zu entdecken gilt. Thomas Röttger ist Koch aus Passion und so wie er und sein Team alle Register einer Feinschmeckerküche ziehen, hat seine Frau Walburga und Mitarbeiter den Service sicher und erfahren in der Hand. Beste Aussichten also für geschmackliche Sternstunden im Duett.

Im Hotel-Restaurant Röttger wartet eine ländlich-feine Regionalküche auf, während das Gourmet-Stübchen das hält, was sein Name verspricht. Das angeschlossene Hotel bietet großzügige Zimmer, die gerne einen guten Schluck mehr aus der umfangreichen Weinkarte zulassen. Ein besonderer Tipp sind die Donnerstage, wo es immer wieder aktuell attraktive Menüangebote gibt. Ein Blick auf die Internet-Homepage des Hauses genügt.

5

Hotel Nassau-Oranien

Am Elbbachufer 12
65589 Hadamar
Telefon: 0 64 33-91 90
Telefax: 0 64 33-91 91 00
www.nassau-oranien.de

An den südlichen Ausläufern des Westerwaldes gelegen und gar nicht weit von der wunderschönen Domstadt Limburg entfernt, befindet sich das hübsche Städtchen Hadamar – mit Schloss derer von Nassau-Oranien und romantischem Elbbachufer ein echtes Idyll. In direkter Nähe dazu liegt das Hotel Nassau-Oranien, das mit 61 Zimmern zu den größten Tafelfreuden-Mitgliedsbetrieben gehört. Hier lassen sich eine ganze Reihe an Freizeitangeboten erleben. Pool und Saunabereich verbinden sich mit einer angeschlossenen Beautyabteilung zu einem ausgesprochenen Wellnesszentrum, das neben der Entspannung und Regeneration auch das leibliche Wohl in den Mittelpunkt des Interesses stellt. Hinter einer schmucken historischen Fachwerkfassade verbergen sich die beiden Restaurants "Gud Stubb" und "Grand Mère" mit einer gemütlichen, niveauvollen Atmosphäre. Die Küchenmeister Matthias Vogt und Stefan Ebel verwöhnen die Gäste mit einer Vielfalt phantasievoller Kreationen und Spezialitätenwochen über das ganze Jahr verteilt. Bei schönem Wetter verweilt man gerne im Cafégarten und begibt sich danach die Altstadt hinauf zum blühenden Rosengarten der Stadt. Spaziergänge erschließen die nähere Umgebung, während größere Touren die Schönheit von Lahntal und Westerwald wie einen gefüllten Picknickkorb vor dem Auge des Gastes ausbreiten. Ein eigener Veranstaltungskalender informiert über die vielfältigen Aktionen und Angebote im Jahreslauf.

Hotel-Restaurant Freimühle

Eisenbachtal
56412 Girod/ b. Montabaur
Telefon: 0 64 85-9 15 50
Telefax: 0 64 85-91 55 19
www.freimuehle.de

Als gastronomisches Dreigestirn führen Mutter Ingrid Hassler, Tochter Ute und ihr Küchenchef die romantisch gelegene Mühle, unweit von Montabaur.

1848 – als Revolutionsjahr in die deutsche Geschichte eingegangen – ist das Geburtsjahr der Wassermühle, die als Andenken an die freiheitliche, bürgerliche Bewegung „Freimühle" genannt wurde. Das alte große Wasserrad von 7 m Durchmesser gibt es schon lange nicht mehr und auch Mehl wird hier seit den 50er Jahren nicht mehr gemahlen. Dafür plätschert Wasser weiter durch den lauschigen Innenhof und der einladende Gebäudekomplex hat sich zur Herberge guter Gastlichkeit entwickelt. Mit Liebe zum Detail und dem entsprechenden Geschmack der Küche, ist die Frei- mühle ein Domizil für Gäste, die es rustikal wie verfeinert regional mögen. Kochen mit Wildkräutern ist eine Spezialität und die vielen selbstgemachten Konfitüren in ansprechender Verpackung zur Mitnahme im Angebot zeugen davon, dass Liebe durch den Magen geht. Die hübschen Zimmer laden geradezu ein, das herrliche Tal und seine Naturschönheit ausgiebig kennen zulernen.

-7-
Bistrorant Weinhaus Syré

Engersport 12
56170 Bendorf
Telefon: 0 26 22-25 81
Telefax. 0 26 22-25 02
www.weinhaus-syre.de

Die Begabung zum Küchenmeister wurde Hans-Dieter Syré gewissermaßen in die Wiege gelegt. Seine Vorstellung von einem exzellenten Restaurant baute er nach den Lehr- und Wanderjahren quer durch Deutschland in der elterlichen Weinwirtschaft auf, einem Haus mit 125-jähriger Tradition. Von außen rustikal, innen gemütlich und nobel zugleich. Die elterliche Vorliebe für Wein ist ihm geblieben, das verrät schon der Name "Weinhaus" und nicht zuletzt lagern im Keller 150 Sorten. Aus der Wirtschaft aber wurde zunächst halb Bistro halb Restaurant. Und schließlich ein Bistrorant mit 50 Plätzen mit ansprechendem Ambiente. Eigener Herr am Herd ist Hans-Dieter Syré seit nunmehr 25 Jahren. Dort kocht er mit Raffinesse und kreativen Ideen und hat sich darüber weit über Bendorf hinaus einen Namen unter den Feinschmeckern erkocht. Gerade die „Crossover-Geschmacksideen" zwischen Asien und Europa haben es ihm angetan und so lässt es sich wunderbar zwischen Abendland und den kulinarischen Reichen der aufgehenden Sonne schlemmerreisen. Dazu die edlen Tropfen aus Hans Dieter Syrés Weinkeller und die Tafelfreudenwelt sieht einfach rosig aus.

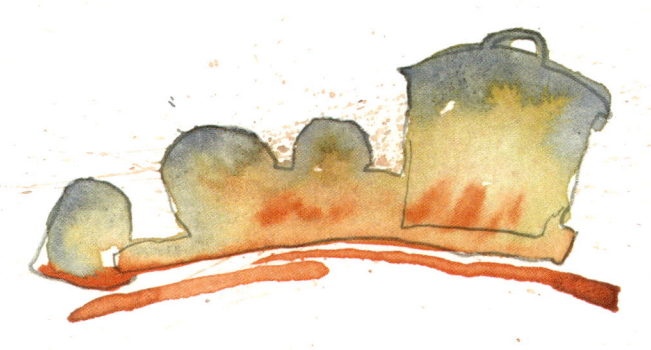

-8-
Hotel-Restaurant Villa Sayn

Koblenz-Olper-Str.111
56170 Bendorf-Sayn
Telefon: 0 26 22-9 44 90
Telefax: 0 26 22-94 49 44
www.villasayn.de

Man nehme einige kunstsinnige Investoren, eine schöne aber sanierungsbedürftige alte Villa und erfahrene Köche wie Servicemitarbeiter. Voilà, das sind die erfolgversprechenden Grundzutaten für ein Hotel-Restaurant der gehobenen Klasse. In Bendorf-Sayn befindet sich die betagte Dame, in Form eines stattlichen Anwesens, die seit 1998 wieder in frischen Farben und komfortabler Ausstattung auf den verwöhnten Gast wartet. Heike und Ingo Hilger sind die beiden guten Geister des Hauses, in der Region allseits bekannt und geschätzt durch kulinarische Vorgängerbetriebe. Ingo Hilger kann hier wieder zeigen, welche kulinarische Kraft in ihm steckt. Schönes Versprechen für Feinschmecker von nah und fern. In benachbarter Umgebung zum Garten der Schmetterlinge, liegen Leichtigkeit und Augenreize sowohl über der Küche wie über den gläsernen Dächern der exotischen Falterwelt. Zwei Höhepunkte vor den Toren des Westerwaldes und den Ufern des romantischen Rheins.

-9-
Restaurant Schlosskeller Engers

Alte Schlossstrasse 2
56566 Neuwied-Engers
Telefon: 0 26 22-90 35 60
Telefax: 0 26 22-90 35 62
www.schloss-engers.de

Aus marktfrischen Zutaten komponiert das Küchenensemble im Schatten des schönen Barockschlosses und jetziger Akademie für Kammermusik „Villa Musica" heimische wie exotische Gerichte. Frische Kräuter und Aromen werden sorgfältig ausgewählt, um für den Gast ein einzigartiges Geschmackserlebnis zu kreieren. Das Repertoire reicht vom „schnellen Happen" auf der Rheinterrasse bis hin zum „fine dining" im stimmungsvollen Gewölbekeller. Weine deutscher Spitzenwinzer und Freunde aus Frankreich, Italien, Spanien und der Neuen Welt bevölkern die gut sortierte Weinkarte. Ein eigener umfangreicher Veranstaltungskalender informiert über die vielen kulinarisch-kulturellen Angebote von „Villa Musica" und Schlosskeller. Nicht nur für den Raum Neuwied, sondern weit darüber hinaus eine überaus interessante Adresse und Zentrum für Kultur- und Feinschmecker gleichermaßen.

-10-
Hotel-Restaurant Landhaus Laubach

Buchenweg 18
56579 Rengsdorf
Telefon: 0 26 34-14 22
Telefax: 0 26 34-88 22
www.landhaus-laubach.de

Rengsdorf hat eine lange Geschichte als touristisch interessanter Erholungsort. Die grünen Wälder und lauschigen Streuobstwiesengürtel bieten die erlebbare Kulisse für kulinarische Landpartien à la Tafelfreuden. Als junge ambitionierte Verstärkung der Köche und Gastronomen gehören seit 2001 auch Heidrun und Stefan Bonitz zu der Kooperation von Tafelfreuden Rhein-Westerwald e.V.. Fast etwas versteckt in einem Wohngebiet offenbart sich das Haus als kleines Hotel mit guter Küche, wo persönliche Betreuung noch groß geschrieben wird. Stefan Bonitz schwingt ideenreich den Kochlöffel, während seine Frau mit Charme und Know How das Restaurant leitet. Eine oftmals klassische Rollenaufteilung – auch bei Tafelfreuden- wo der Gast immer die Hauptrolle spielt. In und um das Landhaus Laubach wird sich noch einiges tun, denn Stefan und Heidrun Bonitz investieren in nicht unbeträchtlicher Weise in ihr neues Domizil, um es den Gästen noch angenehmer zu machen. Ein sommerlicher Biergarten gehört zu den neuen Errungenschaften, denen weitere folgen.

-11-
Landhotel Fernblick

Bismarckstrasse
53547 Hümmerich
Telefon: 0 26 87-22 91
Telefax: 0 26 87-16 58
www.fernblick.de

Auf der Sonnenseite des Westerwaldes, genauer in dem kleinen aber feinen Luftkurort Hümmerich, wartet das familiär geführte Landhotel Fernblick auf den erholungssuchenden Gast. Gut kochen und schlafen ist Familie Müller nicht genug. Gästeservice wird groß geschrieben.

Das fängt bei einem Transportservice für Hotel – und Tafelfreuden-Menüabendgäste an und hört mit zünftigen Grill- und Hüttenabenden auf. Sonntags ist das Landhotel ein besonders beliebtes Ziel für einen kulinarischen Ausflug, der am Mittagstisch des Hauses beginnt oder zur Stärkung unterbrochen wird. Eine vorherige Reservierung erspart dann einen enttäuschten Magen, sollte kein Platz mehr vorhanden sein. Spezielle Wochenend- und Wochenangebote mit zahlreichen Ausflugsideen richten sich an Gruppen, die gerne Aktivurlaub verbringen und dabei die schöne Gegend zwischen Rhein, Lahn, Westerwald und Mosel genauer kennen lernen wollen. Ein ausführlicher Prospekt informiert gerne darüber.

Hotel-Restaurant zur Post

Wiedtalstrasse 55
53547 Rossbach/Wied
Telefon: 0 26 38-2 80
Telefax: 0 26 38-94 61 60
www.zur-post-rossbach.de

Das Wiedtal ist das grüne Herz des Rhein-Westerwaldes und der Fluss die Hauptschlagader. Wer das Ohr und seinen Geist öffnet, der verspürt den Puls der intakten Natur, sieht üppig blühende Flussauen im hellgrünen Kontrast zu den bewaldeten dunkleren Höhenzügen.

Fantasievoll arbeiten Martina und Christoph Weingarten, die aus dem traditionsreichen Gasthof mittlerweile mit viel Liebe und der nötigen Portion Ausdauer ein wahres Schmuckkästchen haben entstehen lassen. Frische Produkte, die sich auf der Karte zu speziellen kulinarischen Themenabenden oder im Kreise einer festlichen Runde wiederfinden, stehen auf dem Programm. Liebgewordene Bratenklassiker wechseln sich ab mit feinen Menükreationen und deftigen Vespermahlzeiten. Behagliche, im Landhausstil eingerichtete Zimmer bieten angenehme Schlafstatt für Entdeckungen entlang der Wied, ganz wie es der Gast wünscht – „a la carte" auf individueller Tour oder in attraktiven Pauschalen.

13

Hotel zur Post

Neuwieder Strasse 44
56588 Waldbreitbach
Telefon: 0 26 38-92 60
Telefax: 0 26 38-92 61 80
www.hotelzurpost-waldbreitbach.de

Gerne wird Waldbreitbach als die Perle im Wiedtal bezeichnet. Wie an einer Kette reihen sich die kleinen und größeren Orte freundlich und adrett zu einem Naturjuwel, worin das Hotel zur Post den Platz eines besonderen Schmuckstücks einnimmt. Geraume Zeit wurde es auf Hochglanz poliert, wurde innen wie außen saniert und zur guten Stube von Waldbreitbach herausgeputzt. Komfort und Stil vermischen sich hier zu einer harmonischen

Einheit, die den Gast die Sym-pathie des Hauses schnell spüren lässt. Vielleicht darf es auch einmal Kultur in Verbindung zu Kulinaria sein? – Ganz im Sinne des Konzepts der Tafelfreuden-Kooperation, bieten Juliane und Jürgen Grünwald und ihr Team Kleinkunst, Live-musik und Theater in dem ebenfalls neu gestalteten Rittersaal an. Ausgesuchte Pauschalen für Wanderer, Radfahrer und auch den anspruchsvollen Tagungsgast bereichern das Hotelangebot. Ein umfangreicher Veranstaltungskalender informiert über die Aktionen und Angebote zwischen schlafen, essen, trinken und erleben.

Gasthof zur Traube

Hönninger Strasse 20
53547 Hausen/Wied
Telefon: 0 26 38-10 98
Telefax: 0 26 38-66 84
www.gasthof-zur-traube.de

Im Herzen des Naturparks Rhein-Westerwald liegt Hausen. Die Silhouette des an der Wied gelegenen Ortes wird durch die mächtige Klosteranlage des Franziskanerordens bestimmt. In zentraler Lage findet der Besucher den Gasthof zur Traube. Seit über 75 Jahren bietet er gepflegte Gastlichkeit in familiärer Atmosphäre.

Familie Hühner zeigt sich engagiert für die regionale Küche. Wild und Rind kommen unmittelbar von Wiesen und Wäldern des Wiedtals. Saisonale Gerichte wie Spargel-, Kartoffel- und Pilzessen bereichern den Küchenzettel. Als besonders angenehm empfindet der Besucher die gemütlich-familiäre Atmosphäre. Sei es im Herbst und Winter am wohlig warmen Kachelofen oder während der warmen Frühjahr- und Sommermonate im schattigen Biergarten. Vor kurzem renovierte und damit zeitgemäß eingerichtete Zimmer laden den Gast zum längeren Verweilen im schönen Wiedtal ein.

Nattermanns Restaurant & Gästehaus

Bahnhofstrasse 12-14
53560 Vettelschoss-Kalenborn
Telefon: 0 26 45-9 73 10
Telefax: 0 26 45-97 31 24
www.nattermanns.de

Innen wie außen erstrahlt das Anwesen in neu geschaffenem Wohlfühlambiente. Ein wenig erinnert die Wandgestaltung an den Wohngeschmack skandinavischer Herrenhäuser. Zarte helle Farben in gelb, creme und weiß herrschen vor und verleihen den Räumen ein wohnlich-behagliches Gesicht. Während Sabine Nattermann den Service zu ihrem Reich zählt, bedeutet für Joachim Nattermann der heiße Herd die Küchenwelt. So kommen ausgesuchte Gerichte und Weine auf den Tisch, die mit den vielen Künstlergrafiken und Radierungen an den Wänden einen echten Sinnengenuss versprechen. Ein neu hinzu gekommenes Gästehaus bietet in unmittelbarer Nachbarschaft nun genügend Gelegenheit, die Region zwischen Westerwald, Rhein, Siebengebirge und der Beethovenstadt Bonn zu erkunden.

Rheinhotel Schulz

Vogtsgasse 4-7
53572 Unkel
Telefon: 0 22 24-90 10 50
Telefax: 0 22 24-9 01 05 99
www.rheinhotel-schulz.de

Schon 1606 wurde das „große Haus am Unkeler Rheinufer" erbaut. Um 1840 wird der deutsche Lyriker Ferdinand Freiligrath Besitzer des Hauses. Der Godesberger Hoteldirektor Schulz übernimmt das Hotel im Jahre 1890 – und verschafft ihm den heute noch gültigen, weit über die Grenzen des Rheinlandes hinaus gehenden guten Ruf. Diverse Umbauten, Modernisierungen und Renovierungen stärkten das Image des Hauses als sehr gute Adresse am Rhein. Seit dem Jahr 2003 erstrahlt das Rheinhotel Schulz nun in neuem Glanz. Eingebettet in das historische Unkeler Altstadtambiente findet sich ein Haus der Inspiration für die Sinne. Ausgestattet mit edelsten Teppichen von Brinton aus England, mit Marmor aus den Pyrenäen, mit meisterlichen Mahagoni-Holzarbeiten im ganzen Haus. Exklusiver Blumenschmuck verleiht dem Rheinhotel Schulz einen ganz eigenen Charme. Zerline Schwarz, Betreiberin des Rheinhotel Schulz, ist Floristen-Meisterin und legt auf ein exklusiv-blumiges Ambiente allerhöchsten Wert.

Auf den Tischen edler Damast, im Chambrair finden sich Traumweine, die Gerichte werden auf Hutschenreuther Fine Bon China serviert – und dazu der Cinemascope-Blick durch die Fensterfront auf den Rhein und ruhig dahin gleitende Schiffe. Das ist wahres Genießen am Rhein. Küchenchef Torsten Fassbender mit seinem Team verwöhnen den Gast. Bernd Schwarz, Hotelier und Restaurateur, bereitet seine Classics wie frisches Tartar vom Rinderfilet, Chateaubriand mit frischem Saisongemüse oder Crêpes Suzettes als süßes Finale gerne am Tisch zu. Genuss für Auge und Gaumen und wahres gastronomisches Können, das leider in der heutigen Zeit immer seltener zu finden ist.

-17-

Rheinparkhotel Bucheneck

Linzhausenstrasse 1
53545 Linz/Rhein
Telefon: 0 26 44-94 21 40
Telefax: 0 26 44-94 21 43
www.bucheneck.de

Das Haus Bucheneck in Linz liegt an exponierter Stelle mit wunderbarem Blick über den Rhein. 1842 wurde das herrschaftliche Haus von einem Privatmann aus Köln erbaut. Seit Oktober 2002 steht das Haus wieder ganz im Zeichen guter Gastlichkeit, bietet mit 18 Hotelzimmern, dem Restaurant, der großen Rheinterrasse, dem Gewölbeweinkeller und dem von mächtigen alten Bäumen umgebenen Biergarten einen attraktiven Platz zum Verweilen. Die alte Villa besticht durch ihr historisches Flair mit hohen Stuckdecken, hellen Räumen und vermittelt den Hauch einstiger Sommerfrische am romantischen Rhein. Didier Fourcade, Ulrich Lück und Stefan Lehmann sind das gastronomische Dreigestirn, das sich in Hotel, Restaurant und Küche um die Zufriedenheit der Gäste kümmert. Die Speisekarte bietet einen interessanten Mix aus gut bürgerlicher deutscher und raffinierter französischer Küche. Ein besonderer Tipp sind die sonntäglichen Brunchangebote in Kombination mit Livemusik unterschiedlicher Musiker und Gruppen. Ein umfangreicher Veranstaltungskalender informiert über die thematischen Angebote.

-18-

Restaurant Landhaus Arienheller

Arienheller 9
56598 Rheinbrohl
Telefon: 0 26 35-59 23
Telefax: 0 26 35-9 22 91 00
www.landhaus-arienheller.de

Versteckt in einem durch und durch lauschigen Seitental liegt das Landhaus Arienheller, in dem Raimund und Brigitte Ermtraud schon lange ihr gastronomisches Können unter Beweis stellen. Wer sie besucht hat zweifelsohne einen sehr guten Griff getan. Beide sind Gastronomen mit Leib und Seele. Bei ihnen spürt man, dass der Gast in den gemütlichen Restauranträumen willkommen ist, sich gut aufgehoben fühlen darf und wunderbar schmackhafte Gerichte serviert bekommt. Saisonale Spezialitäten sind Trumpf, wobei die Martinsgans eine ganz besondere Rolle im Landhaus Arienheller einnimmt. Raimund Ermtraud versteht sich vortrefflich auf ihre Zubereitung, was unbedingt eine Reservierung in den „federweißen" Zeiten mit sich bringt. Direkt an ihrem Haus beginnt auch der Limes-Wanderweg, der schon oftmals Anfangs- und Schlusspunkt einer fachlich geführten Limeswanderung war. Thematische Wandertouren mit anschließendem kulinarischen Finale sind eine Spezialität von Familie Ermtraud. Die Internetseiten weisen auf solche Angebote hin.

-19-

Weingut Mohr & Söhne

Vinothek: Hauptstrasse 12
Altes Weingut: Krautsgasse 16
56599 Leutesdorf
Telefon: 0 26 31-7 21 11 / 7 15 29
Telefax: 0 26 31-7 57 31 / 77 81 75
www.weingutmohr.de

In der einzigartig schönen Flusslandschaft des Mittelrheins liegt Leutesdorf mit dem Weingut Mohr & Söhne. Mohr ist ein alter Name für junge Weine. Die Familie blickt auf eine große Winzertradition zurück: 15 Generationen sorgen für Weinqualitäten der besonderen Art. Über die Zeit weitergegebene Erfahrungswerte, ein echtes Naturgefühl, Fleiß, Gewissenhaftigkeit und das exakte Wissen über die Natur der Reben – über all das verfügt das Weingut, zum Aus- und Anbau eines guten Weines.

Das Weingut Mohr ist ein typischer Steillagenbetrieb. Die steilen Schieferterrassen am Rhein werden als herausragend eingestuft, weil das Potential dieser Weinberge bei reduzierten Erträgen und einem hohen Reifegrad der Trauben, eindrucksvolle Qualitäten hervorbringt. Die tonigen Schieferböden in Leutesdorf bieten ideale Wasser- und Wärmeverhältnisse. Die Weinberge liegen im geschützten Rheintal, wo der Strom das milde Klima temperiert. Herausragend sind die Rieslinge, aber auch Burgundersorten und Gewürztraminer finden sich als Rebsorten im Repertoire des Weinguts. Eine Spezialität bilden die raren Eisweine, eine seltene Delikatesse mit immensem Aromenpotential.

-20-
Weingut Gotthard Emmerich

Hauptstrasse 80 c
56599 Leutesdorf
Telefon: 0 26 31-7 29 22
Telefax: 0 26 31-7 54 83

Direkt am Leutesdorfer Weinlehrpfad gelegen findet sich das Weingut am Fuße der steilen Weinberge. Hier widmen sich Rita und Gotthard Emmerich mit generationenalter Tradition dem Anbau edler Weine. Schon früh hat der junge Winzer Gotthard Emmerich die Zeichen der Zeit erkannt und festgestellt, dass ein gutes Produkt auch nach einer attraktiven Ausstattung verlangt. So präsentieren sich die Weinerzeugnisse in dekorativen Flaschenformen und stellen ein stattliches Angebot von Trester über Weinhefe, Weinbergspfirsichlikör und Weinaperitif dar.

Zentraler Mittelpunkt bleiben natürlich die Weinerzeugnisse. Das Weingut ist mit über 40 Jahren Rotweinerfahrung der älteste Anbaubetrieb am Ort. Blauer Portugieser und Dornfelder wachsen einträchtig nebeneinander und bilden das rote Gegengewicht zu den Weißweinsorten von denen der Riesling den stärksten Vertreter stellt. Aufwendige, biologisch und naturnahe Weinbergspflege verbunden mit sortenreinem und rein qualitätsorientiertem Weinausbau sind oberstes Gebot. Durch die Ganztraubenpressung, eine kontrolliert temperatur- geführte Gärführung und klimatisierter Flaschenlagerung ist das Weingut in der Lage, auf schonendste Weise besonders fruchtig – herzhafte und in der Säure überaus bekömmliche Weine zu bereiten.

Weingut Peter Hohn

In der Gartenley 50
56599 Leutesdorf
Telefon: 0 26 31-7 18 17
Telefax: 0 26 31-7 22 09
www.leutesdorf-rhein.de/weingut-peter-hohn

Alteingesessenes Weingut, das Peter Hohn in der 12. Winzergeneration leitet. Über 80 % ist Steillagenbewirtschaftung, der Riesling unter den Reben der unangefochtene Favorit. Der gelernte Weinbautechniker hat seine Winzererfahrungen nicht nur in deutschen Anbaugebieten gesammelt, sondern auch ein Jahr in einem großen Weingut im Westen der USA verbracht.

Die Philosophie von Peter Hohn ist es, dem Weinliebhaber hervorragende Weine anzubieten, ohne groß in den natürlichen Lauf der Dinge einzugreifen. Zwischen den Reben lässt er eine Vielfalt heimischer Kräuter und Gräser wachsen. Sie sind Lebensraum für viele Tiere und Insekten, also auch für die natürlichen Feinde der Schädlinge. Nur die Wasserkonkurrenz zur Rebe setzt dieser Bewirtschaftung Grenzen – vorwiegend in den Steilhängen während des Sommers. Bei der Weinbereitung greifen er nur dort ein, wo die Gefahr der Qualitätsminderung besteht. Auf den massiven Einsatz moderner technischer Verfahren wird weitestgehend verzichtet. Die Bedeutung des Wortes „Weinmacher" trifft deshalb auf ihn nicht zu.

Der Westerwald

THEMENBEITRÄGE-ADRESSEN

TOURISTIK-BÜROS

MITGLIEDER DER TAFELFREUDEN
RHEIN-WESTERWALD

18

WISSEN

AMM

TENKIRCHEN

3

12

11

HACHENBURG

9

4

RENNEROD

ERBACH

10

WESTERBURG

8

3

DIERDORF

BAB
3

7

4   5

6

5

HÖHR-
GRENZHAUSEN

1

MONTABAUR

BAB
3

6

LIMBURG

THEMENBEITRÄGE-ADRESSEN

1
Schäferei und Landwirtschaft (Lammfleisch)
Hof Meerheck
Familie Neumann
Mainzer Strasse 55
56566 Neuwied
Telefon: 02631-352141
Fax: 02631-345174
www.hof-meerheck.de

2
Sonnenhof (Spargel, Erdbeeren)
Familie Rockenfeller
Dierdorfer Strasse 245
56564 Neuwied
Telefon: 02631-52131
Fax: 02631-52179
e-mail: muerockenfeller@t-online.de

3
Buchhandlung Kehrein
Engerser Strasse 45
56564 Neuwied
Telefon: 02631-988344
Telefax: 02631-988369
www.kehrein.de

4
Töpferei und Museum im Kannenofen
Georg und Steffi Peltner
Kleine Emser Strasse 4
56203 Höhr-Grenzhausen
Telefon: 02624-7251

5
Keramikmuseum Westerwald
Deutsche Sammlung für historische und
zeitgenössische Keramik
Lindenstraße
56203 Höhr-Grenzhausen
Telefon: 0 26 24 – 94 60 10
Telefax: 0 26 24 – 9 46 01 20
www.keramikmuseum.de

6
Hof Taunusblick (Ziegenkäse)
Familie Linscheid
56379 Hömberg
Telefon: 02604/5516
Fax: 02604/6559
www.ferienhof-taunusblick.de

7
Schloss Molsberg (Landschaftsgarten)
Schloßstr.16
56414 Molsberg
Telefon: 06435-1005
e-mail: molsberg@t-online.de

8
Mühlenbäckerei Rudolf Jung
Adolfstrasse 20
56457 Westerburg
Telefon: 02663-98020
e-mail: muehlenbaecker@freenet.de

9
Birkenhof Brennerei
Finkenstrasse 10
57647 Nistertal
Telefon: 02661-985015
www.birkenhof-brennerei.de

10
Sabine Ringenberg
Wölferlinger Strasse 4
56244 Freilingen
Telefon/Fax: 02666-911376
www.wollschmiede.de

11
Landschaftsmuseum Westerwald
Im Burggarten
D-57627 Hachenburg
Telefon: 0 26 62 / 74 56
Telefax: 0 26 62 / 46 54
e-mail: info@landschaftsmuseum-ww.de

12
Hehlinger Hof (Fleisch, Wurst)
Alfred und Franka Schuster
Bauernhofmetzgerei
57614 Wahlrod
Telefon: 02680-8774
Fax: 02680-1355
www.hehlinger-hof.de

13
Kunstraum Püscheid
Christoph Beyer
Hardter Strasse 5
57632 Kescheid-Püscheid
Telefon: 02685-989253
Fax:02685-989254

14
Beate Mohr (Bauerngarten und alte Sorten)
Neuwieder-Strasse 1
57632 Rott
Telefon: 02685-8528
e-mail: mohr-schuetz@t-online.de

15
Michaela Heimann (Porzellanmalerei)
Wiesenweg 1 a
57632 Rott
Telefon: 02685-1831

16
Imkerei Lichtenthäler
Im Oberdorf 5
57635 Ersfeld
Telefon: 02686-989270
Fax: 02686-989272
e-mail: info@westerwald-imkerei.de

17
Elisabeth Hermes (Ostereiermalerei)
Schwalbenweg 10
57610 Altenkirchen
Telefon: 02681-3159

18
Wildkammer Schloss Schönstein
(Wild, Edelbrände)
Hatzfeldt'sche Verwaltung
Schlosshof 3
57537 Wissen
Telefon: 02742/910623
Fax: 02742/910623
www.hatzfeldt.de

19
Waschhäuschen (Landhaus-Einrichtungen)
Angelika Barkow-Reichert
Eitorfer Straße 16
53567 Asbach-Löhe
Fon 02683-967355
Fax 02683-967357
www.waschhaeuschen.de

20
VVV Steimel (Kartoffelmarkt Steimel)
Wolfgang Theis
Telefon: 02684-850712
e-mail: wolfgangtheisvvv@t-online.de

21
Lederhandwerk Behrens (Domfest Scheuren)
Scheurener Strasse 27
53572 Unkel-Scheuren
Telefon: 02224-940896
www.lederhandwerkbehrens.de

TOURISTIK-BÜROS

1
Westerwald-Touristik
Kirchstrasse 48 a
56410 Montabaur
Telefon: 02602-30010
Fax: 02602-947325
www.westerwald.info

2
Tourist-Information "Puderbacher Land"
Hauptstrasse 15-17
56305 Puderbach
Telefon: 02684-8580
Fax: 02684-858-199
www.puderbacher-land.de

3
Tourist-Information Dierdorf
Poststrasse 5
56269 Dierdorf
Telefon: 02689-29181
Fax: 02689-29118
www.dierdorf-vg.de

4
Tourist Information Rengsdorf
Westerwaldstrasse 32-34
56579 Rengsdorf
Telefon. 02634-6119
Telefax: 02634-6179
e-mail: tourist@rengsdorf.de

5
Tourist Information Neuwied
Engerser-Landstrasse 17
56564 Neuwied
Telefon: 02631-802260
Fax: 02631-802801
www.neuwied.de

6
Touristikverband Waldbreitbach
Neuwieder Strasse 61
56588 Waldbreitbach
Telefon: 02638-4017 und 19433
Fax: 02638-6688
e-mail: tv-wiedtal@t-online.de

7
Tourist Information Bad Hönningen
Neustrasse 2a
53557 Bad Hönningen
Telefon: 02635-2273
Fax: 02635-2736
www.bad-hoenningen-rhein.de

8
Tourist Information Linz
Rathaus am Marktplatz
53545 Linz
Telefon: 02644-981125
Fax: 02644-981126
www.linz.de

9
Tourist Information Unkel
Linzer Strasse 2
53572 Unkel
Telefon: 02224-902822
Fax:02224-902885
www.rhein-wied.net
www.siebengebirge.com

10
Tourist-Information Asbach
Rathaus
53567 Asbach
Telefon: 02683-912150
Fax: 02683-912134
www.asbach-vg.de

11
Fremdenverkehr u. Touristik Info
Verbandsgemeinde Flammersfeld
Rheinstrasse 17
57632 Flammersfeld
Telefon: 02685-809119
Fax: 02685-809100
e-mail: martina.beer@vg-flammersfeld.de

DIE FOTOS IN DIESEM BUCH STELLTEN ZUR VERFÜGUNG:

Sibylle Müller
Susanne Werner
Jörg Hohenadl
Karl-Heinz Schell
Georg Müller, Harry Regin, Norbert Geipel
Deutsche See
Martina Krautscheid
Reinhard Zado
Michael Anhäuser
Kreismedienzentrum
Birkenhofbrennerei
Dr. Hildegard Brog

WIR DANKEN ALLEN, DIE AN DIESEM BUCH MITGEWIRKT HABEN:

Karin Bäumner
Dr. Neitzert
Dr. Hildegard Brog
Willi Gabrich und die Mitarbeiterinnen des Kreismedienzentrums, Neuwied

WIR DANKEN FOLGENDEN UNTERNEHMEN FÜR IHRE UNTERSTÜTZUNG:

BEITRÄGE

Einleitung	4
Zwölf mit der Post	6
Schwein gehabt	12
Wir sind das Volk	20
Mit allen Wassern gewaschen	26
Der Winter im Weinberg und Winterkeller	34
Ein Berliner am Rhein	36
Jeder Jeck isst anders	42
Das Ei will mal wieder bunter sein als die Henne	52
Die Bergmannskuh kehrt zurück	56
Der Feinschmecker in seinem Element	60
Bilder wie aus dem Ei gepellt	70
Des Schäfers Liebesewerbung	74
Ein echter Meister des Frühlings	80
Der Frühling in Weinberg und Keller	82
Weinmarsch	90
Die Sehnsucht der Veronika	94
Wie Handwerker vom Leder ziehen	100
Silbertransport über den Rhein	108
Wenn Rumpelstilzchen das wüsste	112
Leinen los	116
Früchte der Liebe	124
Schatten über Reichenstein	128
Neue Wege braucht das Land	132
Landpartie ins grüne Reich	142
Auf Schatzsuche unterwegs	152
Zur Feier des Tages	158
Viel und mancherlei Schwämme	164
Die Muck geht um	178
Von feurigen Drachen und brennenden Tellern	184
Eine gewichtige Persönlichkeit	190
Der Herbst in Weinberg und Weinkeller	198
Von Kelten, Kürbis, Tod und Teufel	200
Dreifelder´s Fritz fischt frische Fische	208
Der Hexenritt über den Regenbogen	212
Ein hartes Brot	224
Dem Genuss auf der Fährte	230
Wenn die letzten Blätter fallen	236
Grüner Zweig im Winter	244
Knusper, knusper Knäuschen	246
Über dem Berge da weht der Wind	252

Reinhard Zado
1951 in Much geboren,
wohnt und arbeitet in
Niederhofen/Westerwald.
Nach einer Schriftsetzerlehre
Studium an der Fachhochschule Köln
(Kunst und Design).
Auszeichnungen: Internationale
Grafiktriennale Grenchen/Schweiz,
Kunstpreis des Rhein-Sieg-Kreises,
Teilnahme an den Grafik-Biennalen und
Triennalen in Frechen, Krakau, Lubljana,
Lüttich und Maastricht.
Viele Ausstellungen,
Bücher, Bildbände und Publikationen
seit 1974.
1999, Edition „Blattwelt"
2003 Illustration und
Gestaltung von BUDENZAUBER

...am Mac unterstützt
durch
Martina Krautscheid

Jörg Hohenadl
1967 in Bad Ems geboren.
Nach dem Abitur Hotelpraktikum
und Ausbildung zum Hotelkaufmann.
Nachfolgend Küchenerfahrungen
an der Loire/Frankreich und
Betriebswirtschaftsstudium mit den
Schwerpunkten Marketing
und Kommunikation.
Nach den ersten kulinarischen Buch
über den Rhein-Westerwald,
STADT LAND FLUSS
und APFELKABINETT
ist BUDENZAUBER
die dritte Publikation
in Zusammenarbeit mit den Winzern
und Gastronomen der
Tafelfreuden Rhein-Westerwald e.V.